Futuros menores

Filosofias do tempo e arquiteturas do mundo

Futuros menores: filosofias do tempo e arquiteturas do mundo

Futuros menores: filosofías del tiempo y arquitecturas del mundo desde el Brasil

Luz Horne

ISBN 978-65-6119-036-7

Embora adote a maioria dos usos editoriais do âmbito brasileiro, a n-1 edições não segue necessariamente as convenções das instituições normativas, pois considera a edição um trabalho de criação que deve interagir com a pluralidade de linguagens e a especificidade de cada obra publicada.

COORDENAÇÃO EDITORIAL Peter Pál Pelbart e Ricardo Muniz Fernandes
DIREÇÃO DE ARTE Ricardo Muniz Fernandes
GESTÃO EDITORIAL Gabriel de Godoy
ASSISTÊNCIA EDITORIAL Inês Mendonça
PREPARAÇÃO Graziela Marcolin
REVISÃO Fernanda Mello
EDIÇÃO EM LaTeX Julia Murachovsky
CAPA Isabel Lee

1ª edição | Abril, 2025

n-1edicoes.org

Futuros menores

Filosofias do tempo e arquiteturas do mundo

Luz Horne

1ª edição

Tradução **Luciana Di Leone e Diana Klinger**

n-1 edições

*

Para Julia e Carmem, que me lembraram como olhar nos interstícios em que voam os vaga-lumes

Introdução
A suspensão do tempo moderno

> Filosofar consiste em inverter a direção habitual do trabalho do pensamento.
>
> HENRI BERGSON

> O escritor se serve de palavras, mas criando uma sintaxe que as faz passar à sensação e faz gaguejar a língua corrente, ou tremer, ou gritar, ou mesmo cantar: é o estilo, o "tom", a linguagem das sensações ou a língua estrangeira na língua, a qual reclama um povo futuro.
>
> GILLES DELEUZE E FELIX GUATTARI

> [São] sensações não mensuráveis pela física moderna, que fracassa completamente quando a noção de tempo perde seu sentido vulgar de cronômetro.
>
> FLÁVIO DE CARVALHO

Instante já

Há uma cena próxima ao final de *A hora da estrela*, o último romance que Clarice Lispector publicou em vida, que ilumina o laço entre tempo, palavra e materialidade e que nos propicia uma entrada para os problemas que este livro aborda. Macabéa – uma mulher nordestina, imigrante e subnutrida que mora em uma pensão no Rio de Janeiro – vai a uma cartomante para conhecer seu futuro, depois de ter passado por seu primeiro desengano amoroso. Após um longo monólogo em que não parece notar a presença silenciosa de sua cliente, a cartomante se dirige a ela e pergunta: "Você tem medo de palavras?" Macabéa responde que tem, sim. Então, Madame Carlota joga as cartas e começa a vaticinar um futuro grandioso, um futuro de filme. Diz para Macabéa que vai chegar um homem alto, loiro, rico e estrangeiro que vai se apaixonar por ela e tirá-la da miséria. Parece um conto de fadas, um destino de Cinderela que, obviamente, acaba sendo grande e monumental demais, feliz demais para a vida de uma moça pobre. Talvez pela proximidade espacial de Macabéa com a cliente anterior na sala de espera, a cartomante confunde e mistura os destinos das mulheres. Quando uma estava entrando, a outra saía chorando: as cartas não foram boas, prenunciavam que morreria atropelada por um carro. Macabéa sai da consulta com um sentimento desconhecido de esperança e felicidade, mas, poucos quarteirões à frente, seu corpo sofre o impacto de um Mercedes Benz e, depois de agonizar, morre jogada na rua, olhando o capim que cresce entre as pedras do esgoto. No entanto, no fugaz momento anterior ao acidente, nesse instante de poucos quarteirões antes de morrer, Macabéa vive – por engano – uma vida que não é a sua. Uma satisfação efêmera e por pura antecipação, que não deixa de ser real e provém do efeito da palavra da cartomante. Macabéa sai da sala da cartomante convertida em outra pessoa: "Macabéa ficou um pouco aturdida sem saber se atravessaria a rua pois sua vida já estava mudada. E mudada por palavras – desde Moisés se sabe que a palavra é divina. Até para atravessar a rua ela já era outra pessoa. Uma pessoa grávida de futuro."[1]

A transformação sofrida por Macabéa é radical. É uma mudança de pele – uma metamorfose – que a faz olhar o mundo inteiro sob uma nova luz. Macabéa *acredita* na palavra da cartomante e – a seu modo – possui uma sabedoria: sabe que a palavra tem um efeito real, independente de o futuro que ela prediz se cumprir ou não. Ter medo das palavras implica saber que elas podem nos arremessar para o exterior de nós mesmos e nos proporcionar, com esse ato, um segundo nascimento, uma nova infância que nos modifique para sempre e que já não possamos ver, ouvir, sentir ou até viver do mesmo modo.

Produz-se então uma certa magia, uma mudança de forma – Macabéa era outra – e uma continuidade quase física entre a palavra e seu ser. É uma materialidade que ganha vida, ou, ao contrário, uma vida que

1. Lispector, 1998, p. 79.

adquire densidade material. Macabéa encarna este fundo neutro do vivente que se materializa na palavra, ela *é* a palavra. Mas o pulo de Macabéa em direção ao intervalo de tempo que a engravida de futuro escapa-lhe fugazmente num décimo de segundo, porque ela logo é alcançada pela morte. É apenas um instante, um *instante já*.

Tempo da ciência e tempo filosófico

Longe de serem puramente literários, esses momentos fugazes têm uma longa história que impacta a epistemologia do século XX. Segundo a filósofa da ciência Jimena Canales,[2] a consciência dessas pequenas magnitudes de tempo e a capacidade de medir algo tão breve como um décimo de segundo perturbaram a nossa forma de perceber o mundo. Mas as medições não envolvem apenas um problema de precisão científica ou um problema técnico na invenção de instrumentos como o relógio de pulso, a fotografia ou o cinema, nos diz Canales, mas também dizem respeito a questões mais amplas sobre o papel da ciência na cultura moderna: "É simultaneamente um problema *da* ciência e *sobre* a ciência, tanto científico e tecnológico quanto epistemológico, filosófico e cultural."[3]

Uma polêmica ocorrida no início do século XX entre Albert Einstein e Henri Bergson explica melhor esse problema. Era abril de 1922 quando os dois intelectuais se encontraram na Sociedade Francesa de Filosofia, em Paris, para discutir os efeitos da teoria da relatividade sobre os conceitos de tempo e de simultaneidade. O debate foi decisivo não só para a concepção do tempo triunfante a partir de então, mas também para o estabelecimento de uma hierarquia epistemológica dos saberes e das disciplinas. A história remonta a meados do século XIX quando, embora a capacidade científica, tecnológica e instrumental de medir e registar o tempo estivesse se tornando cada vez mais sofisticada, a existência de certos momentos fugazes – décimos de segundo – continuava

2. Canales, 2009.

3. Ibid., p. 6. Optamos por usar traduções consagradas dos textos de outros autores citados neste livro (as publicações estão sempre indicadas na bibliografia, ao final do volume). Os textos que não têm tradução em português foram traduzidos livremente.
A tradução das citações vindas de textos mencionados na bibliografia que não se encontram em português é nossa. [N. T.].

a interromper a precisão. No debate entre Bergson e Einstein, o físico desdenha da importância desses breves instantes que interrompem o fluxo homogêneo do tempo e, depois de dividir o modo de pensar o tempo em três categorias – física, psicológica e filosófica –, desconsidera os argumentos de Bergson e lhe diz que o tempo filosófico não existe. Segundo Canales,[4] Einstein está dizendo com isso alguma coisa sobre o tempo, mas, principalmente, está tentando diminuir o papel da filosofia para falar sobre tais questões. Bergson não era ingênuo nem lhe faltava inteligência, e tinha repetidamente reconhecido e aceitado a teoria da relatividade de um ponto de vista científico, mas considerava que, de um ponto de vista filosófico, o conceito de tempo da física era limitado. Ele insistia que, uma vez que a experiência se apresenta para nós sob aspectos diversos, é necessário que sejam mantidos modos de saber de naturezas também diferentes e complementares.[5]

O debate começou naquele momento e teve várias fases, mas Einstein foi o vencedor indiscutível porque as razões apresentadas por Bergson estavam fora do quadro de discussão proposto pelo próprio Einstein e pela ciência da época. Esse resultado contribuiu para a ideia – até então não tão consensual – de que a ciência possuía um método de conhecimento excepcional e superior às outras disciplinas para pensar o tempo. Ou seja, a primazia absoluta do saber científico e tecnológico para pensar o tempo foi em grande parte determinada no contexto dessa discussão. Quando Einstein afirma que o tempo é aquilo que os relógios medem, Bergson responde que isso é absurdo, que os relógios são inventados por pessoas e que são usados porque queremos chegar pontualmente a tal ou qual lugar, mas que há uma história no modo em que esses instrumentos de medição foram inventados que é contingente, humana, falível. A

4. Canales, 2009 e 2015.

5. "A verdade é que a filosofia não é uma síntese das ciências particulares e que se ela muitas vezes se coloca no terreno das ciências, se às vezes abarca numa visão mais simples os objetos de que a ciência se ocupa, não o faz intensificando a ciência, não o faz levando os resultados da ciência a um grau mais alto de generalidade. Não haveria lugar para dois modos de conhecer, filosofia e ciência, se a experiência não se apresentasse a nós sob dois aspectos diferentes: por um lado, sob forma de fatos que se justapõem a fatos, que se repetem aproximadamente, que se medem aproximadamente, que se desenrolam enfim no sentido da multiplicidade distinta a da especificidade, e, por outro, sob forma de uma penetração recíproca que é pura duração, refratária à lei e à mensuração" (Bergson, 2006, p. 39).

forma como medimos o tempo não tem nada a ver com a forma como o vivemos, diz Bergson.[6] O hábito que temos de visualizar a passagem do tempo com o tique-taque dos ponteiros do relógio e num fluir contínuo e sucessivo tem o efeito de nos fazer pensar que o tempo é uniforme e que acontece com a regularidade de um metrônomo. Haveria uma confusão entre o tempo vivido – a intuição corporal do tempo, a duração – e o tempo científico, que se reduz a uma simples medida externa a nós mesmos, uma construção intelectual. A intuição, a materialidade e o corpo ficavam de fora do tempo da física. O tempo – parece nos dizer esse debate – é muito mais do que tempo e sempre foi objeto de controvérsias epistemológicas e, portanto, políticas: uma disputa para dirimir quem tem o poder da palavra e quem ocupa o lugar do saber.

Hierarquias epistemológicas

Este livro utiliza as palavras e as imagens como dispositivos filosóficos para pensar o tempo e o espaço. A partir da análise de contos, romances, ensaios, livros de viagem, ficções teóricas, experiências antropológicas, exposições de arte e de objetos de *design*, dispositivos curatoriais, arquitetura e cinema dos séculos XX e XXI brasileiros, procura refletir sobre o nó que enlaça as palavras e as imagens ao tempo e à materialidade. Na disposição espacial e temporal das imagens e das palavras, no modo como se traçam as linhas que as separam, juntam e ordenam, constroem-se diferentes arquiteturas, ficções, esquemas e narrativas. A convicção sobre o impacto real e efetivo – corporal,

6. "A duração vivida por nossa consciência é uma duração de ritmo determinado, bem diferente desse tempo de que fala o físico e que é capaz de armazenar, num intervalo dado, uma quantidade de fenômenos tão grande quanto se queira. [...] Assim, essa sensação de luz vermelha experimentada por nós durante um segundo corresponde em si a uma sucessão de fenômenos que, desenrolados em nossa duração com a maior economia de tempo possível, ocupariam mais de duzentos e cinquenta séculos de nossa história. Isto é concebível? É preciso distinguir aqui nossa própria duração do tempo em geral. Em nossa duração, aquela que nossa consciência percebe, um intervalo dado só pode conter um número limitado de fenômenos conscientes. É concebível que esse conteúdo aumente e, quando falamos de um tempo indefinidamente divisível, seja nessa duração que pensemos?" (Bergson, 1999, pp. 241-242.)

político – que têm as diferentes formas de contar uma história, de exibir e de projetar objetos, imagens e espaços é também uma forma de contestar o tempo da ciência; é ter a sabedoria de Macabéa.

Este livro, portanto, tenta construir um pensamento filosófico sobre o tempo e o espaço a partir do estético e do latino-americano e, por conseguinte, procura também deslocar certos pressupostos naturalizados sobre as disciplinas e os lugares geográficos a partir dos quais é possível pensar sobre o tempo e o espaço, e ainda as disciplinas e os lugares geográficos a partir dos quais é possível pensar filosoficamente. A autoridade da filosofia para produzir uma imaginação espaço-temporal alternativa à científica não é uma coisa evidente, assim como não é evidente a autoridade da arte e da esfera estética para produzir reflexão filosófica. Menos ainda quando essa arte, cultura e filosofia vêm de certas partes do mundo, como a América Latina. O desacordo entre Bergson e Einstein acentua a separação moderna entre "o poder científico encarregado de representar as coisas e o poder político encarregado de representar os sujeitos"[7] ou entre as ciências e as humanidades. Na polêmica do início do século sobre o tempo e na expulsão da filosofia como disciplina legítima para falar sobre o assunto, acontece também uma expulsão do campo do saber de tudo aquilo que não se ajusta à medida da razão científica. A ciência explica a matéria, diz Bergson, mas a vida lhe foge fugazmente. O que Bergson tem para nos dizer sobre a interrupção desse tempo homogêneo dos ponteiros do relógio nos leva também até esse ponto da hierarquia dos lugares epistemológicos e de saberes em relação a uma lógica moderna e instrumentalista que faz de todo o material, da natureza e do corpo meros objetos à disposição da humanidade. Nessa mesma escala podemos acompanhar o argumento e pensar nas diferentes separações modernas – e coloniais – que são a continuidade dessa e que tornam o latino-americano um puro exemplo ou um material de estudo – pura natureza –, mas não um lugar a partir do qual se produz conhecimento.

Embora este livro parta do Brasil, os diversos projetos estéticos e culturais que analisarei não são apenas tomados como casos de análise histórico-cultural, mas também enquanto plataformas teóricas: para

7. Latour, 1994, p. 55; Canales, 2009, p. 8.

fazê-los operar num contexto contemporâneo, que inclui mas também excede o nacional e o regional. Isto é, me interessa "usar", colocar em funcionamento o pensamento que as palavras e as imagens nos trazem, e me valer delas operacionalmente como ferramentas de análise conceitual. Neste movimento, trata-se de outorgar à produção cultural e à estética latino-americana um lugar que não seja apenas o de se mostrar como exemplo – ou, como dizia Oswald de Andrade, fornecer a matéria-prima –, mas o de atuar como lugares de intervenção crítica e teórica, lhes dando um espaço dentro do esquema de produção de conhecimento que até pouco tempo atrás era privilégio da ciência e – talvez – da filosofia; um lugar a partir do qual seria possível construir uma teoria crítica fora da razão monumental moderna. A literatura e a imagem se transformam então em plataformas para a geração de conceitos (epistemológicos, éticos, políticos e estéticos) e a esfera estética e cultural adquire um viés filosófico. A filosofia abre-se, no sentido geopolítico, para ser produzida a partir da América Latina, mas também num sentido de alargamento do campo disciplinar: é retirada do território sistemático e da razão.[8]

O tempo filosófico que Bergson traz – o tempo filosófico que Einstein nega – é um tempo atrelado ao corpo e à matéria, um tempo imanente que nos permite medir a transformação que Macabéa sofre através das palavras naquele milésimo de segundo em que atravessa a rua antes de morrer, um tempo de uma duração que não cabe nos ponteiros do

8. Evidentemente, não estou afirmando que retirar o latino-americano do lugar do exemplo ou do objeto para torná-lo produtor de conhecimento seja um movimento sem precedentes, assim como não afirmo que retirar a filosofia do campo sistemático e da razão o seja. No entanto, creio que esses são lugares de poder/saber que ainda devem ser chacoalhados. No esforço de mobilização de lugares epistemológicos estanques, o vaivém entre diferentes correntes teóricas, por um lado – biopolíticas, pós-colonialismos, novos materialismos, perspectivismo ameríndio, pós-humanismos, ecocrítica, feminismos de todo tipo, e um longo etc. –, e, por outro, as mobilizações e insurgências da última década ligadas ao feminismo em toda a América Latina, e aos negros e ameríndios no caso do Brasil, têm sido cruciais. Ou seja, uma parte indispensável dessas mudanças epistemológicas passa pela incorporação dessa "prática", ou "experiência" na dimensão teórica. Diferentes aproximações contemporâneas a este horizonte de problemas – Ludmer, 2013; Giunta, 2018 e 2020; Segato, 2018; Kiffer e Giorgi, 2019; Carneiro, 2011; Ribeiro, 2017; Krenak, 2019; Galindo, 2013 – coincidem na necessidade de dar lugar aos corpos e aos afetos, às alianças comunitárias e a um tipo de saber outro – intuitivo, não racional – no interior da teoria. Nos projetos que correspondem ao século XX analisados neste livro, essa dimensão experiencial e corporal é fundamental para compreender a virada epistemológica que eles propõem, e pode ser lida anacronicamente como um caminho incipiente em direção ao contemporâneo.

relógio. É um tempo vertiginoso, não porque ande rápido, mas porque retorna sobre si próprio e se espelha, porque encena recorrências, porque irrompe no tempo homogêneo e cronológico da física; nesse tempo que se impôs durante o século xx também como um tempo colonial, que chega ao nosso presente como um tempo encarnado no progresso. Escorrendo pelos buracos – os bueiros – deixados por esse tempo homogêneo, surge o tempo fugidio do futuro de Macabéa e do *instante já*. Um tempo de intervalo, um tempo da palavra e da imagem, corporal e menor.

Uma mutação ontológica em relação ao mundo

Num contexto de preocupação pela mudança climática, a questão do futuro permeia tanto as conversas cotidianas quanto as reflexões filosóficas em todo o planeta. Embora a partir de 2020 a preocupação pelo futuro tenha ganhado urgência por causa da pandemia, há algumas décadas, o imaginário global de um futuro catastrófico e apocalítico tem atingido uma aceleração tal que é impossível não o encarar como um dos temas mais visitados na cultura contemporânea. Em *Há mundo por vir? Ensaio sobre os meios e os fins*, Deborah Danowski e Eduardo Viveiros de Castro propõem que, embora a temática do fim do mundo sempre tenha existido em todas as culturas e venha sendo imaginada de maneiras muito variadas ao longo da história, esse imaginário se renovou a partir dos anos 1990, quando se chegou a um consenso científico sobre as transformações climáticas e ambientais e sobre uma crise planetária incontornável. Diariamente, somos ou vítimas reais ou testemunhas de eventos que beiram o catastrófico e que muitas vezes estão relacionados com a mudança climática ou com diferentes pragas bacteriológicas ou virais, mas que outras vezes estão ligados ao aumento da desigualdade social em níveis que parecem obscenos; à pobreza extrema e à crescente precariedade laboral; às migrações em massa e às novas políticas anti-imigratórias, persecutórias, de detenção e deportação; ao aumento de genocídios e femicídios; à aceleração tecnológica e ao consequente aumento da vigilância do algoritmo sobre os corpos e os desejos; à normalização de políticas antidemocráticas e de extermínio; ou à ascensão de grupos de extrema direita e de novos tipos de fascismo, recentemente renovados no mundo todo. Esta saturação de acontecimentos, notícias e imagens acumuladas no presente criou o que Ashley Dawson[9] chama de "afeto catastrófico" – um sentimento visceral de que não estamos simplesmente caminhando para o colapso civilizacional, mas que já estamos bem dentro dele –, e revelou uma ligação entre duas ordens que até então tínhamos insistido em separar: a ordem política e a ordem natural. Já não há dúvida de que o novo regime climático em que vivemos devora aquilo que antes chamávamos da ordem do político, ou que aquilo da ordem do político intervém diretamente na ordem natural. Esta distinção já não é pertinente, já não é clara, já não é possível.[10] A atual crise planetária não pode ser compreendida se pensarmos exclusivamente em apenas um dos níveis – ambiental, social, sanitário, econômico ou político –, pois o que os enlaça inextricavelmente é a constância do ataque a diferentes formas de vida. A pandemia não fez outra coisa senão tornar este problema ainda mais claro. O mundo inteiro foi paralisado por um vírus originado pela interação entre o humano e o animal e insiste em algo que vínhamos demorando em reconhecer: se até agora pensávamos que a relação com esses outros a que chamamos

9. Dawson, 2017.

10. Uma das discussões que surgiu nos últimos anos gira em torno do conceito de "antropoceno" e na definição do momento histórico em que começa a mutação da relação entre o humano e o não humano. A discussão é – como as próprias consequências do antropoceno – infindável. De acordo com o pensamento de vários autores (Chakrabarty, 2009; Demos 2020; Danowski e Viveiros de Castro, 2014; Latour, 2017; Wallace-Wells, 2019) retroceder o início do antropoceno para o período neolítico implica considerá-lo como uma parte constitutiva da natureza humana e, portanto, como uma estrutura a-histórica que nos leva a encará-lo como um destino trágico ou uma "condição humana" emoldurada por uma valoração moral não isenta de excepcionalidade. O conceito de "capitaloceno", por sua vez, é recusado por Chakrabarty (2009) e por Danowski e Viveiros de Castro (2014) porque deixa de fora o desenvolvimento industrial e extrativista do regime soviético. Esses autores, como contraponto, associam o nascimento do antropoceno com o começo da modernidade e do colonialismo europeu em América como o momento em que se produziu um extermínio de populações que trabalhavam a terra de um modo que depois se modificou, produzindo uma mudança geológica (Davis, H. e Todd, Z., 2017; Demos, 2020; Danowski e Viveiros de Castro, 2014; Latour, 2017). Maristella Svampa considera que – do ponto de vista da América Latina – é imprescindível acrescentar os conceitos de "extrativismo" e "neoextrativismo", mas sem abandonar a riqueza e a pluridimensionalidade do conceito de "antropoceno" (Svampa 2019, p. 23). Finalmente (embora continue e continuará), Haraway propõe o conceito de "Chthuluceno" como um conceito fluido e híbrido – multitemporal, multiespacial e multiespécie – que se resiste a uma figuração e a uma determinação de começo temporal. O "Chthuluceno" é uma ensamblagem "mais que humana", "outra que humana" e "in-humana" (Haraway, 2023).

animais, florestas, mares e rios consistia em conhecer, dominar, domesticar ou extrair, há algo nessa relação que nos escapou de forma fugaz e que regressa de forma ameaçadora transformado no anjo da história. Já nos anos 1990, Michel Serres situava a origem da crise ambiental e ecológica em nosso modo de nos relacionar com o mundo e sugeria uma reformulação desse vínculo através de um novo *contrato natural* que estilhaçasse o aparelho conceitual que herdamos da modernidade.[11]

O correlato da filosofia moderna e da separação entre natureza e cultura é uma relação com o mundo baseada no instrumentalismo, na propriedade e na guerra; uma relação na qual a agência humana é sobreanimada e o mundo material – e com ele a longa lista daqueles que são considerados não humanos – é desanimado. Neste sentido, a crise que estamos vivendo fala não só de um fracasso das promessas da modernidade e do sonho utópico do século XX – tanto em seu viés desenvolvimentista quanto no revolucionário–,[12] mas também da insuficiência da epistemologia moderna ocidental para compreender o humano e, por conseguinte, para sustentar as humanidades como disciplinas:

> o humano, como podemos compreender agora, só pode ser captado e preservado se devolvermos a ele esta outra metade de si mesmo, a parte das coisas. Enquanto o humanismo for feito por contraste com o objeto abandonado à epistemologia, não compreenderemos nem o humano, nem o inumano.[13]

O tempo da ciência não parece ter sido suficientemente sólido para nos sustentar. Ou talvez seja porque jamais fomos inteiramente modernos[14] e a ciência nunca foi inteiramente independente dessa porção de inexatidão e de fugacidade que se infiltra por entre os ponteiros do relógio. Embora os cientistas possam ter se julgado capazes de separar de modo taxativo aquilo que é natureza daquilo que é humanidade, ou aquilo que é racional do que é intuitivo, o trabalho da ciência envolve objetos híbridos (humanos e não humanos) que desafiam a partição. As medidas não designam apenas a coisa medida, mas envolvem componentes e

11. Serres, 2004.
12. Susan Buck-Morss, 2000.
13. Latour, 1994, p.134.
14. Ibid.

decisões que fazem da ciência um saber muito menos objetivo e racional do que gostaríamos de acreditar.[15] Os debates ao redor dos momentos fugazes do tempo instantâneo revelam um espaço onde as grandes dicotomias da modernidade não se sustentam: "o espiritual se mistura com o mecânico, o não humano com o humano, o pessoal com o impessoal, o individual com o social, o natural com o político e o primitivo com o moderno."[16] Não podemos ser absolutamente científicos, assim como não podemos ser completamente modernos. São margens de tempo e de saber. Talvez, o tempo de Bergson tenha finalmente chegado.

Dois eixos de argumentação

Ao longo dos capítulos deste livro, são percorridos dois eixos paralelos de argumentação. O primeiro eixo ilumina o laço estrutural entre o momento contemporâneo de crise política, social, econômica, sanitária e ecológica mundial e um imaginário latino-americano cujos alicerces se estabilizam em meados do século XX e no qual o Brasil ocupa um lugar fundamental: o de um território prenhe de um futuro pensado como progresso. A América Latina do pós-guerra – e o Brasil em particular – foi um enclave privilegiado do projeto cultural da modernidade, um laboratório de experimentação do moderno. O Brasil era – segundo a célebre frase de Mário Pedrosa – um país "condenado ao moderno". Em paralelo, o Brasil representa atualmente um território como poucos para examinar o avesso desse mesmo laboratório, para examinar os escombros deixados pelo progresso em sua marcha. Além da persistência das desigualdades raciais e sociais na atualidade –"a escravidão permanecerá por muito tempo como a característica nacional do Brasil"

15. Stengers, 2000. A ciência se parece muito mais com a ficção do que nós – inclusive Virginia Woolf – tínhamos pensado: "a ficção, quer dizer, o trabalho imaginativo, não cai como uma pedra no chão, como na ciência; a ficção é como uma teia de aranha, presa por muito pouco tempo, mas ainda assim presa à vida pelos quatro cantos. Muitas vezes estar preso é quase imperceptível. As peças de Shakespeare, por exemplo, parecem completamente suspensas quase que por si sós. Mas, quando a teia é puxada meio de lado, enganchada pela borda, rasgada na metade, é que se lembra que elas não são tecidas em pleno ar por criaturas incorpóreas; essas teias são o resultado do sofrimento de seres humanos e estão inteiramente presas a coisas materiais, como saúde, dinheiro e a casa onde se mora" (Virginia Woolf, 2014, pp. 63-64).

16. Canales, 2009, p. 221.

(Joaquim Nabuco) –, o país concentra a maior reserva natural do planeta, convertendo-se desse modo num cenário-chave não apenas para a discussão sobre a crise política e ecológica mundial, mas também para pensar a abertura epistemológica que essa mesma crise torna possível.[17]

Tendo como pano de fundo esse imaginário, proponho-me, então, a fuçar nesse avesso, ou num contra-arquivo do modernismo, para resgatar alguns projetos culturais, literários e artísticos produzidos desde meados do século XX até a atualidade, nos quais se propõe um conceito de tempo diferente do tempo homogêneo da ciência e nos quais se vislumbra uma outra ordem epistemológica, ética e política possível. Trata-se de uma imaginação subterrânea e contemporânea do discurso da modernidade que, pela atenção aos restos materiais como restos significantes – e, portanto, vivos –, interrompe a homogeneidade temporal com momentos fugazes (*instantes já*), com palavras e imagens que constroem espaços de imanência em que as grandes dicotomias da modernidade já não se sustentam.

O segundo eixo de argumentação se desenvolve paralela e implicitamente ao anterior e parte do contexto latino-americano e brasileiro de discussão para desenhar uma continuidade entre os projetos analisados e certos programas filosóficos contemporâneos (materialismos, vitalismos) que dão vida à materialidade ou que a tornam vibrante.[18] Esse segundo eixo percorre o mesmo caminho que o anterior, mas procura sublinhar não tanto a história como catástrofe, mas antes a abertura filosófica que se apresenta a partir da crise epistemológica. Assim, Bergson e sua inclusão do corpo no tempo da filosofia retornam. Retorna o *instante já* como um outro modo do saber filosófico e como um exercício de “descolonização do pensamento”, ao “propor um outro modo de criação de conceitos que não o ‘filosófico’, no sentido histórico-acadêmico

17. Para além da questão ecológica, outro dos fatores que torna o Brasil um lugar privilegiado para pensar esses temas é a cosmovisão ameríndia, chave para poder elaborar essa abertura epistemológica.

18. Jane Bennet, 2010. O conceito de “novos materialismos” foi cunhado por Diana Coole e Samantha Frost (2010) e desde então tem se somado uma infinidade de trabalhos sobre o tema vindos de diversas disciplinas. Enquanto finalizava as correções deste livro, o trabalho escrito junto com Paola Cortes Rocca (Cortes Rocca e Horne, 2021) e a leitura dos artigos que fazem parte do dossiê que editamos (Juliana Robles de la Pava, Ana Porrúa; María Soledad Boero; Carolina Bartalini; Victoria Cóccaro; Matías Ayala Munita; Santiago Acosta) me permitiram continuar refletindo sobre alguns dos problemas que colocam os novos materialismos dentro do contexto latino-americano.

do termo".[19] A imaginação também intervém aqui, enquanto faculdade alternativa à razão e enquanto faculdade política.[20] A abertura epistemológica implica questionar as dicotomias da modernidade e, portanto, questionar também o ideal humanista e antropocentrista do homem europeu e branco como medida universal e como análogo conceitual do humano, que deixa de fora – do lado da natureza e das coisas – todos os outros existentes que não se ajustam a essa medida, reduzindo-os a uma sub-humanidade[21] e forçando-os a viver fora mas, ao mesmo tempo, no coração do social.[22] Os projetos analisados roçam então o político quando mostram a impossibilidade lógica – já que a real continua existindo – de marcar um limite, de deixar de fora – o fora já não existe ou existe apenas o fora –, ou de considerar como atrasados na linha evolutiva a longa lista de refugiados e despejados da história. A materialidade cobra agência e se torna resistência ou, melhor, "reexistência", uma materialidade que, só pelo fato de existir, resiste.[23]

Ora, mas não estaremos acaso, neste ponto, voltando a confiar numa tradição de pensamento crítico humanista que parece ter-nos conduzido pelo caminho da catástrofe?[24] Será que essa tentativa de sair da modernidade não tem uma raiz que é também moderna? Não, se situarmos o início da modernidade na ruptura epistemológica cartesiana (*res extensa* e *res pensante*) que levou a afirmar, durante mais de trezentos anos, que a natureza humana e a vida em sociedade podiam se encaixar em categorias completamente racionais.[25] É claro que há uma herança vanguardista e dos modernismos estéticos do século XX na convicção de que uma nova partilha do sensível – uma dissidência –[26] pode ter um impacto crítico. Mas a maneira como as vanguardas se desenvolveram na América Latina não necessariamente as afastou de uma ideia de tempo linear e contínuo ou de uma concepção

19. Viveiros de Castro, 2018a, p. 21.
20. Arendt, 1993.
21. Viveiros de Castro, 2018a.
22. Arendt, 2008.
23. Viveiros de Castro, 2017.
24. Braidotti, 2019.
25. Toulmin, 1992; Latour, 2020.
26. Rancière 2005, 2014 e 2021.

romântica da natureza. A maior parte dos projetos modernistas latino-americanos do século xx se alicerça numa ideia de vazio e potencialidade e num imaginário de futuro feito do zero, que está associado a um tipo específico de estética: monumental, épica, autônoma, baseada em grandes narrativas nacionalistas e eufóricas,[27] heroicas e triunfais;[28] em temporalidades evolutivas definidas de forma teleológica.

O momento atual de "mutação na nossa relação com o mundo"[29] e o próprio conceito de antropoceno como incapacidade de distinguir entre o antropo e as camadas geológicas da terra permitem que encontremos uma nova potencialidade política na literatura e nas artes e nos convida a voltar a ler a tradição a contrapelo.[30] Por um lado, o vínculo entre corpo e planeta confere uma nova dimensão política à esfera estética que não existia nas vanguardas. Por outro lado, o trabalho retrospectivo de remexer nesse arquivo oferecido pelo mundo que se abriu com o segundo pós-guerra na América Latina nos permite trazer à luz certos projetos silenciados ou menos visíveis e lê-los com sentidos diferentes; encontrar neles os precursores sombrios de uma epistemologia contemporânea e pós-humanista. São projetos em que podemos adivinhar uma reordenação dos espaços de saber e de poder: um outro

27. Antelo, 1999.

28. Schwarz, 1987.

29. Latour, 2020, p. 16.

30. Existem alguns antecedentes que é necessário mencionar neste esforço por fazer uma retrospectiva do cânone literário e artístico latino-americano a partir da teoria biopolítica, dos novos materialismos e do modo como a noção de antropoceno tem produzido uma redefinição dos conceitos de natureza e de humanidade, e de sujeito e objeto. Uma lista que não pretende ser exaustiva de modo algum, já que se trata de um campo em mutação constante, inclui o surpreendente livro de José Miguel Wisnik (2018) sobre a relação entre a poesia de Drummond e a mineração; o trabalho pioneiro de Lucia Sá sobre a literatura da floresta (2012, 2018, 2019); a releitura da obra de Clarice Lispector por Alexandre Nodari (2018); o trabalho precursor de Gisela Heffes (2013, 2017) no campo da ecocrítica; o livro de Gabriel Giorgi (2016) sobre literatura e animalidade; o recente livro de Hector Hoyos (2019) sobre o materialismo transcultural; o livro de Jens Anderman (2018) sobre a relação entre natureza, arte e paisagem; o trabalho de vários autores compilado por Irene Depetris Chauvin e Macarena Urzúa Opazo (2019); o trabalho de Adriana López-Labourdette, Isabel Quintana e Valeria Wagner (2018) sobre o lixo; os trabalhos de Gabriela Milone (2021) sobre paisagem e materialidade da voz; e o trabalho de Betina Keizman sobre formas de vida potenciais na literatura (2018).

futuro possível cujos contornos não estão totalmente definidos se pensarmos dentro do quadro conceitual do utópico e do esperançoso, mas que também não estão no do apocalíptico e do desesperado.

Futuros menores: imanência

O conceito de futuros menores não é descritivo, mas operacional. Funciona como uma engrenagem conceitual, como uma máquina – uma antropologia, uma epistemologia, uma estética, uma ética e uma política – que se põe a funcionar para construir uma filosofia do tempo e uma arquitetura do mundo baseadas na imanência. Os futuros menores opõem-se ao futuro monumental, singular e do progresso, contudo, não se opõem a ele como a um espelho invertido, mas mostrando seu avesso, expondo seus restos. Operam arqueologicamente, suspendendo o tempo linear e entrando no *não tempo* (Flávio de Carvalho) em que a matéria se torna linguagem e a palavra se encarna no corpo para colocar em evidência um traço que transcende o significado e se mostra nos gestos, no riso, no choro, na cadência da voz, nas interrupções, nas repetições, nos lapsos e nas gagueiras (Eduardo Coutinho). Congelam o *instante já* numa única imagem em que se acumulam camadas de detritos e restos de muitos tempos, até que ela se torne um *arroto da história*; até que exploda num *objeto-imagem* que produz uma *eletricidade vital* (Lina Bo Bardi). Os futuros menores colecionam ossos, aquele fragmento do corpo que sobrevive fora do corpo e torna obsoleta qualquer distinção entre dentro e fora, entre sujeito e objeto, ou entre o material e o vivente (Flávio de Carvalho; Andrea Tonacci e André de Leones). A imaginação dos futuros menores opera, então, desterritorializando, como a literatura menor de Kafka,[31] e, ao fazer perder o chão da linguagem, faz também tremer a razão e o humano.[32] Os futuros menores

31. Deleuze e Guattari, 1977.

32. Uma literatura menor, tal como Deleuze e Guattari a entendem, não é uma literatura escrita numa língua menor ou marginalizada, mas a literatura que uma minoria faz dentro de uma língua maior, de tal forma que faz um uso perturbado, assintático ou mesmo incorreto dessa língua maior; um uso estrangeiro na língua própria. A literatura menor transporta em si um deslocamento, uma dobra ou uma topologia ambígua que faz com que a língua maior perca seu chão, se desterritorialize, exploda a partir de seu interior e, assim, se torne um lugar de enunciação coletivo e, portanto, de potencialidade

permitem um acesso direto – um mergulho – nessa matéria viscosa que é a linguagem como princípio de toda a vida e de toda a renovação da vida (de toda a metamorfose). Como Macabéa bem sabe, o medo da palavra é também o medo da alegria da palavra. Ela gosta de palavras difíceis apenas por seu som (efemérides), sem compreender. Aplica uma espécie de filtro na linguagem para ficar apenas com os detritos, com esse fragmento material e neutro que vale por seu puro som e que desestabiliza o sentido. Isso também são os futuros menores: uma ascese da linguagem ou um *atrás da linguagem* (Flávio de Carvalho) que transforma a palavra numa meditação sonora – os ruídos dos macacos uivando na floresta – e nos devolve ao balbucio da infância.[33]

É aquilo que, ao mesmo tempo em que desafia os limites da literatura e do sentido, *torna possível* a literatura e o sentido; é seu chão, seu plano imanente, sua condição de possibilidade. Nos futuros menores, as distinções modernas não se mantêm porque o fora não é exterior e o dentro não é interior. E porque o agora é uma presença sonâmbula do ontem. A imaginação dos futuros menores propõe assim uma *topologia êxtima*: faz explodir taxonomias para produzir um *trans-bordamento* (João Guimarães Rosa), o estouro das margens em direção a um espaço e um tempo *trans*. Se a arquitetura é uma reflexão, uma organização e uma construção do espaço, ela não pode ser concebida sem uma temporalidade e uma duração,[34] e é essa simultaneidade *espaço-temporal* que se aglutina no conceito de futuros menores. É nesse sentido que os futuros menores são uma arquitetura do mundo e uma forma de habitá-lo, porque não avançam nem monumental nem apocalipticamente, pelo contrário, se instalam no

política. Trata-se de uma formulação paradoxal que implica uma simultaneidade e uma sobreposição que, no pensamento tardio de Deleuze, se torna mais complexa no conceito de "imanência". Esses conceitos têm uma certa semelhança com o de "extimidade" cunhado por Jacques Lacan para pensar a topologia do inconsciente. A extimidade implica uma intimidade que é, ao mesmo tempo, alheia e, portanto, define um lugar onde a fronteira entre o interior e o exterior explode: o êxtimo é o mais próximo, o mais íntimo, sem deixar de ser exterior (Jacques Alain Miller, 2010). No entanto, embora a extimidade lacaniana mine a subjetividade moderna, ela permanece no interior do conceito de sujeito do inconsciente, sem dar o salto – que Deleuze dá com a ideia de imanência – em direção ao conceito de vida e, portanto, a uma ontologia/epistemologia (já não há diferença) pós-humana.

33. Agamben, 2008.

34. Grosz, 2001.

local instável do tremor e num pensamento diminuto e hieroglífico: um *pensamentozinho* (João Guimarães Rosa). Mais do que avançar, os futuros menores derramam-se sobre si mesmos numa vertigem filosófica.

Estrutura do livro

Em duas ocasiões diferentes, Pier Paolo Pasolini denuncia o desaparecimento dos vaga-lumes como uma metáfora para reunir diferentes processos críticos que ocorrem em vários níveis e que indicam, segundo sua perspectiva, uma marcha apocalíptica da história. Os vaga-lumes desaparecem concretamente devido à poluição ambiental, mas a este desaparecimento real somam-se dois outros processos que estão interligados: os holofotes ameaçadores do fascismo que não nos permitem ver essas luzes intermitentes na escuridão da noite e sua continuidade nas luzes posteriores do espetáculo e do consumo. O vínculo entre os dois momentos (sua primeira carta sobre os vaga-lumes é de 1941, e a segunda intervenção é dos anos 1970) é entendido como uma mudança radical na natureza da relação entre a humanidade e o mundo; uma mudança ontológica no humano que se manifesta num disciplinamento do desejo e da imaginação.

O capítulo 1, "Do futuro monumental à margem da alegria", desenha o arco do livro e situa a relevância do Brasil como lugar privilegiado para pensar a modernidade e o futuro monumental do progresso. O capítulo toma a metáfora dos vaga-lumes pasolinianos e a leitura contemporânea que Georges Didi-Huberman faz dela através do conceito de "imagem-vaga-lume", para pensar o potencial filosófico e político da arte. A leitura que proponho coloca em diálogo o diagnóstico de Pasolini e a "imagem-vaga-lume" com um conto de João Guimarães Rosa que se passa durante a construção de Brasília e no qual o voo dos vaga-lumes – e dos pássaros – cria uma margem de alegria, um tempo intersticial diferente daquele do futuro monumental do desenvolvimentismo brasileiro dos anos 1950. A continuidade que Pasolini lê entre o fascismo e o consumo capitalista é o que Lina Bo Bardi pensa como uma *continuidade da guerra* na marcha da história: da construção de monumentos até o desenho de espaços confortáveis, cheios de tapetes e ares-condicionados.

Seguindo um caminho desenhado pelas luzes dos vaga-lumes aberto por esse capítulo inicial, o resto do livro divide-se em duas partes: "Matéria-prima: o lixo" e "Os ossos do mundo", marcadas por dois tipos de materialidade: o lixo e os ossos. O capítulo 2, "Um arroto da história: Lina Bo Bardi entre a imagem material e as formas de habitar o intervalo", concentra-se na análise da obra multifacetada da arquiteta ítalo-brasileira Lina Bo Bardi partindo dos anos 1950, um momento-chave que coincide com a construção de Brasília como ápice do projeto monumental moderno. Bo Bardi vê, nessa encruzilhada de futuros possíveis, a abertura para um tipo de futuro alternativo que, no entanto, não aconteceu. A análise parte de sua experiência em Salvador, Bahia, entre 1958 e 1964, entendendo-a como uma experiência transformadora. Depois da Bahia e do encontro com o objeto da cultura popular entendido como uma montagem de detritos e um nó de tempos, Bo Bardi desenvolve um conceito de imagem material próximo da imagem dialética de Walter Benjamin e do conceito de sobrevivência de Aby Warburg. Essa teoria vai lhe permitir realizar sua prática artística, arquitetônica e curatorial atendendo a outros aspectos residuais e anônimos que não necessariamente têm a ver com o popular. Tanto em suas exposições sobre cultura popular quanto nos "cavaletes de cristal" que concebeu para expor a coleção permanente do Masp, assim como nas exposições tardias centradas na infância, na natureza e nos animais, subjaz uma teoria da imagem como montagem de tempos heterogêneos que será também uma teoria da arquitetura. A partir de uma análise de seus dispositivos curatoriais decolonizadores do espaço expositivo e de seus escritos, proponho que a imagem material bobardiana se converte num objeto teórico que modifica a história em direção tanto ao passado quanto ao futuro, forjando um limiar – um lugar menos – que é onde acontecerá o habitar. Os "intervalos" das exposições tardias retomam a margem da alegria do conto de Guimarães Rosa para propor uma arquitetura *trans-bordada* e outros modos de viver junto.

O capítulo 3, "A palavra como coisa e a alegria coletiva: o cinema de Eduardo Coutinho como projeto filosófico", se propõe entender o cinema de Eduardo Coutinho como uma continuação da estética da fome de Glauber Rocha, pensada a partir de suas raízes bobardianas.

Alguns anos depois da experiência baiana de Bo Bardi, na qual ela buscava uma "arquitetura pobre" tomando o objeto da cultura popular como um modelo de construção a partir da montagem de materiais descartados e como alternativa estética tanto a uma cultura de consumo quanto a uma perspectiva folclórica sobre a cultura popular, Rocha escreveu seu famoso ensaio "Estética da fome", de 1965. Nele, tal como Bo Bardi, Rocha opõe-se a uma estética do espetáculo, assim como a uma perspectiva condescendente, exótica e miserabilista. Este paralelo entre Rocha e Bo Bardi dispara um diálogo imaginário entre Coutinho e Bo Bardi – ou entre o cinema documental e a arquitetura das imagens – através de um fio comum: a construção de uma "imagem lixo". O eixo desse capítulo é uma análise do documentário *Boca de lixo* (1992) em vínculo com um filme posterior, *Jogo de cena* (2007), que opera como leitura retrospectiva. Afastando-se de um olhar naturalista, o cinema de Coutinho encontra na relação entre palavra, imagem e corpo uma distância da tradição da imagem cinematográfica como ilustração para pensar o cinema como projeto filosófico.

A segunda parte do livro propõe que "os ossos do mundo" não só contam histórias e reativam uma memória vital das coisas, mas também que, ao fazê-lo, provocam uma transfiguração do regime sensível, trazendo novas formas de olhar ou de ler, novas formas de pensar as fronteiras entre o vivo e o inerte. Os ossos são o que tem de mais próximo – de mais interior – sem deixar de ser exteriores; o mais íntimo mas, ao mesmo tempo, sobrevivem no fora como um corpo estranho. O capítulo 4, "Atrás da linguagem: a experiência amazônica de Flávio de Carvalho e a imanência da floresta", concentra-se na análise conjunta de três ficções teóricas de Flávio de Carvalho: *Os ossos do mundo* (1934), *Os gatos de Roma/Notas para a reconstrução de um mundo perdido* (1957-8) e *Diários amazônicos/On the Frontiers of Danger* (1958, inédito); este último baseado em sua *Experiência n. 4*, uma expedição na floresta. Neste percurso acompanha-se um projeto artístico e filosófico "total"[35] que parte de uma teoria arqueológica dos resíduos históricos – ossos do mundo – para propor uma ontologia animista ou um vitalismo que

35. Moreira Leite, 2008.

conduzirá depois, em sua expedição, a sua faceta experimental. A concepção de Carvalho do primitivo como resíduo e sobrevivência, e não como algo pertencente a uma temporalidade histórica – isto é, como uma anterioridade lógica que não está antes do tempo mas "atrás da linguagem", como condição de possibilidade –, leva-o a procurar esse resíduo num fragmento de tempo fora do tempo ou num "não tempo". Assim, ele vai para a floresta como quem vai ver a si próprio em uma total nudez. Vai se encontrar com um "laço" primário em que a distinção entre sujeito e objeto e entre a humanidade e o mundo já não faz sentido. A floresta será o lugar neutro que ele procura a partir do estético: uma abertura para um mundo novo e para uma outra ordem de coisas que só se manifestará plenamente na experiência amazônica entendida como experiência estética. Na floresta, Carvalho encontrará uma presença imanente e uma base para seu programa filosófico futuro.

O capítulo 5, o último, "O futuro como um *déjà vu*: a continuidade da guerra e os sobreviventes do fim do mundo", começa com um retorno à polêmica sobre o tempo da ciência e o tempo filosófico. Tomando a reflexão temporal proposta pela obra do artista sul-africano William Kentridge, a África do Sul e o Brasil se enlaçam num *Sul-Sul* – ou Sul Global – para repensar a continuidade sem frestas entre tempo moderno e tempo colonial. A consequência desse modelo temporal é uma política de extermínio da vida, uma necropolítica,[36] que se manifesta numa arquitetura que retoma a arquitetura do conforto de Bo Bardi através do *Junkspace*[37] e de uma temporalidade 24/7.[38] Como alternativas menores a esses tempos contínuos e homogêneos, surgem duas obras: o filme *Serras da desordem* (2006), de Andrea Tonacci, e o romance *Dentes negros* (2011), de André de Leones, ambas entendidas como releituras contemporâneas do conto de Guimarães Rosa analisado no capítulo 1. Essas obras são relatos de catástrofes e se concentram numa personagem-chave: o sobrevivente. Assim, a figura da sobrevivência material, que atravessou os capítulos anteriores como uma presença ativa e animada – com vida –,

36. Mbembe, 2020.
37. Koolhaas, 2002.
38. Crary, 2016.

neste capítulo não apenas passa do inerte ao vivo, mas ultrapassa a fronteira da espécie, deixando de ser uma imagem, uma palavra ou um objeto para encarnar em personagens humanas sobreviventes de catástrofes.

Em *Serras da desordem*, trata-se do massacre de uma comunidade indígena que aconteceu de fato nos anos 1970, e em *Dentes negros* de uma epidemia que dizima populações inteiras no Brasil, uma ficção que poderia ter sido qualificada como ficção científica há alguns anos, mas que se tornou verossímil e se transformou, então, numa estética realista. Nas duas obras, as diferentes temporalidades estão ligadas de tal forma que os extermínios e massacres de um passado colonial são pensados como acontecimentos futuros: a extinção da espécie em nível planetário. Assim, a figura do sobrevivente colocada no presente torna-se uma figura de resistência, um vaga-lume que vira o tempo do avesso e coloca o futuro como *déjà vu*, suspendendo o tempo homogêneo e contínuo da modernidade, do extermínio e da guerra. Um *instante já* em que a palavra e a imagem engravidam de futuro e se iluminam numa vertigem.

Os futuros menores retornam então do mesmo futuro para nos dizer que não existia um tempo científico tão linear ou mensurável; que não éramos *tão modernos como pensávamos* e que, se quisermos continuar existindo, a estrutura do conhecimento não pode deixar de incluir esse saber que vem daquilo que foge e se infiltra por entre os ponteiros do relógio. Na coda final, "A terra e o pé", proponho algumas linhas de leituras contemporâneas para pensar o futuro dos futuros menores, um fio que podemos continuar puxando para desmontar o paradigma do sentido fixo, evolutivo e binário que até agora nos uniu e nos separou do mundo e daquilo que costumávamos chamar de natureza.

Capítulo 1

Do futuro monumental à margem da alegria

> *Yet, it can happen, suddenly, unexpectedly, and most frequently in the half-light-of-glimpses, that we catch sight of another visible order which intersects with ours and has nothing to do with it. [...] We come upon a part of the visible which wasn't destined for us. Perhaps it was destined for night-birds, reindeer, ferrets, eels, whales... Our customary visible order is not the only one: it coexists with other orders. Stories of fairies, spirites, ogres were a human attempt to come to terms with this coexistence. [...] Children feel it intuitively, because they have the habit of hiding behind things. There they discover the interstices between different sets of the visible.*[1]
>
> JOHN BERGER

> A filosofia deveria ser um esforço por superar a condição humana.
>
> HENRI BERGSON

Brasília como projeto colonial

Um dos imaginários coloniais mais persistentes da história cultural latino-americana é o de uma história sem passado, um espaço em branco, virgem e deserto – uma tábula rasa –, no qual se poderia construir do

1. E ainda pode acontecer que, de repente, inesperadamente, e mais frequentemente no lusco-fusco dos olhares furtivos, apanhemos outra ordem visível que se cruza com a nossa e não tem nada a ver com ela [...]. É como se topássemos com uma parte do visível que não é destinada a nós. Pode ser que se destine às aves noturnas, às renas, aos furões, às enguias, às baleias... A ordem visível à qual estamos acostumados não é a única: coexiste com outras. Os contos de fadas, de fantasmas e de ogros eram uma tentativa humana de se reconciliar com essa coexistência [...]. As crianças a percebem intuitivamente, porque gostam de se esconder atrás das coisas. Daí, descobrem os interstícios entre as diferentes nuances do visível.

zero uma nova civilização, feita de puro futuro. Este lugar supostamente vazio, que nega a existência de corpos e culturas outras, deu origem a uma proliferação de discursos que se estendeu ao longo dos séculos e que nunca cessou de reafirmar a planura, tanto espacial quanto temporal: sem vestígios e sem passado.[2] Trata-se de um imaginário alicerçado numa ideia romântica da natureza, entendida como uma esfera passiva e autônoma, como um recurso para a intencionalidade moral do homem, definido como aquele que consegue e deve domesticar e dominar (a marca de gênero é intencional, dado que o corpo feminino fica, evidentemente, do lado do natural). A natureza se transforma então num dos aparatos ideológicos mais poderosos produzidos pela modernidade colonial.[3] Por outro lado, ao sustentar-se num tempo homogêneo e num espaço binário, esse discurso se legitima na noção de uma esperança no futuro, ou seja, na evolução histórica e no progresso. Historicamente, esse imaginário colonial, extrativista e patriarcal acabou de se consolidar durante o século XIX com a formação dos Estados-nação latino-americanos em binômios como civilização e barbárie, cultura e natureza ou cidade e campo, e se estabilizou ao longo do século XX até chegar ao nosso presente através de várias linhas de demarcação – de raça, classe, gênero, espécie – que separam as vidas dignas de ser cuidadas e preservadas, de um lado, e as vidas descartáveis, de outro.[4]

No Brasil, essa imagem de uma natureza paradisíaca, tropical e exuberante e de um país definido como "somente natureza" marcou, como propõe Flora Süssekind,[5] um mito fundacional deslocado em relação à realidade: qualquer um que fosse em busca desse ideal de natureza encontraria algo que não se encaixava totalmente nessa expectativa. A consequência foi uma história cultural em eterna procura de uma origem nacional;[6] uma procura que, assim como pretendia recuar no tempo evolucionista para encontrar sua meta no primitivo, também continuava indo

2. Ver, entre muitos outros, Halperin Donghi, 2023; Süssekind, 1990; Foot Hardtman, 2005; Holston, 1993; Rodríguez, 2010; Heffes, 2013; Anderman, 2018.

3. Serres, 1990.

4. Agamben, 2007.

5. Süssekind, 1990.

6. Ibid., p. 34.

adiante, aproveitando esse mesmo vazio, para preenchê-lo com um futuro civilizado. Assim, já no século xx, a dialética do modernismo se desenvolveu através de um conceito "anfíbio" do primitivo, que condensa num só movimento o nacional e o cosmopolita, o moderno e o autóctone.[7]

Na metade do século, concomitantemente com o segundo pós-guerra e durante um período de modernização e otimismo latino-americano, esse imaginário da potencialidade do vazio adquiriu uma força renovada. Perante a decadência europeia, a América Latina voltava a ser vista como um espaço virgem, jovem e promissor, um território com capacidade para subverter as premissas de uma cultura que se julgava obsoleta. O Brasil ocupa um lugar preponderante neste cenário: o período da República Liberal (1946-1964) foi um tempo de desenvolvimento e esperança que ajudou a consolidar uma narrativa já existente na cultura brasileira e constantemente renovada: a imagem de um Brasil com um destino manifesto, triunfante, moderno e em plena marcha em direção a um futuro promissor. A imagem se cristaliza no sintagma "Brasil, país do futuro", que acabou se consagrando com a obra de Stefan Zweig[8] que o leva como título, mas que tem uma história prévia de longa data.[9] Trata-se de um discurso que foi acompanhado por políticas estatais sustentadas para a construção de obras públicas desde o século xix, incluindo a estrada de ferro Madeira-Mamoré, no início do século xx; Brasília; e as três principais obras realizadas na década de 1970, durante a ditadura: a barragem da hidrelétrica de Itaipu, a rodovia Transamazônica e a ponte Rio-Niterói. Essas obras continuaram com o mesmo discurso de excepcionalidade nacional sob o lema "Brasil

7. Garramuño, 2009.

8. Zweig, 1941.

9. Desde o clássico livro de começos do século xx, *Por que me ufano do meu país* (1900), de Afonso Celso, até os nossos dias, essa ideia foi elaborada de diversos modos. Embora o sintagma "Brasil, país do futuro" (1941) tenha se consagrado como sendo de autoria de Zweig, várias obras de autores estrangeiros anteriores a sua se anteciparam com títulos semelhantes, mas nem sempre com o mesmo sentido: o holandês N. R de Leeuw, *Brasil, país do futuro* (1909); o alemão Heinrich Schüler, *Brasil, país do futuro* (1912); e o italiano Francesco Bianco, *Brasil, país do futuro para a imigração judaica* (1928). O próprio Zweig reconhece que não é uma ideia original sua, colocando como epígrafe de seu livro a descrição do país feita por um diplomático austríaco, o conde Prokesch-Osten, em uma carta de 1868: "Um país novo, um porto magnífico, o distanciamento da mesquinha Europa, um novo horizonte político, uma terra do futuro e um passado quase desconhecido que convida o homem de estudos a fazer pesquisas, uma natureza esplêndida e o contato com ideias exóticas novas" (Zweig, 1941, epígrafe).

grande".[10] Assim, apesar da dificuldade de sustentar uma versão homogênea e monolítica, esta ficção de identidade se manteve com idas e vindas ao longo do século XX e permanece viva ainda no presente.

Um dos conceitos centrais na construção e consolidação dessa ficção de identidade nacional tem sido o de monumento. Francisco Foot Hardman[11] considera que a visão monumental da identidade nacional e o conceito de monumento são um dos modos de produção de ilusões coletivas unificadoras, naturalizadoras do poder e homogeneizadoras no Brasil. Aquilo que ele chama de "fantasias do Brasil"[12] e os projetos concretos de modernização que as legitimam exigiram uma ficção prévia, estatal e colonialista, alicerçada na ideia desses espaços como vazios e desérticos, e da história nacional como uma marcha homogênea e teleológica.

Ao longo dos anos 1950, em parte como herança do Modernismo canônico dos anos 1920 e em parte devido a uma conjuntura mundial do pós-guerra e do auge desenvolvimentista, o entendimento da história cultural e artística brasileira como uma marcha racional, autônoma e evolutiva se impôs de modo hegemônico e se afiançou através de algumas instâncias que contribuíram para a consagração, a autonomização e a internacionalização da arte e da arquitetura brasileiras: as bienais de Arte de São Paulo, iniciadas em 1951; a criação dos museus de Arte Moderna (principalmente o Masp e o MAM-SP) e o auge do Concretismo, da Abstração Geométrica e de um tipo de arte altamente industrializada.[13] Uma das mais importantes e influentes linhas de pensamento artístico dessa época, encarnada pelo que foi o primeiro grupo concretista – chamado justamente de Ruptura e liderado pelo artista Waldemar Cordeiro

10. Em *Trem fantasma: a modernidade na selva* (1988), Francisco Foot Hardman estuda o processo de modernização na floresta através da análise de um caso exemplar: o da construção da estrada de ferro Madeira-Mamoré na selva amazônica. Em relação às obras públicas durante a ditadura e sua relação com a literatura, ver Beal, 2017.

11. Foot Hardman, 2004.

12. Ibid.

13. Ao dizer que o Modernismo dos anos 1920 concebeu a história da arte dessa forma, não pretendo afirmar que se trata de uma concepção monolítica, mas antes que foi a versão do Modernismo que triunfou e se impôs como leitura hegemônica das obras mais significativas. Claro que também houve um pensamento arqueológico e dialético que refutou a interpretação evolucionista. É o caso do Oswald de Andrade do "vestígio errático" – como mostra Gonzalo Aguilar (2010) – ou da própria tradição que analisarei aqui, que pertence de alguma forma ao Modernismo, mas decididamente não adere a esse entendimento evolutivo da história da arte.

–, propunha um corte absoluto com tudo o que era velho e com qualquer forma de arte do passado: naturalista, figurativista e até mesmo com a arte abstrata informalista, ou seja, aquela que não correspondia a uma forma racional. Segundo eles, dado que a arte se movimentava através de etapas que iam sendo superadas e não havia sobreposição entre elas, um tipo de arte "do passado" não se adequava ao estágio industrializado do Brasil de então e tornava-se, portanto, obsoleto. A fase artística do Brasil desse momento correspondia a uma arte racional, com princípios claros e universais, na qual não havia espaço para expressões subjetivas ou afetivas. Os materiais também deviam ser frios e industriais (acrílico, esmalte, aglomerado); uma arte que seria "quase-design".[14]

Dentro dessa narrativa, o projeto da construção de Brasília ocupa um lugar privilegiado e pode ser pensado como seu ponto culminante. Através de seu planejamento e construção, buscou-se romper com a cidade típica do passado e inaugurar um tipo de desenho urbano baseado em princípios lógicos, que permitisse uma saída para o subdesenvolvimento. Nas palavras do próprio Juscelino Kubitschek (JK), a cidade foi projetada como "*um rompimento* completo com o passado, uma possibilidade de recriar o destino do país".[15] A visão utópica com que essa cidade foi construída se alicerçava numa ficção que repete as narrativas colonizadoras do século XIX e que defende que se tratava de um território vazio e desabitado, pronto para ser conquistado e para inaugurar um novo tipo de sociedade. No discurso de inauguração da capital proferido pelo presidente JK é possível ver essa mesma construção discursiva do vazio: "Quando aqui chegamos, havia na grande extensão deserta apenas o silêncio e o mistério da natureza inviolada".[16] Esse imaginário se repete em outros textos da época – como por exemplo em "O que Brasília representa", de Arnold J. Toynbee[17] – como se fosse uma coisa óbvia: "Antes, aqui, não havia nada humano,

14. Ver Gonzalo Aguilar, 2005; Lourenço, 1999; e Paes Vieira Reis, 2005. A expressão *quase-design* vem de Marcos Augusto Gonçalves (1996).

15. Kubitschek,1960, apud Moser, 2016, p. 33 (ênfase minha).

16. Kubitschek, 1960, apud Nunes Pinto (org.), 2010.

17. Toynbee, 2012.

absolutamente nada sobre o qual se pudesse construir algo. Tudo devia começar do zero";[18] ou "[a]s cidades primitivas surgiram gradual e naturalmente de uma economia agrícola [...], Brasília não foi assim. Foi conjurada em um *deserto desumanizado* pelo *fiat* do homem. Isso é algo novo na história; ainda não podemos prever o que pressagia".[19]

De fato, o próprio projeto de construção de uma capital no interior do país remonta às empresas coloniais e, ainda que no momento de sua construção tenha adotado uma narrativa igualitária e democrática "de época", não deixa de conservar seu viés de projeto colonial, uma vez que – não custa lembrar – o território sobre o qual foi construída não apenas não era desabitado, como também, para realizar a construção, seus habitantes nativos – principalmente indígenas Karajás –, além de muitos outros imigrantes vindos em sua maioria do Nordeste, foram postos para trabalhar em condições desumanas para que a obra fosse concluída em tempo recorde. A frase de JK "50 anos em 5" dá testemunho dessa pressa e da necessidade de não se deter nos obstáculos que poderiam impedir a realização.[20]

Desde sua concepção, o projeto de construção da cidade de Brasília foi alvo de inúmeras críticas. Foi um dos planos urbanísticos mais controversos do século XX e um dos principais motivos para essas críticas foi sua monumentalidade. Renato Anelli[21] aponta que é necessário pensar essa vontade de monumentalidade na arquitetura moderna brasileira – antecipada no projeto do Ministério de Educação e Saúde (MES) – num contexto mais amplo e complexo: o movimento da New Monumentality que surgira na arquitetura moderna no início dos anos 1940. Segundo

18. Ibid., p. 159.
19. Ibid. (ênfases minhas).
20. Paulo Tavares, em "The Geological Imperative. On the Political Ecology of the Amazonia's Deep History" (2013), propõe entender a construção de Brasília como um projeto colonial. Um dos eventos mais nefastos do momento da construção foi quando um grupo de operários fez um protesto contra suas condições de trabalho e houve um massacre – o massacre de Pacheco – cujo número de mortos ainda não se sabe com exatidão. Referindo-se a esse evento e à quantidade de pessoas mortas durante a construção, há muitos projetos artísticos que propõem uma abordagem crítica de Brasília. Um exemplo é a exposição fotográfica Revendo Brasília, com curadoria de Alfons Hug, que ocorreu em 1994, onde se expõe pela primeira vez a instalação *Imemorial*, de Rosângela Rennó, que procura ser um memorial dos mortos durante a construção da capital. Florencia Garramuño (2017b) analisou essa instalação a partir de uma perspectiva de estudos da memória, mas também resgatando o lugar que ocupa a ideia de sobrevivência.
21. Anelli, 2016.

Anelli, um dos esforços desse movimento foi o de desvincular o monumental da arquitetura fascista para associá-lo à democracia e a uma arquitetura engajada com uma função social, envolvida nos usos cotidianos. No entanto, o próprio Anelli reconhece que, independentemente das intenções, no contexto do pós-guerra, era inevitável associar o monumentalismo de Brasília à arquitetura fascista e a uma visão cultural autoritária.[22] Anelli traça uma linha direta entre esse movimento e a tarefa que Lúcio Costa havia se proposto alguns anos antes: envolver e comprometer a arquitetura brasileira na construção de uma identidade nacional. Dessa forma, a monumentalidade torna-se um elemento-chave: "A interação entre a atuação brasileira e a formulação da nova monumentalidade é inequívoca".[23] Assim, para além das interpretações divergentes quanto à associação ou distanciamento desse movimento em relação ao fascismo, o certo é que a monumentalidade se consolidou a partir da construção de Brasília como uma caraterística nacional e contribuiu para reforçar a fantasia de grandeza e a naturalização da identidade.

A visão utópica com que essa cidade foi construída, sua arquitetura monumental e a intenção de que, com sua construção, se concretizasse a unificação territorial nacional entre o sertão e o litoral iniciada na década de 1930 são fatores que contribuíram para seu peso simbólico. Daí que, como propõe Adrián Gorelik, "Brasília deve ser compreendida como um dos momentos mais densos da cultura moderna"[24] e, enquanto projeto que encarna exemplarmente o programa estético, político e cultural da modernidade, pode ser pensada como um "monumento da modernidade".[25] Gostaria então de tomar essa ideia de Brasília como um projeto colonial e ao mesmo tempo como um monumento da modernidade

22. Seguindo essa mesma linha de argumentação, Adrián Gorelik (2012) diz o seguinte: "As necessidades monumentalistas do Estado nacional-desenvolvimentista não podiam, no pós-guerra europeu, escapar à caraterização de autoritarismo" (pp. 415-16). De qualquer modo, mesmo sem entrar na discussão sobre as propriedades democráticas ou autoritárias da monumentalidade, o que me interessa aqui é sua associação ao humanismo moderno e a uma visão da humanidade como centro e senhora de tudo o que é considerado não humano.

23. Anelli, 2016, p. 422.

24. Gorelik, 2005, p. 154.

25. Gorelik, 2005, p. 160. O autor aponta a particularidade do Modernismo brasileiro em relação aos movimentos europeus e sua ruptura com o passado: "Desse ponto de vista, a experiência do Modernismo brasileiro em sua versão canônica poderia aparecer como uma completa inversão: a

ocidental para pensá-la como um dos projetos mais representativos daquilo que Susan Buck-Morss[26] identifica como o sonho utópico do século xx, isto é, o sonho de que a modernidade industrial traria a reboque felicidade às massas, sonho que, apesar de suas inegáveis realizações, se tornou, como Buck-Morss salienta, um pesadelo. Como todo projeto utópico, a construção de Brasília não era apenas um projeto urbanístico ou arquitetônico, mas implicava também a ideia romântica de que a construção de um novo desenho urbano resultaria na transformação do tecido social e na criação de um novo homem.[27] Se tomarmos a leitura de Alain Badiou[28] do século xx como um século atravessado por uma narrativa rupturista e de construção de um novo homem, podemos dizer que Brasília encarna em seu conjunto esse século xx, incluindo, claro, as consequências indesejadas que esse século nos trouxe:

> No fundo, a partir de certo momento, o século foi obcecado pela ideia de mudar o homem, de criar um homem novo. É verdade que essa ideia circula entre os fascismos e os comunismos, que as estátuas são um pouco as mesmas, a do proletário aprumado na soleira do mundo emancipado, mas também a do ariano exemplar, do Siegfried arrasando os dragões da decadência. Criar um homem novo equivale sempre a exigir que o homem seja destruído. A discussão, violenta e sem reconciliação, se refere à definição do homem velho. *Mas em todos os casos o projeto é tão radical que não se leva em conta, em sua realização, a singularidade das vidas humanas – trata-se apenas de um material.* [...] O projeto do homem novo é nesse sentido um projeto de ruptura e de fundação que sustenta, na ordem da história e do Estado, a mesma tonalidade subjetiva que as rupturas científicas, artísticas e sexuais do início do século. É, portanto, possível afirmar que o século foi fiel a seu prólogo. Ferozmente fiel.[29]

Neste sentido, a atenção ao projeto de construção de Brasília não adquire relevância em meu trabalho por sua avaliação enquanto projeto arquitetônico ou urbanístico, mas enquanto cristalização do imaginário de um futuro utópico, esperançoso, industrial, capitalista e evolutivo que se revela

finalidade do objeto artístico teria sido, nesse caso, produzir simultaneamente um futuro e uma tradição. Deste modo, pode-se dizer que a arquitetura brasileira é 'antivanguardista': porque o problema que tinha para resolver era a ausência de história, não seu excesso" (p. 160).

26. Buck-Morss, 2000.

27. Holston, 1989.

28. Badiou, 2007.

29. Badiou, 2007, p. 21.

indissociável de uma ordem colonial, extrativista e inclusive exterminadora, uma vez que, como bem diz Badiou, as singularidades não importam, são meros materiais. O anjo da história parece assombrar-nos, lembrando constantemente que aquilo que chamamos de progresso não faz mais do que cuspir em nossos pés os escombros de catástrofes acumuladas. O oposto de uma visão distópica/utópica do futuro é dado – proponho – pelos futuros menores, um lugar cheio de materialidades singulares.

Um *trans*-bordamento

"As margens da alegria" é o relato com que João Guimarães Rosa abre seu primeiro volume de contos, *Primeiras estórias*, publicado originalmente em 1962. Conta a história da viagem de um menino a Brasília para visitar seus tios, na época em que a cidade estava em construção.[30] É claro que se trata de um conto clássico, que foi lido e relido em diferentes ocasiões e sob diferentes perspectivas. No entanto, a partir de um presente em que os conceitos de natureza e humanidade estão sendo redefinidos, esse conto joga uma nova luz e dá novos sentidos a aquilo que pensávamos que já não nos podia dizer nada mais.[31]

O conto divide-se em cinco partes. A primeira parte passa-se no ar e tem a lógica de um sonho, da utopia ou do paraíso. Uma criança entra num avião a caminho de Brasília e, a partir daí, tudo é felicidade: a comunicação entre as pessoas funciona sem mal-entendidos, cumprimentam-se e conversam escutando-se mutuamente e sem falar

30. Esse conto tem um paralelo com o que fecha o volume, "Os cimos", através do mesmo personagem do menino que viaja de volta a Brasília – ainda em construção – para visitar os tios. Em "A grande cidade em construção: Brasília em dois contos de Guimarães Rosa" (1999), Márcio C. Campos observa que, na data da publicação dos contos tão recentes à construção da cidade, a utopia da modernização urbana e social ainda estava em condições de ser realizada, e, apesar de a própria cidade ter nascido com fortes críticas, não era, de forma alguma, um fracasso. Isso enfatiza o fato de que, embora a visão de Brasília proposta nos contos não seja de modo algum esperançosa, não pretendo entendê-los como uma leitura da Brasília real, mas do imaginário de futuro que sua construção encarnou.

31. Já mencionei na introdução alguns antecedentes críticos a respeito desse tipo de leitura. No que tange à leitura específica de Guimarães Rosa, foi imprescindível para mim a análise feita por Gabriel Giorgi sobre "Meu tio o Iauaretê" em *Formas comuns: animalidade, literatura e biopolítica* (2017), ao qual me referirei adiante.

em cima uns dos outros. As pessoas respondem às perguntas da criança: "Sorria-se, saudava-se, todos se ouviam e falavam [...]. Respondiam-lhe a todas as perguntas, até o piloto conversou com ele."[32]

Tanto assim é que a criança tem "as satisfações antes da consciência das necessidades"[33] e tudo antecipa seu desejo: antes de ter fome, oferecem-lhe comida; antes de querer deitar, o assento do avião é reclinado para ela.[34] O tio lhe diz o que vão fazer quando chegarem (o que vão ver, do que vão brincar, onde vão passear) e tudo – tanto sua viagem quanto a construção da própria cidade – assume um sentido de promessa e de futuro. A criança olha o céu, o ar e as nuvens e antecipa o desconhecido com aquilo a que o conto chama de "um novo sentido de esperança": "ao não sabido, ao mais".[35] Uma fuga para um lugar que, embora completo, se define também como uma ausência e como alvo: "fugir para o espaço em branco";[36] "o menino tinha tudo de uma vez, e nada, ante a mente."[37] Este tudo e nada simultâneo, próprio do sonho, das ilusões e da antecipação da infância – que é puro futuro – coincide com o que significava a promessa de modernização encarnada por Brasília, e que no conto parece estar não só fora de uma temporalidade humana – numa espécie de eternidade divina – mas também fora de qualquer tipo de contato corporal, sensível e terrestre. Uma visão distante, limpa e ascéptica que coincide com uma perspectiva aérea, cartográfica e nacional. O menino recebe um mapa, que vai seguindo da janela do avião: "o chão plano em visão cartográfica, repartido de roças e campos, o verde que se ia a amarelos e vermelhos e a pardo e a verde".[38] Uma visão panorâmica em que se destacam as cores nacionais (verde e amarelo) e uma diversidade harmoniosa e pictórica de paisagens em degradê. Essa primeira parte do conto nos oferece uma perspectiva total, monumental, em sintonia com o projeto de Lúcio Costa para o plano piloto da cidade

32. Rosa, 1962, p. 7.
33. Ibid.
34. "Ainda não notara que, de fato, teria vontade de comer, quando a Tia já lhe oferecia sanduíches" (p. 8).
35. Idem, p. 7.
36. Ibid.
37. Ibid., p. 8.
38. Ibid., p. 7.

em forma de avião: a "cidade avião" condensa-se na metáfora do voo alto, na perspectiva cinematográfica oferecida pelo aéreo e com a aparente satisfação de ter tudo e, ao mesmo tempo, não poder tocar em nada.

A segunda parte da história coincide com a chegada ao local onde a cidade estava sendo construída, mas poderia ser pensado como uma espécie de espaço liminar entre o espaço aéreo da promessa intemporal e o espaço terrestre: um limbo. A terra aonde ele chega não é efetivamente algo concreto, mas se mostra apenas em seu aspeto negativo. Como que emulando a narrativa da construção de Brasília a partir de uma tábula rasa, a criança não chega nem numa cidade nem num campo, mas num lugar onde não há nada, um território vazio, um branco, um não lugar: "A grande cidade apenas começava a fazer-se, num semiermo, no chapadão: a mágica monotonia, os diluídos ares".[39] No entanto, no espaço da imaginação infantil, numa imaginação que é – precisamente – liminar, até essa aridez esconde alguma coisa: nos fundos da casa do tio, o menino encontra um espaço cheio de árvores e flores de onde escuta o canto dos pássaros, que o leva a imaginar tudo o que dali poderia sair: "índios, a onça, leão, lobos, caçadores".[40] A intangibilidade dos sons e a abundância que despertam antecipam algo que vai impactar e transformar o menino: ele encontra um peru, uma presença que descreve como "imperial" e à qual atribui um poder que não é necessariamente o do império, mas o de transmitir uma temperatura, "calor, poder e flor".[41] A emoção que o peru produz nele o transforma, provoca a saída de si, faz com que ultrapasse suas próprias bordas: produz um "transbordamento".[42] O menino, uma potência ainda não moldada, um intervalo, um pensar diminuto que ainda não entrou na ordem simbólica – "Seu *pensamentozinho* estava ainda na fase hieroglífica"[43] –, alcança, portanto, um modo diferente de perceber e uma subjetividade ambígua que lhe permite sair de si para tocar o animal.

Na terceira parte do conto, o menino parece finalmente ter chegado a um lugar real, começa a sentir o gosto da terra em seu percurso pela

39. Ibid., p. 8.
40. Ibid.
41. Ibid.
42. Ibid., p. 9.
43. Ibid., p. 11.

cidade em construção e nomeia as coisas – como Adão ou Colombo – como se fosse a primeira vez que são nomeadas ("O Menino repetia-se em íntimo o nome de cada coisa"),[44] numa espécie de batismo cívico que o leva a condensar, numa única frase, o projeto global – e até imperial, mas não no mesmo sentido do peru – que Brasília implicava: "Esta grande cidade ia ser a mais levantada do mundo."[45] A elevação e a escala monumental já estavam contidas em sua promessa. No entanto, o conto não abraça essa esperança vã, mas mostra seu avesso: quando a criança regressa à casa do tio, procurando reencontrar o peru, todas as suas ilusões se quebram ao descobrir que ele foi morto para ser comido no jantar de aniversário do tio. O menino sente uma desilusão do tamanho da esperança com que chegara e, a partir desse momento – já na quarta parte, que parece ser o inverso da primeira, ou seja, o inferno –, tudo o que lhe é mostrado da cidade em construção lhe causa tristeza; uma tristeza que se assemelha ao erro, como se algo estivesse errado nesse ato de matar, que nessa parte da história é colocado em paralelo com o ato de construir. O cansaço e a dor viram desengano, e a desconfiança apodera-se dele perante aquele futuro enorme e elevado que ele mal tinha saboreado. O encontro com aquilo que o conto chama de "o mundo das máquinas" e com escavadeiras que derrubam árvores para construir o aeroporto – algo que é nomeado como "morte" – condensam numa só imagem o assassinato do peru e a construção da cidade:

> Ali fabricava-se o grande chão do aeroporto [...] E como haviam cortado lá o mato? – a Tia perguntou. Mostraram-lhe a derrubadora. [...] Queria ver? Indicou-se uma árvore: simples, sem nem notável aspecto, à orla da área matagal. O homenzinho tratorista tinha um toco de cigarro na boca. A coisa pôs-se em movimento. Reta, até que devagar. A árvore, de poucos galhos no alto, fresca de casca clara... e foi só o chofre: ruh... sobre o instante ela para lá se caiu, toda, toda. Trapeara tão bela. Sem nem se poder apanhar com os olhos o acertamento – o inaudito choque – os pulos da pancada. O menino fez ascas. Olhou o céu – atônito de azul. Ele tremia. A árvore, que morrera tanto.[46]

44. Ibid., p. 9.
45. Ibid.
46. Ibid., p. 10.

O menino assiste ao espetáculo, pelo qual se espera que sinta admiração, mas, em vez disso, ele sente nojo, uma sensação digestiva e um tanto desajustada em relação à pena que é possível sentir ao ver uma árvore sendo derrubada: a morte do peru e a destruição da árvore/construção da cidade estão ligadas num mesmo sentimento. No entanto, o conto não acaba no inferno – não oferece uma inversão metafísica de tudo ou nada –, ao contrário, há uma quinta e última parte, quando o menino regressa à casa do tio e, ao sair para o jardim, algo acontece. Ele volta a encontrar um peru e, embora por um instante o confunda com o anterior, logo percebe que se trata de um outro, menos bonito e espetacular do que o primeiro. O momento de êxtase já não acontece como da primeira vez, e o que no conto até agora era apresentado como uma oposição maniqueísta entre a maldade do mundo civilizado e tecnológico (ou mundo maquínico) e o mundo natural adquire uma outra complexidade. O menino encontra o novo peru ciscando a cabeça do peru morto e descobre nesse ciscar uma intenção que já não é instintiva e, portanto, puramente animal: o peru agia por "um ódio" – uma paixão humana – que confunde a criança e complica a própria distinção entre o humano e o animal. A natureza também guarda suas perversões humanas. Do mesmo modo, o cenário das árvores que estão atrás já não mostra suas cores vibrantes, mas estão escurecidas: "A mata, as mais negras árvores, eram um montão demais; *o mundo*."[47]

Ou seja, a natureza deixa de ser esse lugar romântico e imaculado de salvação e torna-se outra coisa, um lugar sombrio onde o animal adquire uma paixão humana e que deixa de ser floresta para se tornar "o mundo", um lugar poroso entre o humano e o natural. É ali que o conto termina com um ressurgir inesperado, uma nova possibilidade dada por uma margem de luz que não anula essa escuridão, mas que também não é o alvo absoluto de uma pura promessa utópica. É algo que surge como um resquício ou como uma margem de alegria: um vaga-lume.

> Voava, porém, a luzinha verde, vindo mesmo da mata, o primeiro vaga-lume. Sim, o vaga-lume, sim, era lindo! – tão pequenino, no ar, um instante só, alto, distante, indo-se. Era outra vez em quando, a Alegria.[48]

47. Ibid., p. 11. (Destaque meu.)
48. Ibid., p. 12.

Do avião e do voo utópico do início, o conto se direciona primeiro para o não voo, para seu avesso: para o horizonte plano, para a construção do aeroporto/destruição das árvores e para a morte do peru. Mas, entre essas duas opções de utopia e apocalipse ou civilização *versus* natureza, o final do conto implica uma abertura para um mundo poroso, de interseção e de transbordamento dos limites que definem a divisão entre o natural e o humano. Um mundo onde existe um voo alternativo, mais baixo e intermitente: o voo do vaga-lume. Um voo que emula o voo do avião mas que, em vez de voar nas alturas e de ser apenas um, voa perto do chão, quase em contato com o solo, de um modo intermitente e múltiplo.

A dimensão antropológica do problema

Em 1941, Pasolini escreve uma carta a seu amigo Franco Farolfi na qual lhe conta o encontro que teve com um enxame de vaga-lumes depois de uma noite de conversas sobre arte e poesia com um grupo de amigos, enquanto vagueavam sem rumo pelas ruas de Roma.[49] As luzes intermitentes dos vaga-lumes numa noite escura aumentam sua euforia e se tornam uma metáfora do sentimento daquela noite; metáfora de certos momentos fugazes de amizade, felicidade e desejo sexual ligados a um desejo artístico: os vaga-lumes que, como os amigos, dançam na noite e se iluminam com o desejo de formar uma comunidade vital, para além das normas sociais. No entanto, esse momento dura pouco e é abruptamente interrompido quando dois holofotes – a presença da lei – apagam as luzes tênues dos insetos. Pasolini e seus amigos esperam o amanhecer conversando, deitados na grama de uma colina até que, quando o sol nasce, Pasolini dança em honor do brilho fugaz dos vaga-lumes; dança a dança dos vaga-lumes. É uma imagem de amizade e de liberdade, mas é também uma imagem política, e Pasolini é explícito quanto a isso: é uma abertura para uma luz menor que se opõe tanto à luz ofuscante dos holofotes e do espetáculo quanto aos tempos demasiado sombrios do terror fascista.

A imagem de Pasolini é fecunda, e não se restringe a essa carta. Nos anos 1970, ele a retoma quando escreve um famoso artigo em

49. Pasolini, 1983.

que denunciava uma continuidade entre o fascismo fascista e o fascismo democrático, colocando na passagem de um ao outro o motivo do desaparecimento dos vaga-lumes, já que o consumo e a poluição ambiental desempenhavam um papel fundamental:

> No início dos anos 1960, por causa da poluição do ar e, principalmente, no campo, por causa da poluição da água (dos rios azuis e córregos transparentes), os vaga-lumes começaram a desparecer. O fenômeno foi instantâneo e fulminante. Em poucos anos não existiam mais vaga-lumes. (São agora uma lembrança bastante dilacerante, do passado: e um homem de idade que tenha essa lembrança não pode reconhecer nos novos jovens sua própria juventude e, por isso, não pode mais ter belas saudades de antigamente.)
>
> Chamarei portanto essa "alguma coisa" que ocorreu há uma dezena de anos de "desaparecimento dos vaga-lumes".[50]

Pasolini sentencia a morte dos vaga-lumes num sentido concreto e real devido à poluição, mas também – intrinsecamente relacionado com esse motivo e num plano mais metafórico – devido ao que considera uma forma cultural relacionada com o triunfo do consumo capitalista e do espetáculo. As luzes ofuscantes não deixam espaço para o cintilante. Já não há lugar para as luzes menores, nas quais se encarnam o desejo, a imaginação e a arte.

Em *A sobrevivência dos vaga-lumes*, Georges Didi-Huberman retoma a metáfora de Pasolini para se referir ao estatuto da imagem no mundo contemporâneo.[51] Nessa metáfora estão condensados vários significados, mas, como aponta Didi-Huberman, trata-se sobretudo de uma imagem estética, política e histórica: um lugar onde a política deixa de ser discursiva para se encarnar "nos corpos, nos gestos e nos desejos de cada um".[52]

50. Pasolini, 2020, p. 163.

51. Em um artigo intitulado "Uma revoada de vaga-lumes", de 2017, Silviano Santiago analisa o mesmo conto de Guimarães Rosa e o relaciona com a metáfora de Pasolini e com o ensaio de Georges Didi-Huberman. Nele, o autor retoma a metáfora do vaga-lume para colocar numa mesma constelação a literatura de Rosa, a de Clarice Lispector e a de Maiakovski. Santiago propõe que essa literatura implica uma forma de conhecimento clandestino e hieroglífico (um "saber-vaga-lume"). A leitura de Santiago é fundamental para relacioná-la com a colocação proposta na introdução sobre a abertura epistemológica que surge com a crise ecológica e para levar o problema ao fundamento que Didi-Huberman aponta em Pasolini sobre a crise do desaparecimento do humano.

52. Didi-Huberman, 2011, pp. 24-25.

Mas Pasolini inscreve o desaparecimento dos vaga-lumes numa crise do humano que, para ele, não é apenas uma fase, mas uma mudança radical *na própria natureza do poder* e, portanto, do político: "Já não estamos, como todas as pessoas sabem hoje, perante 'novos tempos', mas perante uma nova época da história humana." O desaparecimento dos vaga-lumes é, como nos diz Didi-Huberman, uma imagem "poético-ecológica"[53] através da qual se insiste na *dimensão antropológica* do processo político em pauta: uma crise de valores em que o poder do consumo leva ao desaparecimento do humano no seio da sociedade. A partir deste ponto, a leitura de Didi-Huberman difere da de Pasolini, pois considera que o olhar apocalítico do cineasta, sem fissuras e sem espaço para a resistência, é maniqueísta e não abre a possibilidade de os vaga-lumes voltarem a aparecer:

> é, justamente, dar crédito ao que sua máquina [totalitária] quer nos fazer crer. [...] É estarmos convencidos de que a máquina cumpre seu trabalho sem resto nem resistência. É não ver mais nada. É, portanto, não ver o espaço – seja ele intersticial, intermitente, nômade, situado no improvável – das aberturas, dos possíveis, dos lampejos, dos *apesar de tudo*.[54]

Na radicalidade da frase de Pasolini, Didi-Huberman encontra uma matriz filosófico-metafísica caraterística do pensamento apocalítico: "Na contramão dessa experiência modesta [dos vaga-lumes], as visões apocalípticas nos propõem a grandiosa paisagem de uma destruição radical para que aconteça a revelação de uma verdade superior e não menos radical."[55] O texto de Didi-Huberman continua sua elaboração reconhecendo que o mundo contemporâneo confirma o diagnóstico previsto por Pasolini, mas sem renunciar à possibilidade de que a cultura da resistência – popular e/ou vanguardista – que o próprio Pasolini via encarnada no mote dos vaga-lumes continue vigente.

53. Ibid., p. 28.
54. Ibid., p. 42.
55. Ibid., p. 79.

Voando baixo

O conto de Guimarães Rosa oferece-nos uma fenda de luz que atravessa a história e viaja a contrapelo desde o final dos anos 1950 e da construção de Brasília até o presente, para nos obrigar a (ou dar-nos a oportunidade de) ler de novo sob uma luz diferente: uma ecoluz anacrônica que se torna um motor – um pretexto – para rever retrospectivamente o cânone e descobrir novos significados. No conto de Rosa, a metáfora do vaga-lume traz, além da oposição entre luz e escuridão e da intermitência, a questão da perspectiva e do voo que, lida em chave histórica, torna-se muito significativa. Marca-se a oposição entre a perspectiva nacional, monumental e atemporal oferecida pelo voo do avião na primeira parte do conto e o negativo do voo na construção do aeroporto e na destruição apocalíptica da natureza para construir o que será a "cidade-avião" – onde só se vê "um horizonte", com a fixidez e a totalidade que essa perspectiva implica ("Mal podia com o que agora lhe mostravam, na circuntristeza: o um horizonte").[56] Surge o voo dos pássaros e dos vaga-lumes: um voo baixo, *pequenino*.

O vaga-lume que fecha o conto abre a história, e assim abre a possibilidade de pensar um futuro *feito de margem*, feito de algo que não seja *nem o mais elevado do mundo* (monumental), *nem horizontal* (apocalítico). O contrário da utopia humanista moderna e do futuro monumental não seria então a distopia, o inferno ou o apocalipse, que são seus avessos complementares e cujas consequências são a morte e a destruição, um horizonte fixo e *circun-triste*. O oposto do humanismo moderno e do apocalipse seria essa margem de alegria, um futuro menor: um voo baixo e rente ao chão – algo corpóreo, tátil, sensível – ou tudo aquilo que o menino imagina que sairá dos fundos da casa do tio.

Assim, à *matriz metafísico-filosófica* apontada por Didi-Huberman como caraterística do pensamento apocalítico, corresponde, numa perspectiva histórica, uma *matriz colonial*. Pois não esqueçamos que a leitura que estamos propondo desse conto sobre Brasília não pretende focar numa crítica da cidade em si, mas antes na epistemologia – a imaginação do tempo e do espaço e, portanto, do futuro – em que se alicerçou

56. Rosa, 1962, p. 10.

o projeto nacional, humanista e moderno de Brasília e que, como o conto observa, colocava em relação os pares construção/destruição, espaço vazio/espaço modernizado, animal/humano, natureza/cultura. Mas o conto vai além da denúncia ideológica desse vínculo e propõe, em vez disso, uma saída dessas dicotomias numa topologia ambígua e menor. Nega que o espaço onde foi construída a "cidade mais elevada do mundo" fosse um deserto ou um espaço em branco: havia perus, havia árvores, havia indígenas, onças e vaga-lumes. Tudo aquilo "sem-nome" – animal, indígena, natureza – que fica do outro lado da história com letra maiúscula, da história unívoca, da história una, tudo que fica do outro lado da história do progresso ou da definição antropocêntrica de humanidade e toca, ao contrário, a multiplicidade e o coletivo dos vaga-lumes toca também o popular, tão caro a Pasolini.

Um pensamento diminutivo

Gostaria de inclinar ligeiramente a metáfora do vaga-lume por um viés que Didi-Huberman não desenvolve – ou pelo menos não leva até as últimas consequências – e que tem a ver com o vaga-lume como nó epistemológico e o que ele implica em termos de reelaboração conceitual da ligação entre o natural e o humano. Pasolini estabelece um paralelo entre o motivo ecológico do "desaparecimento dos vaga-lumes" e o motivo do "desaparecimento do humano", onde o "humano" é entendido como sinônimo de liberdade, de resistência à superficialidade do consumo, do espetáculo e do capitalismo. Há nesse diagnóstico pasoliniano um desaparecimento que se produz de modo conjunto e simultâneo, algo que, segundo sua perspectiva, não pode ser separado: a destruição da natureza implica uma destruição da humanidade ou, pelo menos, de um certo ideal de humanidade. E aqui eu gostaria de atentar não tanto para "recuperar" essa porção de humanidade moderna da qual Pasolini sente saudades, mas antes para pensar precisamente na coincidência desses dois planos e na possibilidade que o vaga-lume abre como ruptura no binarismo epistemológico moderno. Ou seja, o vaga-lume como imanência que nos permite pensar simultaneamente o corpo e o político, a natureza e a cultura, ou a materialidade e a vida. O vaga-lume, então, como espaço ou como arquitetura que reproduz, em miniatura, aquilo que no conto substitui a natureza como lugar idealizado e romântico (o do primeiro peru) e se transforma em um mundo. *O vaga-lume, então, como a arquitetura de um mundo.*

É aqui que se torna relevante o lugar da linguagem, da imaginação – ou de uma imagem literária – para propor uma topologia, uma epistemologia e, portanto, uma política diferente. Porque, como diz Didi-Huberman, assim como há uma literatura menor, há também uma luz menor – e um voo menor – com as mesmas características filosóficas. Tudo numa literatura menor fala de uma margem e das condições revolucionárias imanentes a sua própria marginalização: "Mesmo aquele que tem a infelicidade de nascer no país de uma grande literatura deve escrever em sua língua, como um judeu tcheco escreve em alemão."[57] Guimarães Rosa encontra na torção linguística do português provocada pela inclusão dos tupinismos[58] esse lugar de instabilidade, possibilitando o que Gabriel Giorgi qualifica como uma "biopolítica menor"[59] e o que Jens Anderman cristaliza na figura do "transe".[60]

No entanto, em "As margens da alegria" a torção interna da língua não se dá através de tupinismos, mas de uma *língua infantil*. Pois, se a criança abre a possibilidade do surgimento do vaga-lume, é porque sua língua, seu pensamento e sua sensibilidade são em si mesmos uma margem, um intervalo, um pensamento diminuto que se revela e se condensa na palavra inventada por Rosa: *pensamentozinho*. Um pensamento que intervém e desterritorializa a linguagem sintática e a lógica simbólica com uma presença "hieroglífica" que desfaz a linguagem alfabética, transforma-a em imagens e revela sua materialidade. O menino, então, como uma potência ainda não moldada, como uma imanência ou um campo transcendental em que a distinção entre sujeito e objeto não é mais pertinente e que, por isso, tem uma capacidade camaleônica: pode realizar um *trans-bordamento*, sair de suas bordas e fronteiras, atravessar suas margens para se tornar *trans* e devir outro. Para Deleuze, essa experiência infantil em

57. Deleuze e Guattari, 1977, p. 28.
58. Haroldo de Campos, 1970.
59. Giorgi, 2016, p. 47.
60. Anderman, 2018, p. 25.

que a distinção entre sujeito e objeto é ultrapassada é precisamente um dos espaços em que ocorre o singular de uma vida impessoal, algo que, no entanto, prescinde de toda a individualidade: "Os recém-nascidos são atravessados por uma vida imanente que é pura potência."[61]

Walter Benjamin já tinha notado essa porosidade do infantil perante a diferenciação entre um mundo objetivo e um mundo subjetivo. As crianças, diz Benjamin, não se envolvem reflexivamente com o objeto, mas se limitam a ver e, nesse modo de olhar, quebram a oposição entre o olhar e o que se olha. Enquanto os adultos abstraem as cores dos objetos de suas formas, as crianças têm a capacidade de ver as cores antes das formas. Esse modo de percepção permite à criança não se opor ao objeto e se desprender da utilidade da coisa para ver sua aura e alcançar assim uma experiência absoluta.[62] A criança aceita ser olhada pelas imagens, pelas coisas, pelos restos com que constrói seu jogo. Perante o diagnóstico de Benjamin sobre a perda e o declínio da experiência na modernidade, perante os olhos adultos que perderam a capacidade de observar – algo que, segundo Didi-Huberman, pode ser lido em paralelo ao desaparecimento dos vaga-lumes pasolinianos –, o olhar da criança responde ao rosto do mundo dos objetos.

> As crianças são inclinadas de modo especial a procurar todo e qualquer lugar de trabalho onde visivelmente transcorre atividade sobre as coisas. Sentem-se irresistivelmente atraídas pelo resíduo que surge na construção, no trabalho de jardinagem doméstico, na costura ou na marcenaria. Em produtos residuais reconhecem o rosto que o mundo das coisas volta exatamente para elas, e para elas unicamente.

61. Deleuze, 2016, p. 180. "A vida do indivíduo deu lugar a uma vida impessoal e, no entanto, singular que depreende um puro acontecimento liberado dos acidentes da vida interior e exterior, isto é, da subjetividade e da objetividade do que acontece. *Homo tantum* do qual todos se compadecem e que alcança uma espécie de beatitude. É uma *hecceidade*, que não é mais de individuação, mas de singularização: vida de pura imanência, neutra, além do bem e do mal, pois somente o sujeito que a encarnava no meio das coisas a fazia boa ou má. A vida de tal individualidade se apaga em proveito da vida singular imanente a um homem que não tem mais nome, apesar de não se confundir com nenhum outro. Essência singular, uma vida..." (Deleuze, 2016, pp. 179-180). Para uma análise exaustiva sobre o impessoal no contemporâneo é imprescindível o trabalho de Florencia Garramuño (2016a e b; 2017a e b; 2018).

62. Martin Jay (2009) analisa a referência de Benjamin ao potencial utópico dessa capacidade das crianças de ver cores e aponta que o que Benjamin está resgatando é a "inocência" do ponto de vista da criança sobre os objetos. O texto de Benjamin ao qual se refere Jay é "As cores sob o olhar da criança" ("A Child's View of Color", em *Early Writings* [1910-1917]).

> Neles, elas menos imitam as obras dos adultos do que põem materiais de espécie muito diferente, através daquilo que com eles aprontam no brinquedo, em uma nova, brusca relação entre si. Com isso as crianças *formam para si seu mundo.*[63]

A brincadeira das crianças, em seu interesse pelo residual, implica um movimento paralelo ao do colecionador – que faz montagens e produz novos sentidos – e ao do historiador materialista – que escova a história a contrapelo para fazer falar os restos mudos e anônimos e dar vida ao que parecia inerte. Benjamin encontra nessa porosidade infantil entre o mundo objetivo e o mundo subjetivo uma possibilidade de renovar o sentido do conceito de experiência e de pensar o modo como as crianças são construtoras – arquitetas – de um mundo. É neste sentido de renovação do sentido da experiência e da arquitetura de um mundo que eu gostaria de compreender o encontro do menino do conto com o peru ou o vaga-lume. Uma experiência que o transforma e lhe permite sair de si próprio, atravessar suas próprias fronteiras e estabelecer uma porosidade com o fora. Uma experiência que é, portanto, antropológica no sentido em que Viveiros de Castro[64] a toma quando diz que uma verdadeira antropologia nos devolve uma imagem irreconhecível de nós mesmos e nos permite não só adquirir novos conteúdos da cultura "outra", mas também operar uma variação no próprio modo de imaginar.[65]

Ou seja, a experiência da criança, mas também a do colecionador – aquele que coloca imagens e palavras numa outra constelação espacial e temporal para produzir uma nova partilha do sensível – gera uma mudança na *forma* de imaginar que transforma também a definição do humano e do mundo. O pensamento menor – o "pensamentozinho" do menino – contorce a linguagem num "transbordamento" das palavras e do próprio limite corporal para produzir um contato com o fora e uma imprecisão conceitual. Balança então essa grande divisão moderna

63. Benjamin, 1987, p. 18-19.

64. Viveiros de Castro, 2018.

65. Citando Maniglier: "Uma verdadeira antropologia, ao contrário, 'devolve-nos uma imagem de nós mesmos na qual não nos reconhecemos' [...], pois o que toda experiência de uma outra cultura nos oferece é a ocasião para se fazer uma experiência sobre nossa própria cultura; muito mais que uma variação imaginária – a introdução de novas variáveis ou conteúdos em nossa imaginação –, é a própria forma, melhor dizendo, a estrutura da nossa imaginação conceitual que deve entrar em regime de variação, assumir-se como variante, versão, transformação" (Viveiros de Castro, 2018a, p. 15).

que iguala a espécie humana ao homem ocidental e deixa do outro lado toda possível alteridade: uma sub-humanidade que se perde na floresta escura da natureza sob a forma de árvores, indígenas, onças, perus e vaga-lumes, que se perde ali onde a fantasia infantil vai a seu encontro. Os futuros menores procuram então essa floresta escura na qual as palavras e as imagens contam e imaginam o mundo de outra forma – com outra estrutura, outra arquitetura – e na qual nos tornamos estranhos para nós mesmos. Eles escavam no poço da linguagem quando ela se torna um hieróglifo e ilumina sua feição material – sua natureza impura e sobredeterminada – para mudar a forma como imaginamos. Futuros menores, então, como aquilo que nos permite imaginar formas de complicar as bordas, de tornar as fronteiras difusas, de esticar as margens e construir outras arquiteturas do mundo.

PARTE I

MATÉRIA-PRIMA: LIXO

Capítulo 2

Um arroto da história

Lina Bo Bardi entre a imagem material e as formas de habitar o intervalo

> Método deste projeto: montagem literária. Não preciso dizer nada. Apenas mostrar. Não roubarei nada de valor, nem irei me apropriar de nenhuma formulação profunda. Mas os farrapos, os resíduos, não vou inventariar, mas deixar que eles se tornem eles mesmos da única maneira possível: fazendo uso deles.
>
> WALTER BENJAMIN

Lina Bo Bardi emigrou para o Brasil com seu marido, o marchand Pietro Maria Bardi, em 1946, como uma arquiteta de sucesso. Em Roma, ela se formou sob a influência da Bauhaus, foi membro do Partido Comunista e estudou de perto o trabalho de Antonio Gramsci e Benedetto Croce. Ao mesmo tempo, exerceu ativamente a profissão de arquiteta no estúdio do arquiteto Gio Ponti, como colaboradora de várias revistas culturais e de arquitetura da época e como editora da revista *Domus*. Quando chegou ao Brasil, no contexto do pós-Segunda Guerra e, portanto, numa atmosfera de otimismo e grandes esperanças para a América Latina, ela encontrou uma terra promissora onde tudo ainda estava por se fazer. Em sua entrada de barco na baía de Guanabara, a visão do Ministério da Educação e Saúde (MES) de Lúcio Costa – a obra mais simbólica da arquitetura moderna brasileira – aparece para ela como uma proa em direção ao futuro no qual ela decide acreditar:

> Chegada ao Rio de Janeiro de navio, em outubro. Deslumbre. Para quem chegava pelo mar, o Ministério de Educação e Saúde avançava como um grande navio branco e azul contra o céu. Primeira mensagem de paz após o dilúvio da Segunda Guerra Mundial. Me senti num país inimaginável, onde

> tudo era possível. Me senti feliz, e no Rio não tinha ruínas. [...] Naquele tempo, no imediato pós-guerra, foi como um farol de luz a resplandecer em um campo de morte... Era uma coisa maravilhosa.[1]

A prática arquitetônica e a atividade cultural de Bo Bardi nos anos seguintes seriam amplamente guiadas pela esperança depositada ali, sob aquele frescor de um mundo aparentemente sem ruínas, sob aquele farol de luz representado pelo Modernismo, que brilhava deixando para trás um passado europeu e um campo de morte. Para os que chegavam da guerra, o Brasil era sinônimo de vida, e o Rio de Janeiro era duplamente maravilhoso. Entretanto, após esse deslumbramento inicial e alguns anos de atividade no Brasil, Bo Bardi começou a perceber a lacuna "entre o que é definido como Brasil e o que é vivido como tal":[2] uma lacuna que a levou a desconfiar da utopia implícita no projeto desenvolvimentista moderno.[3]

Quase imediatamente após sua chegada, Assis Chateaubriand, o poderoso empresário da mídia, convidou Pietro M. Bardi para fundar e dirigir o Museu de Arte de São Paulo, de modo que o casal se mudou para essa cidade e Lina se tornou uma arquiteta fundamental na concepção do plano do museu em suas duas etapas e em dois de seus aspectos principais: a curadoria e – é claro – a arquitetura do edifício final na avenida Paulista. Alguns anos depois, Lina recebeu um convite para lecionar Teoria da Arquitetura na Universidade Federal da Bahia e mudou-se para Salvador, onde morou por alguns anos. A partir de 1958, ela desenvolveu uma atividade cultural nessa cidade, juntamente com um grupo mais amplo de artistas e intelectuais, que duraria até os primeiros meses de 1964, quando o governo ditatorial a impossibilitou de continuar seu trabalho. No entanto, esses anos teriam um impacto não apenas em seu trabalho arquitetônico, curatorial e artístico das décadas seguintes, mas também na maneira de pensar a história da arte e a história cultural brasileira, consolidando uma desconfiança crescente

1. Bo Bardi 1993, p. 12.
2. Süssekind, 1990, p. 24.
3. Para a ideia de ruínas modernistas em relação com a arquitetura do Ministério da Educação e Saúde, ver "As ruínas modernistas" (Jaguaribe, 1997, pp. 99-115).

em relação à utopia monumental moderna e propondo – por meio de sua prática arquitetônica, curatorial, cenográfica, de design de objetos e teórica – um caminho alternativo e menor para o futuro.

Entre as atividades que desenvolve na Bahia, Bo Bardi realiza pesquisas etnográficas em feiras e vilas rurais da região Nordeste com o objetivo de montar o acervo do Museu de Arte Popular da Bahia. Nos objetos da cultura popular que encontra, ela descobre um modelo de produção que terá impacto em vários níveis, e que me proponho a analisar ao longo deste capítulo. Em um ensaio de 1980, no qual faz um balanço de seus anos na Bahia, Bo Bardi se refere da seguinte maneira à recuperação desses objetos e sua exibição no museu:

> Com certeza, a apresentação de alguns objetos de *sobrevivência desesperada* pode fazer sorrir o economista e o planejador que se *especializa*. Mas é a observação atenta de pequenos cacos, fiapos, pequenas lascas e pequenos restos que torna possível reconstituir, nos milênios, a história das Civilizações.[4]

A necessidade, explicitada nessas linhas, de atender a uma materialidade residual ou, como ela mesma dirá, ao lixo, à sobrevivência de detritos históricos (cascos, restos, lascas e vestígios), e de apresentá-los numa exposição artística no espaço do museu permeará o pensamento de Bo Bardi a partir desse momento. Ao longo de seu trabalho como arquiteta, designer, ensaísta, curadora de exposições de arte, museógrafa e cenógrafa, Bo Bardi demonstra interesse em realizar um tipo de arqueologia material que funciona com base na atenção aos vestígios da história, àquilo que "sobrevive". Dada sua formação de vanguarda, a atenção a uma materialidade residual e o interesse pela cultura popular não são uma descoberta de seus anos na Bahia, mas é a experiência baiana – o que ela chama de "experiência popular direta"[5] – que lhe fornece um modelo concreto no qual o antropológico está entrelaçado com o artístico, e isso terá consequências em diferentes níveis. Fundamentalmente, isso lhe permitirá elaborar uma teoria material da imagem a partir da qual ela poderá operar uma mudança epistemológica na

4. Bo Bardi, 1980b, p. 22.
5. Ibid., p. 20.

maneira de conceber a temporalidade. Isso abrirá a possibilidade de compreender a história da arte de um ponto de vista não estetizante e a história cultural brasileira de um ponto de vista não evolutivo.

Evidentemente, a importância conceitual da atividade arqueológica na construção de modelos não evolutivos de temporalidade tem tido diversas formulações teóricas desde – pelo menos – a filosofia nietzschiana e pode ser pensada por meio de diferentes tradições e disciplinas. Desde a noção de sintoma de Freud ou a formação do inconsciente, passando pela montagem surrealista e pelo conceito de "sobrevivência" de Aby Warburg, até a "imagem dialética" de Walter Benjamin, podemos rastrear a recuperação de um resíduo que parecia inútil, o gesto de dar movimento ao que parecia inerte ou de fazer falar os restos esquecidos que julgávamos mudos. Como nessas tradições, Bo Bardi encontra num pedaço relegado e anônimo da história uma força metodológica capaz de produzir um anacronismo e, portanto, uma explosão na noção de progresso histórico e na evolução das formas estéticas. Isso lhe permitirá vislumbrar um caminho alternativo ao que estava surgindo no Brasil na época, um caminho alternativo ao Brasil monumental, nacional, desenvolvimentista, capitalista e extrativista moderno.

Neste capítulo, vou me concentrar na análise da obra multifacetada de Lina Bo Bardi, começando pelo momento, no final da década de 1950 e início da de 1960, que ela identifica como uma encruzilhada e como uma abertura para um tipo de futuro alternativo ao que de fato aconteceu. Proponho, então, considerar seu trabalho como um todo, mas começando pela experiência baiana, que, acredito, dá uma nova direção, novos significados e propósitos a certos interesses e maneiras de pensar a arte, a arquitetura e a cultura em geral. Depois da Bahia e do encontro com o objeto da cultura popular entendido como uma montagem, Bo Bardi desenvolve uma teoria da imagem como imagem material que lhe permite realizar sua prática artística, arquitetônica e curatorial atendendo a outros aspectos também residuais e anônimos que não necessariamente têm a ver com o popular no sentido mais estrito. O objeto da cultura popular – a imagem – torna-se um objeto teórico que modifica a história tanto em direção ao passado, quanto em direção ao futuro, forjando um limiar – um local menor – que é onde ocorre o habitar.

Nesse sentido, a obra de Bo Bardi não pode ser pensada exclusivamente do ponto de vista arquitetônico, pois desloca a definição de arquitetura: sua teoria do habitar não se reduz ao habitar arquitetônico num sentido disciplinar, mas amplia o conceito para imaginar uma forma de habitar o mundo e de conceber o humano. Sua arquitetura é, portanto, uma antropologia, um modo de definir o humano que não pode ser inserido nem nos parâmetros do humanismo moderno, nem no antropocentrismo. Dada a natureza múltipla do trabalho de Bo Bardi e a riqueza de suas formulações teóricas, é necessário abordar sua obra de um ponto de vista mais amplo do que aquele oferecido por uma disciplina fechada. Como bem diz Marcelo Ferraz, "acima de tudo, o que Lina pensava era o Brasil".[6] Mas poderíamos ir mais longe e dizer que, nesse pensamento sobre o Brasil, Bo Bardi construiu uma teoria sobre a imagem e sobre o habitar que, assim como ultrapassa a questão arquitetônica e a história da arte, ultrapassa também a questão nacional brasileira. Sua obra tem um escopo filosófico, antropológico e político que ilumina alguns dos problemas mais urgentes da contemporaneidade.

Um fragmento indigesto da história

Concomitante à narrativa do desenvolvimentismo e de um futuro monumental que se consolidou na década de 1950 e que embasou a construção de Brasília, outra vertente da vanguarda olhava para as bases populares como ponto de apoio para a renovação. Dentro dessa mesma atmosfera otimista do pós-guerra a que aludimos na introdução, e dada a forte presença das culturas indígena e africana, o Brasil também ganhou outro significado e foi pensado como irradiador de uma "mensagem antropológica".[7] Seguindo os passos de Lévi-Strauss, muitos europeus vieram em busca de uma força política capaz de subverter as premissas de uma civilização tida como obsoleta. Nesse sentido, o caso da Bahia é significativo, devido à forte presença da cultura africana. Naquela época, reuniu-se na cidade um grupo de artistas e intelectuais de vanguarda –

6. Ferraz, 1993, p. 7.
7. Risério, 1995, p. 89.

entre eles o fotógrafo e etnólogo francês Pierre Verger, o musicólogo Hans-Joachim Koellreutter, o diretor de teatro Martim Gonçalves e, como já mencionado, a própria Bo Bardi – que gestou o que veio a se chamar de "agitação cultural baiana",[8] promovendo um interesse pela cultura popular – que Gonzalo Aguilar chamou de "populismo de vanguarda"[9] – que contribuirá para o nascimento do Tropicalismo e no qual se formarão Glauber Rocha, Caetano Veloso, Gilberto Gil e Wally Salomão, entre outros. A atividade de Bo Bardi em Salvador foi intensa. Além de lecionar na UFBA, sob a direção de Edgard Santos, e escrever uma coluna semanal no *Diário de notícias* sobre temas culturais, ela foi responsável pela criação e direção do Museu de Arte Moderna da Bahia (MAM-BA), inicialmente localizado no Teatro Castro Alves e depois fundido com o Museu de Arte Popular no Solar do Unhão.[10] Além disso, como parte de uma concepção inovadora do museu como uma instituição não apenas para exposição e conservação, mas também educativa e aberta à comunidade, Bo Bardi criou um projeto para fundar uma escola de desenho industrial, que acabou não se concretizando.

A atividade de Bo Bardi na Bahia não se limitou a questões arquitetônicas, acadêmicas e curatoriais: ela também projetou cenários para peças de teatro e trabalhou em estreita colaboração com Glauber Rocha na rodagem de seu primeiro filme, *Barravento* (1969). Em sua atividade no MAM-BA, elaborou um plano para quatro exposições com foco na cultura popular do Nordeste, sendo Civilização do Nordeste, em 1963, a mais significativa.[11] Também foi curadora – juntamente com o diretor de teatro Martim Gonçalves e a colaboração de Glauber Rocha, Pierre Verger, Mário Cravo e Vivaldo da Costa Lima – da exposição Bahia no Ibirapuera, na Bienal de São Paulo de 1959.

Em vários artigos em que avalia sua ação cultural em Salvador, Bo Bardi aponta a existência de um corpo comum de ideias e o qualifica

8. Ibid.

9. Aguilar, 2005, p. 92.

10. Lourenço, 1999.

11. O plano detalhado das quatro exposições aparece nos escritos em que Bo Bardi avalia sua experiência baiana, como *Tempos de grossura* (Bo Bardi, 1994). Sobre este assunto, ver também o livro de França Lourenço (1999).

como um "caminho pobre".[12] Trata-se de recuperar, nesse sentido, uma contribuição que ela chama de "*indigesta*, seca, dura de digerir",[13] onde a ideia de um fragmento cultural relegado que não é assimilado ou processado está presente por meio da metáfora digestiva: é algo que acaba não sendo integrado, algo que não desce, que volta. Reconhecemos, nessa descrição, um clima ideológico da época que se dava em nível global, coincidindo com certos eventos políticos – como a descolonização africana, a Revolução Cubana e a resistência vietnamita – e que contribuiu para forjar a convicção de que "a história estava mudando de cenário e que aconteceria, a partir de então, no Terceiro Mundo".[14] Essa foi uma época em que a obra de Frantz Fanon e os ecos do movimento francês da *négritude* – associado a Léopold Senghor e Aimé Césaire nos anos 1940 e início dos anos 1950 – produziram uma força de atração na cultura brasileira. Pierre Verger, por exemplo, havia participado desse movimento em sua juventude parisiense e chegou à antiga capital brasileira buscando entender as raízes culturais africanas do Brasil.[15] Por outro lado, esse movimento é herdeiro de um movimento anterior: o do grupo surrealista dissidente associado à revista *Documents*, que girava em torno das figuras de George Bataille e Michel Leiris nas décadas de 1920 e 1930, o que é fundamental para entender as vicissitudes da relação entre etnografia e estética naquela época e, particularmente, no pensamento de Lina Bo Bardi. De qualquer forma, o contexto intelectual da época fazia com que a expectativa depositada no poder subversivo da cultura "outra" fosse muito alta, e isso teria ecos em várias esferas culturais.

No campo da arquitetura internacional, uma geração que reunia arquitetos de diferentes tradições nacionais europeias começou a estudar o hábitat dos povos indígenas e africanos de forma mais rigorosa e, a partir daí, a ampliar o próprio conceito de arquitetura.[16] A própria Bo

12. Bo Bardi, 1980b, p. 22.
13. Bo Bardi, 1977b, p. 210.
14. Gilman, 2003, p. 46.
15. Verger, 1996, p. 2000.
16. Olivia de Oliveira menciona alguns dos arquitetos mais relevantes desta tendência: Van Eyck e Bakema na Holanda; Alison e Peter Smithson na Inglaterra; Giancarlo De Carlo na Itália e todo o movimento chamado Neoliberty; Coderch na Espanha; e o escritório internacional de Georges Candilis, Woods, Josic e Bodiansky (Oliveira, 2006, p. 116).

Bardi chegou ao Brasil já influenciada por essa tendência e, desde seus primeiros anos ainda no Rio de Janeiro e em São Paulo, demonstrou interesse pela arquitetura popular em vários artigos escritos por ela para a revista *Habitat*. Essa revista, que ela editou junto com Pietro Maria Bardi em seu primeiro período (1950-1954), entendia a cultura num sentido amplo, e tinha seções sobre arte, cinema, teatro, dança, fotografia, design e uma importante seção dedicada à arquitetura. Além de artigos sobre cultura popular, essa seção começou a oferecer uma visão crítica da arquitetura moderna que se desenvolvia no Brasil.[17] Mas esse foco na cultura popular também se deve a sua formação anterior na Itália. O trabalho no estúdio do arquiteto Gio Ponti, que Bo Bardi define como "líder do movimento para a valorização do artesanato italiano, diretor das Trienais de Milão e da revista *Domus*",[18] revista que a própria Lina dirigiria mais tarde, obviamente influenciou seu interesse crescente por um tipo de arquitetura e de design populares. A própria Lina chegou a escrever um ensaio na *Domus*, em 1943, no qual destaca a renovação produzida pela arquitetura rural e popular na arquitetura moderna e enfatiza a importância que essa tendência teve ao devolver a arquitetura à "relação SOLO CLIMA AMBIENTE VIDA" (maiúsculas no original), assunto ao qual voltarei mais à frente.[19]

17. Olivia de Oliveira desenvolve amplamente a visão crítica de Bo Bardi em relação à arquitetura moderna brasileira e ao projeto desenvolvimentista que a sustentou. Neste capítulo seguirei esta hipótese, mas não a desenvolverei no sentido de uma análise de suas obras arquitetônicas, e sim de sua atividade cultural em sentido lato (ensaística, curatorial, cenográfica, museológica etc.), na qual, em qualquer caso, Bo Bardi fundamenta uma teoria estética coerente com sua obra arquitetônica.

18. Bo Bardi, 1993, p. 12.

19. A referência a esse ensaio de Bo Bardi foi extraída da tese *Revista Habitat : um olhar moderno sobre os anos 50 em São Paulo* (Stuchi, 2007, p. 93). Segue a citação trecho completo, traduzido do italiano: "A investigação realista do mundo moderno, destruidora de toda superficialidade, de todo preconceito, de todo decorativismo, devolveu à arquitetura a relação SOLO CLIMA AMBIENTE VIDA, relação que, com maravilhoso primitivismo, vemos derivar da mais espontânea das formas arquitetônicas: a arquitetura rural. Da perfeita correspondência dessa arquitetura com o ambiente em que se desenvolve a vida do homem temos exemplos no mundo todo, o primeiro de todos, o da casa mediterrânea, pura, perfeitamente ajustada ao solo e à paisagem, coerente com a vida que nela se leva. [...] O instinto primordial de abrigo que inspirou as cabanas de palha e galhos, os abrigos em forma de cone e os abrigos em forma de cubo em blocos sólidos de pedra é reencontrado hoje, por meio de uma profunda evolução, na arquitetura das casas que, embora respondam às estritas leis de funcionalidade e à essencialidade da arquitetura moderna, sempre mantêm a 'pureza' das formas espontâneas e primordiais das quais derivam: preservam, mesmo na pedra regularizada, na

No entanto, foi somente em 1964, quando Bo Bardi já tinha uma grande obra sobre o assunto e havia até concluído seu trabalho em Salvador, que essa tendência de valorização da arquitetura popular foi consagrada em escala global, com a exposição Architecture without Architects, organizada por Bernard Rudofsky e com curadoria dele no Museu de Arte Moderna de Nova York (MoMA). Lançada juntamente com um livro de mesmo título, com fotografias em preto e branco da arquitetura vernacular de diferentes partes do mundo, a exposição causou grande impacto. Na introdução, Rudofsky critica a concepção do mundo ocidental sobre a história da disciplina por seu "provincianismo", por ter considerado apenas a tradição arquitetônica de certas culturas e não de outras, e por se concentrar em um tipo "nobre" de arquitetura.[20] Contra isso, o objetivo da exposição é ampliar o conceito de arquitetura:

> Architecture without Architects tenta desmantelar nossos conceitos restritos da arte de construir, apresentando o mundo desconhecido da arquitetura sem *pedigree*. É tão pouco conhecida que nem sequer temos uma palavra para ela. Na ausência de um rótulo genérico, vamos chamá-la de vernacular, anônima, espontânea, indígena, rural, conforme o caso. Infelizmente, nossa visão do panorama geral da arquitetura anônima é distorcida pela escassez de documentos, visuais ou não.[21]

madeira trabalhada, o sentido de 'puro', 'natural' que as torna sujeitas, enraizadas na terra onde nasceram, fundidas com a natureza, imersas nessa paisagem." Em sua tese, Stuchi investiga as diferentes influências italianas em Bo Bardi em termos da importância da arquitetura popular e da aproximação entre o tradicional e o moderno. Sobre esse ponto, ela destaca o envolvimento de Bo Bardi com a revista *A* (1946), juntamente com Carlo Pagani, Raffaele Carrieri e Bruno Zevi (Stuchi, 2007, p. 96). Ao elaborar esse tema, também me apoiei no artigo de Stephen Lehmann " 'Truth in the Vernacular': Contextualizing the Late Work of Lina Bo Bardi", publicado em 2014.

20. Rudofsky, 1964-1965, p. 3. O autor prossegue: "A história da arquitetura, conforme escrita e ensinada no mundo ocidental, nunca se preocupou com mais do que algumas seletas culturas. Em termos de espaço, ela abrange apenas uma pequena parte do globo – a Europa, trechos do Egito e da Anatólia – ou pouco mais do que era conhecido no século II d.C. Além disso, a evolução da arquitetura geralmente é tratada apenas em suas fases finais. Pulando os primeiros cinquenta séculos, os cronistas nos apresentam um desfile completo de arquitetura 'formal', uma maneira tão arbitrária de introduzir a arte da construção quanto, digamos, datar o nascimento da música com o advento da orquestra sinfônica. Embora a rejeição dos estágios iniciais possa ser explicada, mas não desculpada, pela escassez de monumentos arquitetônicos, a abordagem discriminatória do historiador deve-se principalmente a seu paroquialismo. Além disso, a história arquitetônica, como a conhecemos, é igualmente tendenciosa no plano social. Ela se resume a pouco mais do que um 'quem é quem' de arquitetos que comemoraram o poder e a riqueza; uma antologia de edifícios de, por e para os privilegiados – as casas de deuses verdadeiros e falsos, de príncipes mercadores e príncipes de sangue – sem nunca dizer uma palavra sobre as casas de pessoas comuns" (Rudovsky, 1964-1965, p. 3).

21. MoMA, 1964.

Para além das limitações de sua abordagem um tanto romantizada e, às vezes, exotizante do vernáculo, a exposição teve um grande impacto. Ela foi importante não apenas por conscientizar sobre a ausência de documentação e trabalho de campo sobre a arquitetura não ocidental, mas também pela alteração que produziu em certos conceitos-chaves, como originalidade e autonomia, que automaticamente perdem peso com o resgate e a valorização de uma arquitetura anônima e sem "pedigree". Por outro lado, a exposição defende esse tipo de arquitetura como uma arquitetura "comunitária", que é proposta como um modo de vida mais inteligente e mais "humano", mas ainda mantém uma perspectiva evolucionista e colonial na forma como apresenta muitos dos exemplos de arquitetura "primitiva" como uma tecnologia anterior e arcaica em relação ao desenvolvimento da tecnologia ocidental moderna.[22]

Pois bem, Bo Bardi já vinha trabalhando em todas essas questões muitos anos antes da exposição no MoMA, e poderíamos até dizer que sua perspectiva sobre a recuperação da arquitetura popular é ainda mais radical do que a de Rudofsky. Talvez aqui o lugar de fala se torne fundamental, já que, é claro, uma teoria produzida por uma arquiteta brasileira – por mais italiana que seja – não tem o mesmo impacto que uma teoria proveniente de uma exposição no MoMA, de um arquiteto europeu. Assim, independentemente das coincidências óbvias com muitas das propostas artísticas e arquitetônicas da época e de uma preocupação cultural e política que, evidentemente, indica um momento particular de consciência do colonialismo, da luta de classes e das desigualdades em geral, há algumas particularidades no trabalho de Bo Bardi e em sua recuperação da arquitetura e da cultura popular que a colocam em diálogo não apenas com o clima cultural de seu tempo, mas também com nosso contexto contemporâneo e com discussões que ainda hoje estão em vigor. No caso de Bo Bardi, a recuperação do popular não implica apenas aumentar a representatividade da cultura popular, nem fazer um trabalho de mera documentação. Ou

22. De acordo com uma das resenhas da época, na parede que apresentava a exposição, Rudofsky escreveu o seguinte: "Longe de ser acidental, essa arquitetura sem *pedigree* oferece evidências tangíveis de modos de vida mais humanos e inteligentes". A relação com a perspectiva evolucionista, percebe-se, por exemplo, na seguinte citação: "Entre as soluções 'primitivas' que antecipam nossa tecnologia estão o pré-fabricado, a padronização de componentes de construção, as estruturas flexíveis e móveis, o aquecimento de pisos, o ar-condicionado, o controle da luz e os elevadores" (MoMA, 1964).

seja, não se trata apenas de colocar a obra de arte popular no museu, de dar a ela um espaço dentro das instituições ou da cultura brasileira; não se trata apenas de incluí-la como tema – algo que se estava tentando desde os movimentos de vanguarda da década de 1920 e que chega aos dias de hoje com a política de identidade do multiculturalismo. Mais do que isso, trata-se de mudar a maneira de construir arquitetura e arte, de produzir cultura e de pensar sobre a história cultural. *É uma mudança não apenas na história, mas também na historiografia; é uma mudança não apenas no conteúdo, mas também na forma.* A ênfase na cultura "outra" toma outro rumo na medida em que se torna parte de uma estrutura cuja batalha não é travada apenas no nível da representação, mas também inclui uma transformação metodológica e formal na maneira de fazer arte e produzir objetos culturais; uma mudança epistemológica na maneira de conceber o espaço (arquitetura) e o tempo (história). É algo que também terá impacto na perspectiva da marcha histórico-cultural brasileira: um programa para o futuro.

Uma encruzilhada aberta: entre o progresso e a espessura

Em um texto de 1975 intitulado "Progresso e civilização", que faz parte de um conjunto de ensaios em que Bo Bardi relata um trabalho realizado na comunidade de Camurupim (Sergipe) e em que faz um balanço de sua ação cultural em Salvador, ela se pergunta sobre os futuros passados, que foram descartados, mas que em outros momentos foram considerados como opções possíveis:

> O que o Ocidente tem feito, rigorosamente, até hoje, é separar o Progresso da Civilização, o que não acontece no Oriente. O Japão guarda ferozmente sua civilização profundamente ligada à observação respeitosa da Natureza, paralelamente ao "progresso". [...] Quem atravessa as Américas rumo ao Extremo Oriente sente nos grandes horizontes, na calma da Natureza (aparente: é terra de terremotos), que a opção do Progresso do Ocidente não é necessariamente a única, outras opções poderiam ter sido feitas com os mesmos resultados. A opção escolhida pelo Ocidente deu resultados potentes, mas o custo é enorme. [...] Eram estas as ideias que nos guiaram em fins dos anos 50 e nos anos 60. Nesse sentido, foi nosso esforço, nosso caminho.[23]

23. Bo Bardi, 1975, p. 209.

Nessa citação, o rumo tomado pela América Latina – o Progresso Ocidental – é reconhecido tanto em sua potência quanto em seus custos, mas é apresentado como uma opção possível entre outras que não foram escolhidas, entre outros caminhos que foram deixados de lado e dos quais, no entanto, a falsa calma da natureza insiste em nos lembrar. Apesar da distância, é impossível não pensar nas ressonâncias das palavras de Bo Bardi em nosso presente, e, em nosso contexto contemporâneo de crise ecológica, política e de saúde, fica evidente que a calma da natureza se revelou uma construção ilusória. A concepção do natural como refúgio e salvação e como algo separado do humano – da civilização – é precisamente o ponto crucial do problema. Isso é algo que a própria Bo Bardi já reconhece e vê nesse texto.

A separação que o ritmo do progresso impõe entre a "civilização" – entendida em seu significado de "cultura" – e a natureza é proposta como um caminho possível entre outros, um caminho "desrespeitoso" que foi tomado no Ocidente, mas não no Oriente. Houve uma época em que outros caminhos ainda eram possíveis. Foi um momento de abertura, diz ela, uma encruzilhada que ela ilustra com um diagrama no qual vemos os dois caminhos que se abrem como alternativa:

Por um lado, há um caminho que ela chama de "de grossura", ou seja, "de espessura", que implica uma opção cultural marcada pelo que ela identifica como "Oriente-África" e técnico-primitiva, e que coincide com sua experiência baiana em relação à cultura afro-brasileira e ameríndia. Em contraste, o outro caminho da bifurcação é o que ela chama de "*finesse*", e que identifica com uma cultura ocidental (representada pelos Estados Unidos e pela Europa) que se concentra num tipo de design voltado para a produção de bens de consumo ou "*gadgets*" supérfluos, e coincide com a opção que ela chama de "progresso" na citação anterior, que, embora poderoso, teve um custo enorme. No texto ao qual pertence o diagrama, ela lamenta que o Brasil tenha optado por esse segundo caminho, apesar de, no final da década de 1950, ela, juntamente com um grupo de intelectuais, ter imaginado outro futuro possível.

Dessa forma, o que marcou a trajetória da grossura não foi simplesmente a inclusão do objeto da cultura popular na cultura nacional, mas

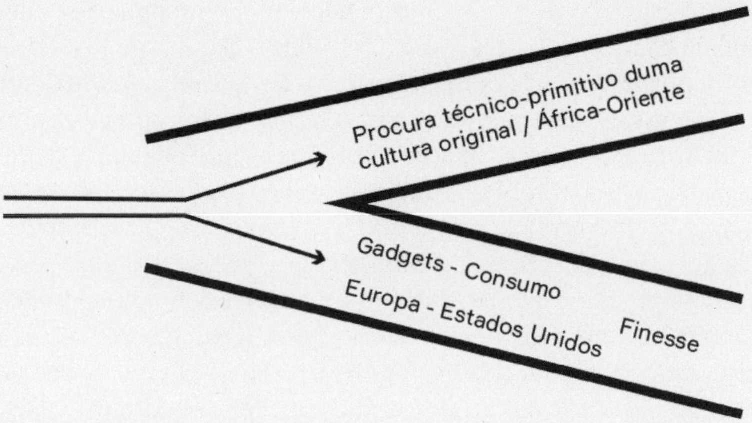

Figura 1: O bívio – A encruzilhada. "O Brasil tinha chegado num bívio. Escolheu a *finesse*". *Arte Vogue*, n. 2, nov. 1977. Autoria de Lina Bo Bardi. Acervo Instituto Lina Bo e P.M Bardi.

um programa de desenvolvimento alternativo: fazer do trabalho artesanal nordestino uma base para o desenho industrial brasileiro. Como diz Antonio Risério, "vale a pena dizer: mais do que retrospectivas, as exposições eram teoricamente prospectivas. Projetavam futuros possíveis".[24] É claro que poderíamos apresentar uma visão crítica, como faz o próprio Risério, sobre a generalização, a falta de nuances e os limites ideológicos – que poderiam até ser considerados "orientalistas" – do trabalho de Bo Bardi na Bahia.[25] No entanto, essas limitações não anulam a obra de Bo

24. Risério, 2016, p. 61.

25. "Lina pode ser considerada 'antropológica" apenas em sua visada geral, pelo conceito lato de cultura que maneja e por sua recusa da suspeitíssima noção de 'folclore', mas nunca em plano concreto, específico. Porque ela jamais se mostrou inclinada a fazer uma leitura clara e objetiva dos objetos que lidou – e que, regra geral, embaralhava sem inibições, longe da presença incômoda de critérios. Veja-se a exposição supracitada [Bahia no Ibirapuera]. Não há esclarecimento algum sobre diferenças culturais internas no espaço oficialmente baiano. Diferenças entre o litoral e o sertão, se

Bardi como um todo, uma vez que sua principal relevância não está na documentação antropológica da cultura popular e, portanto, não pode ser entendida como uma contribuição "científica". O que para Risério é um limite ideológico – e pode vir a sê-lo pelas razões que ele apresenta – torna-se, em certo sentido, irrelevante para a leitura que proponho, uma vez que a ênfase e a valorização da ação e da teoria bobardianas já não estão na representação temática dessa cultura, e se encontram agora na mudança epistemológica acarretada pela metodologia utilizada. Ou seja, seu valor não está na questão antropológica entendida como uma disciplina social, mas na consequência que seu trabalho terá sobre a definição filosófica do antropológico, sobre a definição do *antropo*, do humano. Assim, o gesto de recuperar objetos da cultura popular e exibi-los em um museu não é resgatado apenas pelo que traz em termos de interesse documental ou histórico, mas por outros dois motivos. Em primeiro lugar, por causa de uma incorporação formal dos princípios da construção popular no arranjo das imagens e do espaço. Em segundo lugar, pelo que determina em termos de escolha de materiais para suas obras arquitetônicas, suas exposições, suas cenografias e seus objetos de *design*. O que determina a encruzilhada da "grossura" é a construção a partir de restos residuais, e é a partir da própria prática – do uso – que a maneira de imaginar a história muda; que o lugar ocupado pela cultura popular se torna uma teoria da imagem e adquire força política. É um caminho que continua o dos vaga-lumes de Pasolini da década de 1940. A maneira de pensar sobre a construção do espaço – arquitetônica, de objetos, cenográfica ou expositiva – torna-se uma política porque implica uma mudança epistemológica no significado do que é habitar; habitar num sentido arquitetônico – uma casa, um espaço –, mas também num sentido mais amplo, no que significa habitar o mundo.

Matéria-prima: lixo

As exposições sobre cultura popular que Bo Bardi produziu durante seus anos na Bahia forjaram uma teoria material da imagem baseada na

quisermos ficar somente no horizonte dualista, já de si redutor. [...] Lida com a Bahia dos mapas, das demarcações territoriais oficiais, não como o mosaico de cultura existente sob esta denominação" (Risério, 2016, pp. 60-61).

construção do objeto da cultura popular como um conjunto de resíduos. Na última das exposições baianas, Civilização do Nordeste, em 1963, Bo Bardi reuniu mais de mil objetos coletados em feiras e mercados de várias cidades do Nordeste. Nos textos ligados a essa exposição e à inauguração do Museu da Arte Moderna da Bahia, a artista estabelece uma posição clara contra uma abordagem folclórica e romântica que mitifica a arte popular. Em primeiro lugar, ela faz uma distinção entre o tipo de produção artística popular do Nordeste brasileiro e um tipo de produção artesanal. A produção artesanal, ela diz, responde a um tipo de organização que "pertence ao passado"[26] e que não existe em nenhum lugar que seja industrialmente desenvolvido, exceto como uma "exigência turística" ou com base na ideia – apresentada de forma completamente irônica – de que o que é feito à mão é mais precioso ou melhor do que o que é produzido industrialmente. Bo Bardi despreza essa abordagem nostálgica e condescendente, e vai além em sua abordagem irônica, dizendo que a glorificação da arte popular exibida dessa forma poderia constituir um "importante 'Museu dos Horrores' internacional".[27]

Em segundo lugar – e como consequência dessa posição – Bo Bardi explica o critério de seleção dos objetos populares que expõe. Segundo ela, tanto as famosas gravuras da literatura de cordel quanto a cerâmica "figurativa" de Caruaru dão uma falsa imagem do homem do sertão nordestino: "simples e bondosa"[28] e reproduzem sua exclusão ao mostrar unicamente aquilo que o observador externo quer ver: "é uma produção *bonitinha* que se repete *ad usum* dos visitantes, nacionais e estrangeiros, das feiras e dos mercados".[29] Perante esse tipo de objeto, Bo Bardi resgata aqueles que se caracterizam por sua "utilidade", por seu valor prático e cotidiano ("Objetos de uso, utensílios da vida cotidiana. Os ex-votos são apresentados como objetos necessários e não como esculturas")[30] e ressalta que a maneira de entender a "arte popular" é por meio dessa "necessidade" sob a qual ela é produzida. Diante da

26. Bo Bardi, 1980c, p. 25.
27. Ibid.
28. Id., 1963b, p. 32.
29. Ibid. (Destaque da autora.)
30. Ibid., p. 33.

arte puramente gratuita, diante da "arte pela arte", o caráter utilitário e prático dessa produção é enfatizado. Os objetos que ela seleciona para a exposição que abre o museu são descritos como "pré-artesanais" por causa de seu modo de produção "rudimentar", que responde apenas a uma necessidade econômica: a miséria em que vivem seus produtores. O único lugar que pode ser dado a essa arte, seu único significado fora de um esquema romântico, está, por um lado, no reconhecimento de seu valor de uso cotidiano e de suas condições de produção, e, por outro lado – e fundamentalmente –, em sua complexa fabricação, na maneira como é construída, como um conjunto de objetos residuais.[31]

No texto de inauguração, os itens expostos são mencionados da seguinte forma:

> **Matéria-prima: o lixo** Lâmpadas queimadas, recortes de tecidos, latas de lubrificantes, caixas velhas e jornais. Cada objeto risca o limite do "nada", da miséria. Esse limite e a contínua e martelada presença do "útil" e "necessário" são o que constituem o valor desta produção, sua poética das coisas humanas não gratuitas, não criadas pela mera fantasia. É neste sentido de moderna realidade que apresentamos criticamente esta exposição. Como exemplo de simplificação direta de formas cheias de *eletricidade vital*.[32]

Os objetos apresentados nesta exposição desafiam os critérios de avaliação artística. Não se trata de arte "livre", arte pela arte, mas de objetos que são medidos numa máquina de produção com vários estágios e autores. O objeto não é valorizado por um critério abstrato, mas por sua praticidade e utilidade. Por outro lado, cada objeto é um conjunto de restos de objetos – de lixo – produzidos e descartados em momentos diferentes e, portanto, torna-se impossível encontrar uma origem precisa e um autor individual, assim como a distinção entre arte e trabalho se torna tênue. Eles não são exibidos por seu valor folclórico ou exótico, mas por sua duplicidade: embora representem o vestígio de outra época,

31. Em artigo intitulado "Uma antecipação baiana da pop art", publicado no *Diário de São Paulo* em 1964, Pietro Maria Bardi colocou a exposição Civilização do Nordeste na vanguarda da arte mundial e criticou as autoridades estatais brasileiras por não entenderem o verdadeiro valor da arte popular e, por outro lado, quererem copiar acriticamente modelos estrangeiros. Seu artigo era uma resenha da Bienal de Veneza e criticava autoridades brasileiras por não enviarem a exposição de Lina para representar o Brasil.

32. Bo Bardi, 1963a, p. 35. (Destaque meu.)

são algo que retorna e continua a agir no presente, algo que, como eu disse na passagem citada acima, "sobrevive desesperadamente". Voltarei ao conceito de sobrevivência e a essa forma de conceber o popular como aquilo que traz consigo uma temporalidade anacrônica a seu próprio presente, mas, por enquanto, gostaria de assinalar que essa duplicidade temporal significa que tais objetos não podem mais ser considerados como um bloco cultural independente do contexto em que são exibidos, nem podem ser tomados como "documentos" de uma cultura "primitiva" como base fundadora de uma origem e de uma identidade nacional. Esse não é um retorno nostálgico ou romântico, mas sua exibição é uma presença sintomática que revela um aspecto crítico da "realidade moderna", uma "eletricidade vital" – uma vida que se inflama – cuja presença no museu implica "uma acusação" de um estado de coisas:

> Esta exposição é uma acusação. Acusação dum mundo que não quer renunciar à *condição humana* apesar do esquecimento e da indiferença. É uma acusação não humilde, que contrapõe às degradantes condições impostas pelos homens, um esforço desesperado de cultura.[33]

A noção de acusação traz consigo toda uma história e seria ingênuo acreditar que Bo Bardi a desconhece. Ela se refere diretamente ao caso Dreyfus – ao *Eu acuso* de Zola – e ao cerne dos debates sobre a ligação entre arte e política na modernidade e sobre o lugar do intelectual público em relação à defesa dos direitos das minorias. Sua "acusação", nesse caso, se dá em duas frentes. Em primeiro lugar, é um confronto com uma história de desigualdades e injustiças, indiferença e esquecimento. A opção cultural da "delicadeza" implicaria seguir esse caminho e uma "renúncia à condição humana". É um caminho no qual o colonialismo, o racismo e o capitalismo são mostrados como um nó impossível de ser desfeito. Na avaliação, ela coloca a questão da seguinte forma:

> Qual a situação de um país de estrutura capitalista dependente, onde a revolução nacional democrática-burguesa não conseguiu se processar, que entra na industrialização com restos de estruturas oligárquico-nacionais? O Brasil entra em último na história da industrialização de marco ocidental, portador de elementos da

33. Bo Bardi, 1963a, p. 37. (Destaque meu.)

> pré-história e da África, rico de seiva popular. Todas as contradições do grande equívoco ocidental se apresentam contemporaneamente, ou em tempo curto, no seu processo de modernização, com os traços violentos de uma situação falimentar.[34]

E continua com a acusação em outro texto:

> A história do Brasil é uma história branca, eurocêntrica, [...] uma história branca que desconhece a contribuição da África, que ignora índios – uma longa história de derrotas duma grande maioria por uma minoria.[35]

Diante dessa realidade, a exposição coloca a cultura popular como uma denúncia de um Brasil branco, eurocêntrico, dependente e burguês, que ignora sua própria história e suas bases culturais no processo de modernização. É uma denúncia e, ao mesmo tempo, uma proposta de outro caminho possível: o da construção da cultura a partir de uma base de cultura popular. É aqui – na forma como isso é feito – que surge a segunda frente de acusação.

Contra um "humanismo literário"

O resgate da força disruptiva do popular não é novo, tem uma longa história que Bo Bardi não desconhece. Nesse sentido, sua acusação tem uma dobra – e um segundo sentido – porque não se refere apenas a uma estrutura colonial, eurocêntrica, branca e burguesa, mas também a um modelo de abordagem do popular em que ele é assimilado por uma estrutura que lhe retira o poder subversivo. A rejeição de uma perspectiva folclórica e romantizada da cultura popular é persistente em toda a vida de Bo Bardi: "Folclore é uma palavra que precisa ser eliminada, é uma classificação em 'categorias', própria da Grande Cultura Central, para eliminar, colocando no lugar certo, posições incômodas e perigosas da cultura popular periférica."[36]

O processo pelo qual a cultura popular se torna um rótulo para a definição da identidade nacional e no qual o poder disruptivo da outra cultura é subsumido e classificado em uma identidade harmoniosa

34. Bo Bardi, 1980a, p. 11.
35. Bo Bardi apud González, 2016, p. 39.
36. Id., 1980b, p. 20.

refere-se a certos processos e maneiras pelos quais a cultura popular e o primitivo têm sido tratados historicamente. No contexto brasileiro, o Modernismo, sua busca por raízes culturais "autóctones" e seu "primitivismo" como um caminho para a construção de uma identidade nacional moderna, é, evidentemente, um antecedente inescapável. Isso é o que Florencia Garramuño sintetizou no conceito paradoxal de "modernidade primitiva".[37] Além das nuances e da complexidade internas com as quais o Modernismo das décadas de 1920 e 1930 se desenvolveu no Brasil, sua canonização contribuiu para "a construção de uma modernidade autóctone"[38] não isenta de um "autoexotismo" e de uma "nacionalização do 'exótico' ";[39] algo que poderia ser pensado como um "humanismo de harmonização" que se refere a muitos dos problemas que, no contexto contemporâneo, levantaram a discussão sobre o multiculturalismo.

A década de 1950 e o início da década de 1960 apresentaram um panorama muito diferente daquele do início do Modernismo. Oswald de Andrade havia descoberto o encanto do primitivo via Paris: aquilo que os movimentos de vanguarda europeus buscam na África e na Polinésia como material "inconsciente" para apoiar seus experimentos artísticos, nós temos aqui, diz Oswald, bem diante de nossos olhos, somos vanguarda *avant la lettre*. Assim, as culturas indígena e africana têm a capacidade de subverter a herança europeia – "O bárbaro é nosso" (*Manifesto Pau-Brasil*) – e de resolver o dilema nacional-cosmopolita por meio de uma dialética antropofágica que engole o estrangeiro para transformá-lo em material de exportação cultural. É uma interpretação original que funda a utopia modernista e uma forma de contar a história brasileira baseada num "nacionalismo eufórico";[40] ou que inaugura o que Roberto Schwarz chama de "interpretação triunfalista do nosso atraso".[41]

Quando Bo Bardi chegou à Bahia, o Modernismo já havia sido consagrado como marca da identidade nacional – em grande parte devido à intervenção de Mário de Andrade desde sua famosa avaliação da Semana

37. Garramuño, 2009.

38. Garramuño, 2009, p. 13.

39. Ibid., p. 34.

40. Antelo, 1999, p. 25.

41. Schwarz, 1987, p. 45. A história do triunfalismo modernista e a constante reavaliação a posteriori do movimento fazem parte do panorama cultural da segunda metade do século XX no Brasil (Moreschi, 2013), mas um ponto crucial é encontrado no período pós-ditadura, particularmente

de 1922 no texto "O movimento modernista" – e como dispositivo homogeneizador por meio do qual as culturas ameríndias e afro-brasileiras haviam sido integradas numa espécie de ficção multiculturalista de inclusão. Nesse processo, as noções de "mestiçagem" e "cordialidade" e as leituras que foram feitas das duas grandes narrativas em que essas noções se basearam – *Casa-grande e senzala*, de Gilberto Freyre, e *Raízes do Brasil*, de Sérgio Buarque de Holanda, publicados em 1933 e 1936, respectivamente – instauraram a noção de um Brasil harmonioso regido por uma democracia racial. Sobretudo no caso do texto de Freyre e de suas imensas repercussões, a passagem do conceito de raça para o de cultura permite contornar as dificuldades colocadas pelo biologismo para transformar a negatividade do mestiço em positividade e, assim, completar o delineamento de uma identidade que já vinha sendo anunciada havia algum tempo, na qual a mestiçagem passa a funcionar como ficção da identidade.[42]

É claro que a própria Bo Bardi não é alheia a esse fascínio pelo diverso. Entretanto, sua constante rejeição da perspectiva folclórica não é uma afirmação vazia, nem sua acusação é meramente ideológica, na medida em que seu trabalho evita o puramente "temático", bonitinho ou pitoresco.[43]

na leitura de Silviano Santiago (2002), que propõe romper com a longa tradição de celebrações, abrindo espaços para reavaliar o cânone literário e recuperando, nesse percurso, alguns autores comprometidos com formas populares que haviam sido desprezados pelo esteticismo modernista.

42. É claro que o conceito de "democracia racial" não deve ser atribuído a Freyre – que não o menciona em seu livro –, embora ele proponha uma visão harmoniosa da mestiçagem. De fato, há menções a esse conceito desde a era abolicionista (Azevedo, 2003). Para uma discussão mais aprofundada sobre a miscigenação como marca do nacional, consulte Renato Ortiz, *Cultura brasileira e identidade nacional*: "A ideologia da miscigenação, que estava aprisionada nas ambiguidades das teorias racistas, quando retrabalhada pode se difundir socialmente e tornar-se parte do senso comum, ritualmente celebrada nas relações cotidianas ou em grandes eventos como o Carnaval e o futebol. O que era mestiço se torna nacional" (Ortiz, 1985, p. 41). Por outro lado, o recente debate no Brasil sobre cotas raciais no sistema de ensino trouxe o conceito de "democracia racial" de volta ao foco. O livro de Patrícia Pinho, *Mamãe África: reinventando a negritude na Bahia*, de 2010, é essencial para uma discussão mais aprofundada.

43. Em relação ao conceito de "popular" dentro do campo literário e do período em que Bo Bardi chega à Bahia, pode ser produtivo pensá-lo em contraste com a maneira como Jorge Amado tem sido lido no contexto internacional e com aquilo que Raúl Antelo chama de "a canonização de Jorge Amado como um escritor pop internacional" (Antelo, 2004, p. 118). No entanto, em relação à concepção de Amado sobre o popular, seu trabalho mais antigo apresenta uma complexidade maior que não é tão fácil de catalogar. Em um ensaio de 1945 intitulado "Poesia, documento e história", Antonio Candido argumenta que os romancistas da década de 1930 inauguraram o romance brasileiro na medida em que tentaram resolver a grande dualidade cultural nacional: a oposição entre as estruturas civilizadas do litoral e o restante das camadas humanas, definidas

Em outras palavras, Bo Bardi incorpora os princípios construtivos da cultura popular em sua própria prática – como princípios formais – e os insere num programa político. Nesse sentido, poderíamos dizer que sua perspectiva não é apenas inovadora para seu próprio contexto histórico, mas também tem relevância em um contexto contemporâneo no debate ainda em andamento sobre a descolonização do museu e do espaço expositivo.[44]

A pergunta que Bo Bardi faz a si mesma não é tanto como incluir a cultura popular em uma cultura nacional, mas sim como produzir cultura a partir dessas bases, como fazer uma acusação sem que ela seja "classificada" e neutralizada em seu desconforto, como não renunciar a uma "condição humana" sem que o gesto seja transformado naquilo que – a partir de nosso presente, já filtrado por discussões posteriores – poderíamos pensar como mero humanismo. É um tipo

menos pela região geográfica do que pela classe e pela raça. Os romancistas desse período, entre os quais Amado é extremamente importante, realizariam um movimento para ampliar a categoria do povo, que, de acordo com Candido, tornou-se central a partir desse momento. A particularidade da literatura de Amado seria, então, a dialética estabelecida entre documento (cuja expressão máxima Candido encontra no romance *Cacau*) e poesia (cujo ápice estaria em *Mar morto*); dialética que Amado resolve, segundo Candido, em *Terras do sem fim*, o romance mais perfeito porque nele encontra o terceiro elemento de síntese entre poesia e documento: a história.

44. Neste ponto, é necessário mencionar a discussão sobre a descolonização do museu que o próprio Masp promoveu, juntamente com a revista *Afterall*. Essa é uma iniciativa que tem como antecedentes duas exposições realizadas nos Estados Unidos e que – como a exposição de Rudofsky de 1964 que mencionei anteriormente – tiveram grande repercussão devido a sua posição central e influente. Foram elas: Primitivism in 20th Century Art: Affinity of the Tribal and the Modern (MoMA, Nova York, 1984), com curadoria de William Rubin e Kirk Varnedoe, e ART/artifact: African ART in Anthropology Collections (The Center for African Art, Nova York, 1988), com curadoria de Susan Vogel. Ambas foram muito criticadas e resultaram em uma série de respostas e debates, sendo os mais significativos o artigo de Hal Foster (1993) "'Primitive' scenes" e o livro de Ivan Karp *Exhibiting Cultures: the Poetics and Politics of Museum Display* (1991). Em um dos artigos do Masp/*Afterall*, Brenda Caro Cocotle insere o debate sobre a descolonização do museu na discussão sobre multiculturalismo e hibridismo cultural e menciona diferentes esforços feitos por meio de diferentes programas em vários museus. No entanto, diante do otimismo inicial, ela ressalta o problema – típico do multiculturalismo – de que a ampliação da representação das minorias sempre ocorre em um nível representacional ou temático e não de forma estrutural: "A recepção favorável e os resultados evidentes desse programa, em um primeiro momento, geraram uma onda de otimismo sobre a chegada a um ponto de inflexão no que tange à lógica colonial do museu. Contudo, embora o discurso da multiculturalidade – e a posterior irrupção da categoria de "interculturalidade" como contraponto crítico – tenha situado o museu no centro da reflexão acadêmica, logo se revelaram os primeiros aspectos contraditórios e limites conceituais. O reconhecimento da pluralidade cultural foi, acima de tudo, mais temático que estrutural" (Cocotle, 2019, p. 5). Por fim, mas particularmente relevante para a discussão específica do caso brasileiro, o livro de Álvaro Fernandez Bravo (2016) é fundamental para a abordagem histórica, teórica e crítica dessa questão.

de abordagem que ela descreve mais tarde como "humanismo literário", onde *literário* é sinônimo de esteticismo, refinamento, *finesse*. É assim que ela o nomeia já no final dos anos 1970, ao descrever o período entre o final dos anos 1950 e o início dos anos 1960 na Bahia:

> Os tambores do Desfile da Primavera roncavam forte, sem nina-nana. Os atabaques batiam sem parar, as crianças de mãos dadas desfilavam com flores de papel entre as cadeiras da calçada da Avenida 7, sem prédios, só casas. A cidade cheirava a fruta podre e esteiras. Os estudantes corriam como formigas procurando folhas de cultura, gritavam nos alto-falantes das esquinas – não queremos dançarinos, queremos geólogos – de cara fechada, sem concessões, numa dialética tensa, *contra a instalação humanístico-literária da cultura* [...]. O Brasil tinha chegado num bívio. *Escolheu a Finesse.*[45]

Pode-se dizer, então, que é um impulso – um grito juvenil – que busca dar ao humanismo uma nova politicidade, mas a partir de uma base escura (podre, barulhenta). É um baixo humanismo – mais parecido com o buscado por Hannah Arendt ou Georges Bataille – que recupera uma parte desconfortável e perturbadora do humano e que, como será visto nas seções seguintes, absorve uma materialidade que o salva do que Bo Bardi chama de "folclore". Na contramão do longo processo de canonização do Modernismo e de uma versão "multicultural" na inclusão da diversidade, sustenta-se uma "dialética" "tensa" e opaca – sem resolução, sem harmonias (sem "dançarinos") ou concessões – que infunde ao popular a potência crítica e política que ele poderia ter tido antes do processo pelo qual se tornou um rótulo, uma nota para definir a nacionalidade mestiça.[46] Naquele momento, a encruzilhada ainda estava aberta. O grito pedia por geólogos: preferia as pedras aos brilhantes.

Pedras contra brilhantes: de uma ética a uma política da opacidade

A formação surrealista de Bo Bardi é fundamental para comprender sua maneira de abordar o objeto da cultura popular como uma montagem, como um dispositivo para alterar o curso da história. Desde o início

45. Bo Bardi, 1977a, p. 52-69.
46. Para aprofundar sobre este tema, ver *The Invention of the Brazilian Northeast* (Albuquerque, 2014) e *Reinvenções da África na Bahia* (Pinho, 2004).

de sua vida, Bo Bardi demonstra interesse por objetos descartados e resíduos, pela colagem e pela construção de objetos a partir de materiais recuperados ou considerados inúteis. No entanto, o uso desse aspecto residual como uma força metodológica para alterar o curso do tempo e pensar sobre a história assume um significado diferente do encontro com o objeto da cultura popular. O processo fica mais claro se o pensarmos à luz da filosofia benjaminiana, mais particularmente da arqueologia material elaborada em suas teses *Sobre o conceito de história*. Nelas, Benjamin propõe que o ponto de vista sob qual a história é mostrada como um *continuum* e como uma marcha em direção ao progresso vem do fato de que ela é escrita do ponto de vista dos vencedores, dos famosos, dos celebrados. Esse ponto de vista, essa empatia com o vencedor, diz ele, é o bastião mais forte e mais difícil de demolir do historicismo. No entanto, quem vê o "espólio" que a história deixa aos vencedores, do ponto de vista do materialista histórico, só pode sentir "horror": por trás do resultado – por trás dos espólios, que nada mais são do que cultura – vê-se seu reverso, a barbárie. Por trás do progresso, veem-se os escombros, o esforço "da servidão anônima de seus contemporâneos".[47] É por isso que o ponto de vista da arqueologia material é necessário para virar as coisas de cabeça para baixo, que é como o verdadeiro significado da história deve ser entendido, para que esse esforço anônimo – essa força do "sem-nome" – seja revelado como o próprio sujeito da história.

47. Benjamin, 2005, p. 447. A citação completa é a seguinte: "É mais difícil honrar a memória dos que não têm nome do que a dos famosos, dos célebres, com exceção dos poetas e pensadores. A construção histórica é dedicada à memória dos sem-nome. O terceiro bastião do historicismo é o mais forte e mais difícil de atacar. Ele é apresentado como "empatia com o vencedor". Os dominadores de uma época são os herdeiros daqueles que venceram anteriormente na história. A empatia com o vencedor beneficia sempre, portanto, esss dominadores. O materialista histórico observa isso com distanciamento. E ele também percebe que esse estado de coisas é bem fundamentado. Quem quer que tenha alcançado a vitória nas mil batalhas pelas quais a história foi travada até os dias de hoje tem uma participação no triunfo daqueles que dominam sobre aqueles que são dominados hoje. Não de outra forma, mas de forma muito crítica, o materialista histórico examinará o inventário dos despojos que os primeiros exibem diante dos últimos. Esse inventário é chamado de cultura. Sem exceção, tudo o que o materialista histórico observa em termos de bens culturais tem uma origem que ele não pode observar sem horror. Sua existência se deve não apenas aos esforços dos grandes gênios que a criaram, mas também à servidão anônima de seus contemporâneos. Nunca um documento de cultura é um documento de cultura sem ser, ao mesmo tempo, um documento de barbárie. O materialista histórico mantém distância disso. Ele tem que escovar a história a contrapelo, usando todos os recursos possíveis (MS-BA 447 e 1094).

Assim, "escovar a história a contrapelo" implica um movimento paralelo para fazer a história dos vencidos e dos despossuídos, para criar a história a partir dos próprios detritos da história, algo que, no vocabulário de Bo Bardi, aparece como *um fragmento indigesto da história*: os cacos, os fiapos, as "sobrevivências desesperadas". É um movimento que não apenas muda o signo da história em seu conteúdo, mas também *em sua forma*, pois constitui uma nova historiografia. Em contraste com a historicidade positivista, que procede por adição para "preencher um tempo homogêneo e vazio", Benjamin se opõe ao "tempo-agora" proporcionado pela simultaneidade da imagem. Na tese XVI, o autor escreve: "A história é o objeto de uma construção cujo lugar não é o tempo homogêneo e vazio, mas aquele que é preenchido pelo tempo do agora."[48] A temporalidade que rompe o *continuum* e contém todo o tempo num único momento requer um princípio construtivo que implica uma lógica visual e não linear porque requer simultaneidade: a montagem.

> Método deste projeto: montagem literária. Não preciso dizer nada. Apenas mostrar. Não roubarei nada de valor, nem irei me apropriar de nenhuma formulação profunda. Mas os farrapos, os resíduos, não vou inventariar senão deixar que eles se tornem eles mesmos da única maneira possível: fazendo uso deles [N1a, 8].[49]

É esse mesmo "uso" de farrapos e detritos que Bo Bardi resgata no objeto da cultura popular e que a levará a romper com uma história estetizante e evolutiva da arte e a virar a história cultural brasileira de cabeça para baixo para olhá-la do ponto de vista do anonimato. No entanto, como mencionado acima, sua formação surrealista já indicava um interesse e um gosto por uma materialidade residual e pela montagem. Assim, à maneira de um colecionador benjaminiano, em um ensaio de 1947 chamado "Pedras contra brilhantes", Bo Bardi faz uma espécie de *autobiografia mineral* na qual delineia a história de seu interesse por pedras. O título já estabelece uma oposição entre dois tipos de materialidade e uma clara preferência pela opacidade em detrimento do brilho:

48. Benjamin, 1996, p. 61.

49. Ibid., p. 117. Susan Buck-Morss desenvolve amplamente este ponto (Buck-Morss, 1999, p. 218). Para entender as derivas latino-americanas da montagem surrealista e benjaminiana, é fundamental o livro de Mario Cámara: *Restos épicos: a literatura e a arte na mudança de época* (2023).

> Desde criança eu juntava coisas: pedrinhas, conchinhas das rochas do Abruzzi, fios de ferro, pequenos parafusos. Depois apareceu uma coisa enorme, uma galinha (comida especial do domingo). Tinha no estômago uma coleção de vidros e pedras roladas pelas águas: verdes, rosas, pretas, marrons, brancas. Mamãe me deu de presente, foi o começo de minha coleção junto ao pequeno estojo de pó de arroz, feito com o aço azul dos canhões alemães depois da vitória da França na I Guerra Mundial, que *Zia* Esterina me deu. Eu tinha 6 anos de idade.[50]

Nesse relato, feito com o objetivo de apresentar uma nova linha de joias feitas de pedras "semipreciosas", ela conta a história de como começou a colecionar pedras em sua infância. Trata-se de um começo próprio de uma sensibilidade surrealista que não tem medo do gesto escatológico de vasculhar o estômago de uma galinha. Ou seja, aquilo que poderia ser considerado um material precioso, e que mais tarde o será, pois será transformado em uma joia, vem, em sua narrativa pessoal, de um lugar sujo, do estômago de um animal morto. Por outro lado, a fita com que ela amarra sua caixa de coleta de pedras também é um resíduo de um campo de extermínio, um pedaço de aço dos canhões da Primeira Guerra Mundial. A transformação e a recuperação desses fragmentos "indigestos" – nunca essa metáfora foi tão bem usada – na construção de joias condensam algo daquilo que ela encontrará como modelo de construção na cultura popular, mas que já está previsto em seu espírito colecionador. Longe de desviá-la desse caminho, sua jornada brasileira incentivou seu zelo arqueológico e sua prática de coletora e colecionadora:

> Meu amor pelo Brasil acordou de modo potente meu amor pelas pedras. Um país com pedras maravilhosas, como os cristais de quartzo que você pode apanhar com suas mãos nos cerrados de Minas [...]. Bem, tudo isto devia ser o caminho para o lançamento de um "desenho" de joias no Brasil. Joias injustamente chamadas de semipreciosas. *Uma reivindicação ética dos "ornamentos" de ouro baixo*, bronze, diamantes com "carvões", pratas, crisólitas, quartzos e berilos coloridos. Ornamentos que marcaram a história do homem desde a mais antiga antiguidade e que podiam ter iniciado no Brasil um *Industrial Design* de joias de "alta classe" fora dos "brilhantões" e do "ouro" das madames. Bem, o discurso podia continuar desde as joias "populares" do Brasil, às das feiras e dos "camelôs". Mas essa é uma outra história.[51]

50. Bo Bardi, 1947a, p. 40.
51. Bo Bardi, 1947a, p. 40.

Essa reivindicação do desenho industrial de materiais considerados humildes, que no final do texto desliza – sem se aprofundar – para uma busca "popular" em feiras e barracas de vendedores ambulantes, é proposta como uma ética oposta ao brilho do ouro, uma ética da opacidade que "faz seu buraco"[52] literalmente, para encontrar uma linguagem das coisas – uma estética – que desestabiliza o "bom gosto". Uma ética menor, portanto, que Lina tem desde seu tempo na Itália, mas que encontra no Brasil – como tudo o que é menor – um canal político: a pedra se torna lixo, e o lixo, uma acusação. Ao se tornar parte de uma estrutura histórica e geopolítica, o objeto feito de lixo se torna um "sem-nome" benjaminiano que muda o curso do tempo para contar a história dos vencidos.

Alguns anos depois de sua experiência baiana, em suas anotações sobre a cenografia que fez para a montagem da peça de Brecht *A selva das cidades* dirigida por José Celso Martinez Corrêa e estreada em 1969 no Teatro Oficina (cenografia que ela construiu com entulho recolhido na rua), Bo Bardi é clara sobre essa necessidade de considerar o curso da história e produzir uma intervenção no campo da estética por meio de uma negatividade residual e impensada. Ela diz: "Só através do pior a história avança."[53] Ou seja, o transcorrer da história se dá apenas pelo aparecimento de certos vestígios que se relacionam com um aspecto sombrio e baixo, com uma peça cultural que aparece de forma indigesta – como se fosse um arroto da história –, interrompendo uma beleza aparentemente imperturbável: aquela que sempre foi considerada "o pior".

Brasil não faz parte de Ocidente: um nó de tempos emaranhados e uma montagem geopolítica

Num texto de 1975, Bo Bardi associa o modo de produção de uma comunidade de Sergipe, a partir da reciclagem, com um modo de produção japonês:

> Eu estive fazendo um trabalho na beira do rio São Francisco, em Propriá, na comunidade de Camurupim. Eu vi lá coisas maravilhosas, desde o trabalho de trançar dos pescadores até certos móveis que estão sendo feitos utilizando-se somente sarrafos justapostos, parece um trabalho japonês. Isso não é nem

52. Deleuze e Guattari, 1978, p. 28.
53. Nota manuscrita encontrada no arquivo do Instituto Bo Bardi.

> artesanato, nem coisa nostálgica, é coisa do povo, é um convite a um grande levantamento nacional para se pesquisarem as nossas verdadeiras necessidades. E se você cai no problema formal com os acrílicos e essas coisas todas, aí você fica rodando na Semana de 22 e não sai daquilo.[54]

No aproveitamento do lixo, as culturas ameríndias do Brasil se aproximam das orientais: "No Japão não há vergonha de se utilizar aquilo que, no Ocidente, é lixo."[55] É por isso que não se trata de apelar para um modo de produção artesanal como se fosse um retorno nostálgico a formas passadas, mas sim de reconhecer sua concomitância no presente.[56] Não se trata, por outro lado, de usar formas e materiais puramente industriais – o acrílico: lembre-se aqui do Manifesto Ruptura da arte concreta e da prescrição de usar qualquer outro material não industrial – porque isso implicaria permanecer preso aos parâmetros do Modernismo da década de 1920, de critérios puramente formais. No gesto de trazer à luz "os farrapos", há uma concepção cultural na qual a própria ideia de progresso é questionada. Para Bo Bardi, a raiz do problema desse último caminho, em seu fundamento mais filosófico, está no modelo ocidental de concepção do tempo: "Mas o tempo linear é uma invenção do Ocidente, o tempo não é linear é um maravilhoso emaranhado onde, a qualquer instante, podem ser escolhidos pontos e inventadas soluções, sem começo nem fim."[57]

54. Bo Bardi 1975, p. 203.

55. Condello e Lehmann, 2016, pp. 97-160. Neste artigo, Anelli estabelece uma comparação entre o que Bo Bardi encontra nestes objetos reciclados e o que encontra na cultura japonesa e analisa a relação que estabelece Bo Bardi entre estas culturas a partir da reciclagem para mostrar o impacto que isto tem em sua prática arquitetônica.

56. No que diz respeito à interação entre visualidade e materialidade e a questão "oriental", é interessante a abordagem de Guilherme Wisnik – num livro precioso – sobre o uso da sombra na arquitetura do japonês Kazuyo Sejima, relacionando-o à rejeição oriental ao brilho e aos diamantes: "Não me parece um acaso que Kazuyo Sejima e Ryue Nishizawa, seu sócio no escritório SANAA, sejam japoneses. Afinal, são exatamente os orientais que desde há muito tempo compreenderam, de forma complexa e sofisticada, a sombra e o velamento como emanações eloquentes de significados, e não como meras ausências à espera de serem preenchidas e reveladas pela luz do esclarecimento. Característica cultural marcante, que distingue fortemente o Oriente do Ocidente e que, como mostra o escritor Junichiro Tanizaki, aparece nas sombras e luzes veladas do teatro Nô, ou na rejeição dos orientais aos metais e pedras de brilho reluzente, como rubis e diamantes, em favor daqueles mais foscos e túrbidos como o jade, esse bloco de pedra estranhamente enevoado que parece conter uma luz mortiça em suas profundezas semelhante à atmosfera concentrada de centenas de anos" (Wisnik, 2018, p. 11).

57. Bo Bardi apud Ferraz, 1993, epígrafe final sem número de página. (Destaque meu.)

Diante dessa "invenção ocidental", ela encontra nas culturas ameríndias e africanas a possibilidade de pensar num modelo diferente de tempo. O Brasil, diz ela, não faz parte do Ocidente. "O Ocidente está à beira de uma revisão total. Eu acho que o Brasil não faz parte do Ocidente. É África! Graças a Deus o Brasil está fora do Ocidente que, afinal, é pobre."[58] Assim, com base numa topologia cultural deslocada (o Brasil é a África), abre-se a possibilidade de se pensar num modelo temporal que, como em Benjamin, desafia o tempo homogêneo e positivista: um tempo "emaranhado", enredado, agitado, uma confusão temporal que nos permite entrar na história a partir de qualquer ponto e "inventar soluções" (ou narrativas) que não indicam necessariamente uma origem fundadora ou um objetivo preciso. A inclusão de uma margem no centro faz explodir as bordas e permite criticar o modo de conceber a história específico da modernidade ocidental; permite fazer "uma revisão total".[59]

A proposta de Bo Bardi torna-se, nesse ponto, radical: produzir uma alteração epistêmica a partir da montagem implicada pelo objeto da cultura popular. A raiz surrealista e a ética menor oferecida pela opacidade da pedra tornam-se – com o olhar direcionado para o lixo/anonimato – uma acusação política, não como uma simples presença do objeto da cultura popular no museu ou como uma representação temática dessa cultura, mas como uma virada no modo de imaginar. Ou seja, em lugar de incluir a alteridade como um objeto de representação, *ela inclui a alteridade no coração da identidade*, enfraquece-a por dentro, desterritorializa-a. É nesse sentido que – agora fica mais claro – a potência de suas exposições sobre a cultura popular não está na documentação etnográfica, na precisão "científica" ou antropológica – e não é a partir desse ponto que estou interessada em julgá-las –, mas nas *implicações filosóficas* da teoria da imagem que é construída a partir da inserção do modo de produção popular dentro de um esquema artístico próprio e no deslocamento epistemológico que essa potência

58. Bo Bardi, 1975, p. 203.

59. Se juntarmos os textos em que Bo Bardi diz que o caminho do progresso está errado e essa citação sobre o tempo e sobre a possibilidade de o Brasil "sair" do Ocidente, a artista quase parece estar parafraseando Benjamin quando ele escreve que "A ideia do progresso da humanidade na história é inseparável da ideia de sua marcha em um tempo homogêneo e vazio. A crítica dessa ideia de marcha deve fundamentar a crítica da ideia de progresso em geral" (Benjamin, 2020, p. 82).

produz em relação ao modo de conceber o tempo e a história. O objeto da cultura popular – a imagem – torna-se um *objeto teórico*, que modifica a história tanto em direção ao passado quanto ao futuro.

Nesse sentido, é necessário sublinhar a importância metodológica, no pensamento de Bo Bardi, da *raiz antropológica* da experiência baiana: a presença da África no Brasil – esse deslocamento topológico, geográfico e cultural que ocorre na sobreposição de uma cultura à outra – é o que dá a Bo Bardi a possibilidade de pensar a história cultural brasileira, e a história da arte em geral, a partir de um ponto de vista não evolutivo e, portanto, não estetizante. O movimento de tirar o Brasil do Ocidente e colocá-lo em outro continente é em si uma montagem, mas uma *montagem geopolítica* – o Brasil é a África! – que nos permite pensar numa geopolítica descolonizada em que o critério de valoração do discurso civilizatório muda de signo: não devemos lamentar, mas agradecer – "*Graças a Deus*" – por estarmos fora do Ocidente. Ou seja, ela não apenas recupera o objeto da cultura popular e se apropria de seu princípio construtivo para suas próprias obras – exposições, casas, projetos de objetos e cenografias –, mas também em sua escrita – em seus ensaios – ela opera construindo uma *montagem literária* que altera a maneira de conceber a história, tanto do ponto de vista *filosófico ou historiográfico* – não se trata de encontrar uma origem fundadora, mas de produzir uma explosão, um relâmpago, uma "eletricidade vital" que corta o *continuum* – quanto do ponto de vista *histórico-político* em referência à cultura brasileira. A partir dessa nova constelação, outra narrativa é construída, outra novela nacional, que, no entanto, não será apresentada como uma narrativa linear, mas como uma constelação de imagens sobrepostas, como uma montagem.

Como na imagem dialética de Benjamin, o objeto que foi liberado do *continuum* da história e emerge como um emaranhado de temporalidades acende-se produzindo uma iluminação e um saber, um conhecimento que não emerge de forma linear e cronológica, mas como uma intuição imediata que só depois pode produzir um relato.[60] Trata-se de algo que – como veremos adiante – Bo Bardi elabora ao longo de suas exposições.

60. "Nos campos que nos ocupam, o saber somente advém como relâmpagos. O texto é o longo trovão que depois ressoa", Benjamin N1, 1.

Terra de ninguém: arte ambiental *avant la lettre*

É evidente que a adoção de uma perspectiva etnográfica ou antropológica no campo da história da arte e o questionamento dos limites da estética que isso provoca é um claro gesto vanguardista, e a própria Bo Bardi reconhece esse legado.[61] Como diz Denis Hollier no prólogo da reedição da revista *Documents*, fundada por George Bataille em 1929, o programa teórico desta revista, ao incluir na discussão artística uma perspectiva etnográfica ou de "arte primitiva", produziu não apenas uma relativização dos valores estéticos ocidentais, mas algo mais radical: um questionamento dos valores estéticos como tais. Segundo Hollier, esse questionamento já estava implícito no título da revista, uma vez que um documento é, por sua própria definição, um objeto desprovido de valor artístico.[62] Porém, no caso de Bo Bardi não se trata simplesmente da inclusão de um objeto etnográfico no campo da estética, mas de uma virada do modelo evolutivo da história da arte para um modelo dialético ou mesmo, como diz Georges Didi-Huberman sobre Benjamin, para um *modelo psíquico*. Aqui o objeto antropológico não se inclui como um dado duro, mas como um *emaranhado de tempos superpostos* que surgem como fragmentos de memória ou como sintomas que, como diz Bruno Zevi, estavam "reprimidos": "É necessário recomeçar pelo princípio, partir de onde a arte funde-se com a antropologia e *grita ou reprime* sua indignação."[63] Este grito que se encontra no lugar em que a arte e a antropologia se fundem é o que produz uma quebra no contínuo da história. Ou seja, a história inclui um inconsciente do tempo e, portanto, o passado não chega como um fato objetivo, mas como um fato da memória, através de seus vestígios materiais: aquilo que indigna (o indigesto, o pior) ou surge em forma de grito ou "se reprime". Não é uma decisão voluntária, mas um sintoma cultural ao qual

61. Como já disse, o aspecto etnográfico do surrealismo é, neste sentido, fundamental. Sobre a intervenção do antropológico no campo estético como gesto de vanguarda, Bo Bardi diz: "A desmitificação do design como arma de um sistema, a procura antropológica no campo das artes contra a procura estética, tem informado todo o desenvolvimento da cultura artística do Ocidente, desde a antiguidade até as vanguardas" (Bo Bardi, 1980a, p. 13).

62. Hollier, 1992.

63. Zevi, 1965, p. 48. (Destaque meu.)

é inevitável atender, um resquício inconsciente da história que chega em forma de remanência, de fiapo, como algo que – volto aqui à citação do início deste capítulo – "sobrevive desesperadamente".

Ao contrário do que acontece em muitas das propostas do momento que optam por uma estética pobre ou da "fome" – como a de Glauber Rocha –, aqui não se oferece uma definição de identidade para o que é brasileiro ou o que é latino-americano ("A fome é o nervo da sociedade latino-americana"). Tampouco o elemento popular está sendo colocado como promotor de um movimento histórico-dialético de sentido teleológico ou progressivo.[64] É esse aspecto da proposta de Bo Bardi que nos obriga a pensá-la não só num plano diferente no que diz respeito a uma perspectiva essencialista ou identitária (folclórica), mas também no que diz respeito a muitas das propostas estéticas que colocam a cultura popular (ou a "outra" cultura) como motor da história entendida de forma evolutiva (seja desenvolvimentista ou dialético-teleológica).

No mesmo ano da inauguração da nova capital, Bo Bardi fez a curadoria da primeira exposição em que incluiu objetos da cultura popular, a exposição na Bienal de São Paulo de 1959: Bahia no Ibirapuera. O contraste com a estética "rupturista" e "concretista" da época é total.

No texto de apresentação, Bo Bardi se refere ao problemático estatuto artístico dessa exposição: "Onde começa e acaba a arte? Quais são suas fronteiras? *Esta terra de ninguém* [...], este limite entre Arte e arte, é que sugeriu esta Exposição".[65] A mostra foi montada num amplo

64. Obviamente estou me referindo aqui a uma primeira etapa da cinematografia de Glauber Rocha, na qual ele elabora a ideia de "estética da fome" e dirige *Deus e o diabo na terra do sol*, filme em que se retrata a marcha dialético-teleológica da história. Para isso, baseio-me especialmente na interpretação de Ismail Xavier em seu capítulo "The Teleology of History. Black God, White Devil: Allegory and Prophecy" (Xavier, 1997, pp. 31-54). Numa fase posterior, Rocha modifica sua cinematografia a partir de uma revisão deste ponto. Gonzalo Aguilar diz o seguinte: "Glauber Rocha compreendeu que a sobredeterminação racional da consideração do povo, a ideia de que havia ali uma potência que podia ser dirigida politicamente para uma finalidade, era uma visão no fundo paternalista, que não podia pensar o elemento animal, o êxtase e a explosão de violência (que era um ato de justiça, mas ao mesmo tempo o ultrapassava como tal). Por isso aparecem esses anacronismos em *Antônio das Mortes*, que não estão em *Deus e o diabo...*" (Aguilar, 2015, p. 118).

65. Bo Bardi, 1959, p. 134.

espaço que o visitante tinha que atravessar: o chão estava coberto com folhas de eucalipto (*figura 5*) e havia divisórias articuladas com painéis elevados com pedestais montados por meio de grandes cubos brancos.

Esses painéis dividiam seções com diversos objetos de arte popular pendurados: estátuas de orixás, instrumentos musicais, colchas, objetos cerâmicos, redes, objetos do cotidiano feitos com material reciclado, pratos, utensílios de cozinha etc. Uma seção desses painéis foi dedicada às fotos de Pierre Verger, cujo tema principal era a presença africana na Bahia. Além disso, havia alguns pedestais contendo estátuas religiosas (ex-votos). A disposição dos painéis e dos objetos expostos desafiava a existência de uma ordem lógica no percurso, e a ambientação, com o chão coberto de folhas e algumas árvores artificiais feitas de papel e colocadas no meio do espaço, enfatizava o efeito experiencial que se procurava produzir.

Ou seja, não se tratava simplesmente de construir uma exposição visual, mas de gerar experiências sensoriais e uma espécie de arte "de situação"[66] ou, como ela diz, "ligada a uma vivência",[67] uma vez que incluíam-se elementos táteis, olfativos e de localização do corpo dentro do espaço museológico.

Esses deslocamentos na própria definição do artístico poderiam estar relacionados com o que Mário Pedrosa afirmou alguns anos depois em seu já clássico artigo "Arte ambiental, arte pós-moderna, Hélio Oiticica", de 1966, no qual aponta o fim de um período da história da arte. Segundo Pedrosa, a arte não pode mais ser avaliada sob os parâmetros do "moderno" (cujo exemplo máximo seria *Les demoiselles d'Avignon*), pois foi inaugurado um ciclo que ele chama de "pós-moderno" e que não deve ser entendido sob critérios rigorosos, estéticos, mas antes culturais. Nessa exposição de Bo Bardi já se percebe a mudança que Pedrosa identifica em Oiticica na direção de uma arte "ambiental" – segundo as formulações do próprio Oiticica – na qual o artista defenderá a arte feita fora dos museus e galerias e afirmará que "o museu é o mundo".[68] Poderíamos dizer até que se trata

66. Pedrosa, 1957, p. 206.
67. Bo Bardi, 1959, p. 134.
68. Hélio Oiticica, 1996, p. 104. Tanto Bishop (2005) quanto Veikos (2006) relacionam esse tipo de "arte ambiental" com o conceito de "instalação".

Figura 2: Exposição Bahia no Ibirapuera, 1959. Fotografia em gelatina de prata. Foto de Miroslav Javurek. Acervo Instituto Lina Bo e P.M Bardi. Na foto podem-se ver as árvores de papel.

de uma mudança na direção de uma arte "teatral" ou "performativa", na medida em que fala não só de gerar um ambiente, mas também de ligar a exposição a um espaço cênico:

> É um jeito de ser que se estende à maneira de olhar as coisas, de se mover, de apoiar o pé no chão, um modo não "estetizante", mas próximo da natureza, do "verdadeiro" humano. Não por mero acaso esta Exposição é apresentada por uma Escola de Teatro.[69]

A teatralidade da exposição procura então retirar sua carga "estetizante" na medida em que envolve a corporalidade do espectador na obra e lhe permite fazer um percurso que não está programado, estabelecendo relações próprias que retiram a centralidade do visual e da forma e

69. Bo Bardi, 1959, p. 134.

colocam-na em questões relacionadas à proximidade com a natureza e com algo que Bo Bardi qualifica como o "verdadeiramente" humano e que implica um vínculo com o material, o antropológico e o coletivo.

Isto é, ao visitante da exposição não se propõe que simplesmente olhe de fora para outra cultura, mas que "atue" e envolva seu próprio corpo ("uma maneira de olhar as coisas, de se mover, de apoiar o pé no chão") na exposição. O que se busca então é recriar teatralmente uma experiência e levar imaginariamente o espectador para outro lugar, propondo um percurso que abandone a linearidade e estimule a liberdade de fazer diferentes associações inesperadas. Um espectador "emancipado"[70] que seja capaz de interromper – com sua presença corporal e com a presença de objetos que até então não eram considerados "artísticos" – uma história estetizante e evolutiva. Entre uma arte com letra maiúscula e uma arte menor, existe um espaço intermediário – um intervalo –, o que Bo Bardi chama de "terra de ninguém", um espaço sem espaço; ou melhor, um tempo de encontro de tempos emaranhados: o lugar do menor.[71] É deste espaço intermediário que se faz ouvir esse grito que foi reprimido, que se manifesta a indigestão que "humaniza" a arte e a retira de seu lugar autônomo, uma vez que intervêm essas partes de um mundo outro que explodem uma lógica linear e "puramente ocidental" de evolução.

Sujeira transparente: um Atlas de cavaletes de cristal

Vários anos antes da exposição Nordeste na Bienal de São Paulo de 1959, na inauguração da primeira sede do Museu de Arte de São Paulo na rua Sete de Abril, em 1947, Bo Bardi já havia utilizado uma arquitetura curatorial semelhante na forma, que logo se tornaria ainda mais sofisticada com os "cavaletes de cristal", dispositivo de exposição que ela criou para a inauguração do acervo permanente (também chamado de pinacoteca) do Masp na avenida Paulista, em 1968. Enquanto cada um dos painéis didáticos de 1947 era composto por diversas obras, os

70. Rancière, 2014.

71. Para a noção de intervalo na arquitetura de Bo Bardi, ver Oliveira, 2006.

cavaletes de 1968 abrigam um único quadro. Ambos os dispositivos se caracterizam por retirar as obras das paredes e colocá-las em painéis ou em cavaletes no meio da sala, mas, no caso dos cavaletes, pode-se andar ao redor das pinturas e ver seu verso, onde estão incluídas as referências. Este procedimento pretendia permitir ao espectador fazer seu próprio julgamento artístico independentemente das sugestões dadas pelas informações sobre a obra e seu lugar no cânone artístico.[72] Ou seja, quando entra no espaço e o percorre em direção às obras de arte, o espectador não dispõe de qualquer informação que lhe permita distingui-las segundo uma cronologia, um tema, uma escola nacional ou um gênero. Não existe nenhum cartão lateral que permita sua identificação, de modo que o visitante pode fazer diferentes percursos e associações que quebrem as hierarquias estéticas.

Mas isso é possível sobretudo porque, ao retirar as obras das paredes, os cavaletes permitem romper com a sucessão linear e, portanto, com uma ordem lógica, geográfica e cronológica. Ao contrário do que acontece com as exposições de cultura popular, na pinacoteca do Masp estão expostas obras consagradas da cultura ocidental, por se tratar de um acervo permanente, no qual há uma variedade de estilos, épocas e tradições nacionais. No entanto, o dispositivo funciona da mesma forma que nas exposições anteriores, realizando uma sobreposição e uma montagem de obras e objetos díspares com o propósito de quebrar a linha evolutiva da arte e, portanto, com a ambição de desestetizar, desierarquizar e estimular associações anacrônicas para promover assim uma história da arte descolonizada e sem aura. Minando a noção de tempo cronológico e de história da arte evolutiva, pode se fazer o percurso de forma livre e não predeterminada por uma ordem linear e pelo lugar da obra no cânone. Dessa forma, um Manet pode conviver com um Victor Meirelles, incorrendo em associações entre geografias distantes e anacronismos que desestabilizam as categorias que regem a forma como a história da arte foi contada, recontando a

72. Segundo Alexander Gaiotto Miyoshi (2015), pode-se encontrar um embrião da ideia dos cavaletes de cristal num artigo de 1958 intitulado "Qual dos dois você escolheria?", publicado no *Diário de Notícias de Salvador*, no qual o leitor é levado a observar uma imagem para somente depois lhe dar informação sobre a obra, de modo que possa fazer um juízo do peso da tradição.

história a partir de outros começos e com outros propósitos. Os próprios conceitos de primitivo e civilizado perdem o sentido porque não há progresso linear. O passado coexiste com o presente e a Europa com a América num emaranhado de tempos e espaços.[73]

Figura 3: Cavaletes de cristal do Masp (Museu de Arte de São Paulo Assis Chateaubriand) com pinturas de Victor Meirelles (*Moema*, de 1866) e Édouard Manet (*O artista – retrato de Marcellin Desboutin*, 1875). Foto de Luz Horne.

73. Anelli o explica da seguinte forma: "A montagem das exposições pretendia que o contato repentino com vários séculos de arte europeia, aqui apresentado pela primeira vez em grande escala, gerasse uma nova perspectiva, contribuindo para o surgimento de uma nova cultura. Ao espectador era permitida a 'observação pura e despreparada', sem preconceitos que destacassem esta ou aquela obra de arte, evitando a reprodução automática dos valores sedimentados na Europa ao longo dos séculos. Os rótulos foram escondidos para permitir o julgamento espontâneo de um olhar inculto, sem vícios. Sem se distanciar da cultura erudita, Lina Bo manifesta seu interesse pelo primitivo e pelo popular, entendido como fonte pura de um novo começo" (Anelli, 2009). Neste artigo, encontra-se uma investigação detalhada sobre os antecedentes desse dispositivo em Bo Bardi.

Em um artigo publicado na revista *Habitat* em que trata do dispositivo da exposição didática, Bo Bardi descreve suas intenções para o que mais tarde viria a ser o projeto dos cavaletes:

> O fim do Museu é o de formar uma atmosfera, uma conduta apta a criar no visitante a forma mental adaptada à compreensão da obra de arte, e nesse sentido não se faz distinção entre uma obra de arte antiga e uma obra de arte moderna. No mesmo objetivo a obra de arte não é localizada segundo um critério cronológico mas apresentada quase propositadamente no sentido de produzir um choque que desperte reações de curiosidade e de investigação.[74]

O dispositivo dos cavaletes fazia parte de um plano museológico mais amplo que deveria ser didático, descolonizador e desauratizado. Porém, como se vê na citação acima, o objetivo "didático" proposto não é informar ou apresentar uma história da arte por etapas, mas provocar uma reação afetiva no espectador por meio da justaposição de imagens heterogêneas – "produzir um choque" – que desperte algo da ordem do desejo: curiosidade e vontade de investigar. Nesse ponto, é possível fazer uma analogia entre o dispositivo dos cavaletes como um todo, tomado como montagem, e o *Atlas Mnemosyne*, obra final e inacabada de Aby Warburg, composta entre 1924 e 1929. O *Atlas* consistia numa série de sessenta a setenta painéis, cada um dos quais combinando uma série de imagens em que apareciam motivos clássicos da história da arte, com seus reaparecimentos e transformações durante o Renascimento e na própria contemporaneidade de Warburg. O *Atlas* incluía imagens de vários tipos – mapas cosmológicos, imagens de mitos clássicos e obras-primas consagradas – em painéis móveis que Warburg montou, combinou e recombinou de modo a evitar uma associação linear e cronológica e a produzir, por justaposição, uma infinidade de associações e constelações diferentes.

Os painéis deviam ser acompanhados de comentários textuais e de uma introdução geral, mas Warburg nunca concluiu seu projeto e os textos permaneceram escritos de forma fragmentada. Para além do fato de que, como diz o próprio Warburg, o *Atlas* foi concebido para funcionar como um "inventário da cultura ocidental",[75] sua importância é maior,

74. Bo Bardi apud Ferraz, 1950, p. 46.
75. Warburg, 2010, p. 4.

Figura 4: *Atlas Mnemosyne*, painel 45, 1929. The Warburg Institute.

na medida em que implica uma teoria da imagem, segundo a afirmação de Didi-Huberman.[76] Em *Diante do tempo*, Didi-Huberman faz uma analogia entre o *Atlas Mnemosyne*, *O livro das passagens* e a montagem surrealista que bem poderia funcionar para os cavaletes de cristal de Bo Bardi: "A concepção inicial do *Livro das passagens*, em 1927-1929, é estritamente contemporânea de *Mnemosyne*, mas também das 'montagens de atrações' cinematográficas de Eisenstein ou das 'montagens de repulsões' surrealistas de Georges Bataille na revista *Documents*."[77]

Figura 5: Pinacoteca do Masp: cavaletes de cristal, 1968. Display original. Acervo Instituto Lina Bo e P.M Bardi.

76. Didi-Huberman, 2015.

77. Didi-Huberman, 2008, p. 144. Em entrevista sobre a reforma do Warburg Institut, em Londres, a arquiteta é questionada sobre a inspiração para o projeto do edifício, e ela responde citando os cavaletes de Bo Bardi, estabelecendo uma associação clara entre as duas "obras": "Quais são suas inspirações para o projeto atual? É desnecessário dizer que a Kulturwissenschaftliche Bibliothek Warburg, agora Warburg Haus em Hamburgo, tem sido um ponto de referência constante quando se pensa em como continuar o legado de Aby Warburg. Também temos grande respeito pelo arquiteto original do edifício, Charles Holden, e sempre nos perguntamos como ele poderia ter abordado esse projeto [...]. Também olhamos para o Museu de Arte de São Paulo, de Lina Bo Bardi, por sua inovação no espaço expositivo" (Flower, 2019).

O dispositivo dos cavaletes de cristal também pode ser pensado como uma teoria da imagem na medida em que, como diz o texto citado acima, busca uma forma de combinar imagens – pinturas, objetos, fotografias, esculturas e documentos – de forma que se produza "uma atmosfera" que gera "um comportamento capaz de criar no visitante uma *forma mental*" – isto é, um tipo de abordagem, uma metodologia – através da qual se pode compreender uma obra de arte mediante uma justaposição que habilita o anacronismo. Nesse sentido, os cavaletes constituem em si mesmos uma obra de arte. Trata-se, seguindo os parâmetros de Pedrosa, de uma obra de arte ambiental – ou o que mais tarde seria conhecido como "instalação" –, uma obra que nega que o distanciamento visual seja o centro da experiência artística.[78]

Em relação a isso, em artigo recente, Cristina Pontes Bonfiglioli relaciona os painéis didáticos e o dispositivo dos cavaletes de cristal com o *Atlas Mnemosyne* no que diz respeito à comparação icônica de ambos os dispositivos.[79] Porém, aqui gostaria de ir além da semelhança icônica para destacar o deslocamento epistemológico em relação à imagem que se propõe em ambos os casos e as consequências que isso tem no pensamento de Lina Bo Bardi sobre uma *teoria da imagem material*. Seus cavaletes seriam um momento conclusivo dos dispositivos anteriores desenvolvidos em suas exposições sobre cultura popular, mas, sobretudo, da concepção de temporalidade que ela desenvolveu naqueles anos, uma temporalidade que, como vimos, se associa a um modo de pensamento estranho ao ocidental e que está relacionada com uma atividade arqueológica, com uma recuperação de vestígios materiais e, portanto, com uma ideia de imagem como algo material. Como diz o próprio Warburg em seu texto introdutório, há um aspecto material do *Atlas* que não pode ser ignorado: "Entre 'capturar' com a

78. Pedrosa,1957. Para uma leitura do dispositivo dos cavaletes como precursor da arte da instalação ver o artigo de Veikos (2006) e Roger M. Buergel "O local de nascimento da arte de instalação" (Pedrosa e Proença, 2015).

79. Bonfiglioli, 2017.

fantasia e 'contemplar' através do conceito está o apalpar e o manipular o objeto."[80] Tanto no *Atlas* como nos cavaletes, a dimensão objetal da imagem é colocada em evidência e, o que no caso de Bo Bardi terá mais consequências, a obra de arte é concebida como objeto.

A designação dos cavaletes como cavaletes de "cristal" implica, como diz Adriano Pedrosa, uma licença poética, pois não se trata de cristal, mas de vidro.[81] A metáfora alude a uma transparência típica da forma abstrata, à possibilidade de ver e obter uma clareza quase cartesiana. Essa transparência é a mesma que rege a arquitetura moderna em seu auge e, claro, a construção de Brasília. Porém, no caso dos cavaletes, o cristal não mostra nada de imaculado ou aurático do outro lado. Com eles não se procura um formalismo, mas o que eles deixam ver é algo muito mais "concreto" – aliás, as bases dos cavaletes são de cimento, de concreto – e mais "humano", algo que até poderíamos dizer que é sujo. Isto é, a transparência do cristal desfaz o critério da transparência e, pelo contrário, enfatiza – novamente – uma opacidade. Se pensarmos num museu cheio de gente, ao passear entre os cavaletes a contemplação das obras não pode ser separada dos corpos dos demais visitantes que também partilham o mesmo espaço. Ou seja, os corpos dos espectadores passam a ser incorporados à própria obra, não podem ser isolados como quando as pinturas são penduradas na parede. A experiência de contemplar uma obra recortada do seu entorno não é mais possível. Por exemplo, se estamos olhando para uma obra pendurada num cavalete e alguém passa por trás dela, aparecem as pernas da pessoa que está do outro lado olhando para ela. A transparência cartesiana do vidro torna-se opaca, suja e até perturbadora.

Quando o dispositivo de exibição foi instalado, é claro, causou uma acalorada polêmica na qual muitos críticos e personalidades influentes expressaram seu descontentamento, mas permaneceu até 1996, quando foi substituído por paredes de gesso nas quais as pinturas foram penduradas até 2016, quando novamente foram reinstalados os cavaletes. Em um texto em que responde às reclamações de um senhor de classe alta sobre esse aparelho, Bo Bardi responde o seguinte:

80. Warburg, 2010, p. 5.
81. Pedrosa, 2016, p. 16.

> O senhor Tavares chora [...] insurgindo-se ofendido contra a apresentação dos quadros da pinacoteca do Museu de Arte de São Paulo e contra as senhoras e os senhores de Guarulhos, cujas pernas podem ser vistas debaixo dos quadros. O grito de revolta do senhor Tavares é o grito dos que se sentem defraudados de um dos privilégios mais tradicionalmente enraizados: o privilégio cultural. As pernas do senhor de Guarulhos, que acabam em pés mal calçados, ofendem a vista do senhor Júlio Tavares, a falta de atmosfera de "templo" para iniciados, a pinacoteca do Museu de Arte, atinge profundamente seu senso "estético" e sua altivez cultural.[82]

A visão de corpos parciais de espectadores por detrás das obras-primas da cultura universal implica, claro, uma provocação social e política, mas também de ordem estética, formal ou epistemológica. Ou melhor, liga essas duas esferas de forma indissociável, pois diz-nos que a desauratização do museu – sua abertura e democratização – não se realiza sem uma mudança na disposição espacial das obras ou – o que dá no mesmo – que *as imagens e sua disposição têm um impacto político.* Esta afirmação também é confirmada por outra das operações habilitadas por este dispositivo. Porque, além de mostrar os corpos e proporcionar essa transparência suja, a possibilidade de circundar os cavaletes e ver a pintura de frente e de trás permite ao visitante acessar informações sobre a pintura que beiram o sigilo. Além dos dados de referência, como título, autoria e data, no verso aparecem todos os dados que inserem a pintura no mercado artístico, como histórico de compras, vendas, preços e carimbos alfandegários que atestam sua circulação em diversas exposições. Não é algo que faça parte da obra de arte em si e quando os quadros são pendurados nas paredes permanece como algo misterioso, contribuindo para a auratização da obra. Já os cavaletes fazem com que o verso da pintura retorne à obra e passe a fazer parte dela, com que ele seja incluído na experiência artística. A revelação do reverso constitui um ato da ordem do sacrilégio.

A obra de arte, então, passa a ser considerada não apenas como uma obra de arte, mas como *um objeto* no qual se cristaliza um acúmulo de camadas históricas – manchas, danos nas molduras, marcas e anotações – que nos contam seu percurso até chegar lá. É algo que nada tem a ver com seu lugar na história da arte entendida com letra maiúscula, mas

82. Bo Bardi, 1970, p. 135.

com a vida da obra. É uma memória material que inclui coisas como o valor da pintura como objeto comercial e de circulação e, sobretudo, que[83] a mostra como resultado de uma máquina produtiva: "Retirar do Museu o ar de Igreja que exclui os iniciados, tirar das pinturas a *aura*; apresentar a obra de arte como um *trabalho*, altamente qualificado, mas trabalho."

Figura 6: Verso das telas. Foto de Luz Horne.

Tal como os objetos da cultura popular, a obra passa a ser considerada – para além do seu valor dentro da história da arte – como *um trabalho*. Nesta forma de pensar o objeto artístico, reconhecemos essa descrição do objeto da cultura popular como um conglomerado de sobrevivências, com suas camadas de tempos emaranhados que traçam uma biografia material. Assim, o dispositivo dos cavaletes, apesar de ter precedente em certas formas expositivas que Bo Bardi descobriu em seus

83. Bo Bardi, 1970, p. 135. (Destaque no original.)

anos italianos,[84] em sua forma final, em que adquire um significado descolonizador, desauratizante e político, é claramente efeito de sua teoria da imagem elaborada a partir da cultura popular em sua época baiana. O fragmento indigesto, corporal e material reaparece, interrompendo uma história linear e evolutiva, provocando um anacronismo e coletivizando o espaço estético. É assim que a raiz antropológica da arte se revela novamente no dispositivo dos cavaletes e é isso que Bo Bardi entenderá como a humanização da obra de arte e do museu, em que mostra, no reverso da pintura, algo menor. Aquilo que ela encontrou no objeto de arte popular e que, em última análise, permite revelar *o outro lado do cavalete*, um lado escuro e perturbador como as pernas de uma pessoa pobre de chinelos. É esta ênfase na materialidade do objeto artístico – da imagem – e em sua compreensão como obra coletiva que marca o significado fundamental daquilo que Bo Bardi chamará de arte "humana".

A continuidade da guerra: do monumento ao conforto

Em vários textos de Bo Bardi, retorna a ideia de humanizar o espaço expositivo do museu e gerar uma arte mais humana. No entanto, essa ideia não é transparente ou óbvia em seu significado, mas inclui várias discussões e pressupõe uma trama conceitual. Nestas seções finais do capítulo, gostaria de desenvolver o conceito de um *humanismo material e menor* em Bo Bardi. Para esta discussão, é necessário levar em consideração sua crítica simultânea em relação a duas frentes: por um lado, a um caminho marcado pelo consumo – o caminho da *finesse* e do design de *gadgets* – que, segundo sua perspectiva, implica desumanização. Por outro lado, a acusação relativa a uma abordagem condescendente e folclórica do que é popular, aquilo que ela chamou "humanismo literário" e que identificamos com uma mera representação temática sem mudança de estrutura: um multiculturalismo.

O primeiro significado que aparece associado ao conceito de "humano" e "humanização" em seus escritos está relacionado com o aspecto prático, utilitário e cotidiano da arte e da arquitetura. Esse apelo

84. Anelli, 2009.

a uma arte prática e cotidiana, que no texto de apresentação de Bahia no Ibirapuera foi associada a um espaço intermediário entre uma arte com letra maiúscula e outra com letra minúscula – uma terra de ninguém –, pode ser lido junto com outro texto contemporâneo à exposição, intitulado "Artes menores: notas para a criação de uma cadeira de desenho industrial".[85] Neste ensaio, Bo Bardi defende o design de objetos de uso cotidiano – uma arte considerada "menor" na história da arte – contra uma arte abstrata, desligada do humano. Considerando a forma como a história da Arte tem sido contada e a definição deste segmento da arte como "menor", ela se apropria do conceito e altera seu valor. O menor deve ter lugar não só na história da arte, mas também na arquitetura: "a Arte Prática por excelência: a Arquitetura".[86] Assim, propõe um conceito de beleza ligado ao útil e ao humano: uma estética menor.

> Um belo unido ao útil, ao modesto, ao antirretórico, ao cotidiano, como essencialmente se vê hoje na arquitetura moderna antimonumental. A orientação moderna da arte para o fragmentário, o modesto, o passageiro, o não eterno, está estreitamente ligada ao processo de humanização da arte.[87]

Em 1960, um ano após a inauguração de Brasília, Bo Bardi falou da necessidade de valorizar uma arte antimonumental e fragmentária, uma arte que se humaniza por sua praticidade e por seu caráter efêmero. Assim, além da ênfase no utilitário, no trecho citado acima aparece uma segunda característica dessas artes menores (que aparecem sempre no plural) e do que Bo Bardi entende por arte humana, que é o caráter efêmero e passageiro, sua falta de permanência no tempo, sua leveza. Isto, que poderia ser considerado algo negativo, adquire um valor positivo: não é um tipo de arte em que se procura eternizar o autor. As artes menores não estão vinculadas à consagração de uma figura individual, mas caracterizam-se – tal como na "literatura menor" concebida por Deleuze e Guattari – por serem *coletivas*. Não por acaso, como epígrafe do texto "Bahia no

85. Bo Bardi, 1960.
86. Id., p. 178.
87. Id., pp. 178-179.

Ibirapuera", Bo Bardi inclui uma citação do conde de Lautréamont em que se enfatiza a natureza coletiva da poesia: "La poésie doit être faite par tous, non par" (a poesia deve ser feita por todos, não por um).

Com efeito, essa ruptura na noção de arte como arte individual, privada, autoral e burguesa tem sua base teórica – já que voltamos ao mesmo ponto de antes: ao núcleo inconsciente, material e sintomático – na formação surrealista de Bo Bardi, e é a partir deste ponto que o movimento popular passa a operar como "arte menor". A arte popular, então, subverte as categorias da história da arte entendida com letra maiúscula e altera o estatuto político da arte em geral e da arquitetura, uma vez que se constitui como uma arte coletiva. Após a epígrafe de Lautréamont, o texto da exposição começa assim: "Aquilo que geralmente se define como 'arte popular', 'folklore', 'arte primitiva' ou 'espontânea' implica, ainda que tacitamente, numa classificação da arte que, excluindo o homem, considera a arte mesma como algo individual, atividade abstrata, privilégio."[88]

Quer dizer, uma arte coletiva ou menor é classificada como arte "popular", "primitiva" ou "folclórica" porque está em jogo uma definição de arte como uma manifestação individual, mas esta definição exclui o humano. Contrariamente a isto e às categorias de originalidade e permanência, as artes menores subvertem esses parâmetros pela ênfase na coletividade e na humanização do espaço estético, o que implica a procura da *raiz antropológica* e material do estético.[89]

Pois bem, nessa recuperação de uma arte menor, utilitária, coletiva e fragmentária há evidentemente um contexto histórico importante a se considerar: a arte baseada no gratuito, na "mera fantasia" ou na pura ideia de beleza e de autoria individual resultou no fascismo. É também por essa razão que o questionamento dos limites da estética não tem o mesmo significado que tinha na vanguarda do período entreguerras. As fronteiras da estética exigem ampliação, é preciso dotá-las

88. Bo Bardi, 1959, p. 134.

89. Bo Bardi é clara em relação à alternativa. Ao falar de duas possibilidades para uma Escola de Belas Artes, ela apresenta duas opções: "uma verdadeira Escola, ligada aos problemas das Artes Brasileiras sobre bases antropológicas e não sobre as meras bases 'gratuitas' das Artes Plásticas" (Bo Bardi, 1965, p. 179). O mesmo se traduz em arquitetura: "Comer, sentar, falar, andar, ficar sentado tomando um pouquinho de sol... a arquitetura não é somente uma utopia, mas um meio para se alcançarem certos resultados coletivos" (apud Grinover, 2010, p. 187).

de elasticidade, porque essas fronteiras estéticas representam limites reais e violentos. Bo Bardi afirma isso de forma muito benjaminiana: "as fronteiras estéticas são o campo de concentração da civilização ocidental."[90] Deixar emergir o que está reprimido, esse fragmento que se manifesta como o "pior" da história, não é mais uma operação puramente formal, mas "uma urgência [que] não pode mais esperar".[91] Perante uma arte aurática, autônoma, monumental, individual e eterna – uma arte entendida com A maiúsculo – é necessário esticar os limites da estética para permitir a passagem a uma materialidade que luta para emergir e que tem como consequência uma humanização desse espaço: "A liberdade do artista sempre foi individual, mas a verdadeira liberdade só pode ser coletiva."[92] A partir desse fragmento cultural "indigesto" em que o artístico e o antropológico convergem – ou se "fundem" –, emerge uma arte efêmera, coletiva, menor, utilitária, prática: a arte humanizada. Dessa forma, o humanismo aparece sempre para Bo Bardi ligado ao não gratuito, ao cotidiano, ao corpóreo, ao afetivo e ao prático; e a mudança produzida pela intervenção desse aspecto não sublime na esfera estética, segundo ela, deve afetar não só a "arte", mas também os objetos estéticos e de design que rodeiam a vida cotidiana:

> A guerra destruiu o mito dos "monumentos". Também, na casa, os móveis monumentos não devem existir mais, também eles, em parte, entram na causa das guerras; os móveis devem "servir", as cadeiras para sentar, as mesas para comer, as poltronas para ler e repousar, as camas para dormir, e a casa assim não será um lar eterno e terrível, mas uma aliada do homem, ágil e serviçal, e que pode, como o homem, morrer.[93]

Em artigo bem posterior – "O projeto arquitetônico", de 1986 –, quando a encruzilhada que se abriu na época baiana parecia ter se fechado e o futuro da grossura parece ter sido enclausurado, Bo Bardi analisa o projeto de uma de suas últimas obras, o Sesc Pompeia, em São Paulo, como exemplo de "arquitetura pobre".[94] Como ela diz, esse tipo de arquitetura

90. Bo Bardi, 1980d, p. 16.
91. Bo Bardi, 1980a, p. 12.
92. Bo Bardi, 1976, p. 138.
93. Bo Bardi, 1947b, p. 67.
94. Bo Bardi, 1986, p. 149.

opõe duas formas diferentes de pensar a arquitetura que parecem contraditórias, mas que são, na verdade, complementares: o culto moderno e fascista dos monumentos e a "retromania" da arquitetura pós-moderna.

> É história velha. Estão voltando os arcos e as colunas do nazifascismo. A história tomada como Monumento e não como Documento (Michel Foucault: "L'Histoire est ce qui transforme des documents en monuments"). É justamente o contrário: A história é aquilo que transforma os Monumentos em Documentos. Claro que Monumentos não se refere somente a uma obra de arquitetura, mas também às "ações coletivas" de grandes arranques sociais.[95]

Nesta citação, o conceito de "monumento" funciona em vários sentidos. Em primeiro lugar, no sentido específico da arquitetura monumental e heroica associada ao fascismo europeu. O gesto do "pós-modernismo" em sua "retromania" é, por um lado, imitar acriticamente os monumentos fascistas do passado (arcos e colunas), mas, por outro, "monumentalizar" a história, tratá-la com reverência e seguir uma ideia unidirecional de recuperação do passado, como se fosse um caminho linear de influência. O pós-modernismo "confunde o verdadeiro significado da história, à medida que o duvidoso retorna ao historicismo",[96] e, ao fazê-lo, adere a uma forma estetizante e aurática de pensar a história da arte e da arquitetura, na medida em que retorna de forma acrítica e puramente imitativa das formas. Em contraste com esta concepção de história, há outra, na qual está o esforço de Bo Bardi de criar uma "arquitetura pobre", em que não apenas se evita o regresso acrítico ao passado para recuperar um tipo de construção – a monumentalidade – que tem demonstrado sua aliança com a guerra, como também, no gesto de regresso ao passado – no "verdadeiro sentido da história" –, não o monumentaliza, não o reverencia, não o estetiza, pelo contrário, transforma-o em documento.

Neste texto, através de sua compreensão do "pós-moderno", sublinha-se uma continuidade entre o fascismo e a sociedade de consumo, entre uma estética monumental e uma estética que ela chama de "conforto",[97] que é equiparada ao caminho da *finesse* relacionada ao design de *gadgets*

95. Bo Bardi, 1986, p. 150.
96. Bo Bardi, p. 151.
97. Bo Bardi, 1986, p. 152.

e produtos de consumo de que ela falou na encruzilhada da história e às possibilidades de caminhos futuros que se apresentaram nas décadas de 1950 e 1960. Um pouco mais tarde, ela diz isso explicitamente:

> Conclusão: estamos ainda sob o céu cinzento do pós-guerra. "*Tout est permis. Dieu n'existe pas.*" Mas o que existiu de verdade foi a guerra, que ainda continua, como continuam as grandes resistências.[98]

Da mesma forma que Pasolini, Bo Bardi observa uma continuidade entre o fascismo e o traço totalitário do capitalismo: ainda estamos sob o céu cinzento do pós-guerra. O caminho da *finesse* e da arquitetura que a acompanha – uma arquitetura baseada no consumo e na visão acrítica da história (um historicismo) – implica um tipo de estética: a estética do conforto. Ela o expressa em seu sentimento de horror face ao ar-condicionado e aos tapetes e relaciona-o – tal como aconteceu com o desaparecimento dos vaga-lumes de Pasolini – com o desaparecimento do humano: uma desumanização. A guerra continua funcionando transmutada numa estética individual e desumana e numa destruição do mundo que Bo Bardi começa a nomear como meio ambiente.

Neste ponto, o acento ecológico da metáfora de Pasolini junta-se ao diagnóstico bobardiano num nó de significados que nos remete a nosso próprio presente. Mas, ao contrário de Pasolini, que via na morte dos vaga-lumes uma morte absoluta do humano, Bo Bardi encontra – como o menino do conto de Guimarães Rosa – não apenas uma continuidade para a guerra, mas também para a resistência. Esses vestígios, esses restos, esses fios e pedaços de lixo que voltam, e que *sobrevivem de forma desesperada*, acendem a possibilidade de uma acusação. De certa forma, o caminho que Bo Bardi traça em sua experiência baiana – com a encruzilhada aberta entre "a finesse" e uma "arquitetura pobre" e espessa, em que a montagem permite sobrepor diversas camadas de temporalidades e anacronizar o tempo – implica uma resistência em acordo com as "artes menores", que serão também uma forma de pensar a história, de conceber o humano e de habitar o mundo.

98. Bo Bardi, 1986, p. 151.

Habitar as zonas cinzentas: como viver junto para além do antropocentrismo

Nos ensaios tardios de Bo Bardi, a arquitetura pobre começa a ser relacionada com outro conceito: o de arquitetura e planejamento ambiental. Na verdade, a obra escrita de Lina Bo Bardi anuncia uma consciência explícita da preocupação com o meio ambiente. Mas, se tomarmos o conceito de "ambiental" como fizemos para analisar suas exposições no Nordeste, ou seja, do conglomerado de tempos do objeto da cultura popular extrapolado para uma exposição não linear e não evolutiva, podemos traçar uma linha que vai desde seus anos baianos, passando pelo dispositivo dos cavaletes, até seus escritos sobre arquitetura "ambiental" e suas exposições na década de 1980 no Sesc Pompeia.

Para além das possibilidades que a reciclagem oferece como princípio construtivo – algo que, como fica claro pelo que foi sugerido até aqui, Bo Bardi percebeu desde cedo e que sem dúvida tem valor inestimável –, interessa aqui sair do ponto de vista das obras em si mesmas como arquitetura ou arte sustentável para pensar nas consequências que esse princípio construtivo tem em sua obra do ponto de vista filosófico, como antecipatório de um pós-humanismo, um humanismo material e menor, que implica uma forma diferente de pensar a relação da humanidade com o mundo, outra forma de habitá-lo.[99] Assim, sua teoria da imagem como imagem material – do surrealismo ao nó de temporalidades que constitui o objeto da cultura popular – implica não apenas uma visão crítica dos princípios do humanismo europeu como "humanismo literário" – exotismo ou folclore –, mas também, como se viu em suas últimas exposições, do antropocentrismo.

No início da década de 1980, quando acabava de ser concluída a obra arquitetônica do Sesc Pompeia, um centro de cultura e lazer que ela mesma dirigiu, Bo Bardi realizou diversas exposições temáticas ali. Os títulos das exposições retomam o popular e o associam a outras dimensões que remetem a um início surrealista: Design no Brasil: História e Realidade

99. Nos últimos anos houve um resgate da arquitetura bobardiana como uma arquitetura sustentável e preocupada com o meio ambiente, desde o livro *Lina sustentável* (2016) até alguns artigos individuais, como "Lina Bo Bardi y el suburbio", de Costa Cabral (2019).

(1982), O Belo e o Direito ao Feio (1982), Mil Brinquedos para Crianças Brasileiras (1983), Caipiras, Capiaus: Pau-a-Pique (1984), e Entreato para Crianças (1985). Essas exposições estão ligadas ao projeto do Sesc e à ideia de "arquitetura pobre" que o próprio edifício encarna, porque de alguma forma elas representam uma resistência àquela continuidade de guerra que Bo Bardi via na estética do conforto e do consumo. As exposições incorporam uma ideia de humanidade que confronta a desumanização produzida pelo *gadget*, o caminho de progresso percorrido pelo Ocidente.

Desde O Belo e o Direito ao Feio (1982) – em cujo título já se percebe a presença da feiura como interrupção do esteticismo –, em todas as exposições trata-se de trazer à luz um aspecto que está ligado a esses restos e fiapos da cultura popular nordestina – aquela negatividade – e que se opõe à arte com letra maiúscula, ao monumento e à continuidade da guerra no conforto: o aproveitamento do lixo; o passo que faz barulho ao arrastar as folhas de eucalipto colocadas no chão da Bienal de São Paulo de 1959; o aparecimento das pernas do homem de chinelo atrás dos cavaletes; a revelação das marcas materiais por trás das pinturas e a incorporação desta "obra" na experiência estética. Em suma, é uma intervenção do cotidiano, do prático, do coletivo, do material, do feio, do sujo, do minúsculo ou do sintomático que quebra a história da arte evolutiva e que nessas exposições também aparecerá relacionada com o jogo, com a fantasia infantil, e quebrando – além de um humanismo "literário" e moderno – um humanismo antropocêntrico através da inclusão do animal dentro da própria definição do humano.

Entreato para Crianças foi uma exposição que focou na relação das crianças com os animais ou, mais precisamente, com os bichos, como ela os chama. Na entrada da exposição havia esculturas de animais de dimensões enormes, completamente fora da escala natural, enfatizando um modo de percepção relacionado à fantasia infantil e distorcendo qualquer tipo de representação realista. Assim como na exposição Bahia no Ibirapuera, o objetivo não era criar uma exposição simplesmente visual, pois essas esculturas não foram colocadas como objetos a serem observados: as crianças podiam brincar com elas e subir, entrar nas esculturas, escalá-las e atravessá-las. No croqui da exposição, Bo Bardi refere-se a essas esculturas como "grandes bichos praticáveis", de modo que o aspecto teatral que esteve presente em Bahia no Ibirapuera reaparece aqui através do lúdico e do prático.

Figura 7: Exposição Entreato para Crianças, no Sesc Pompeia, 27 de dezembro de 1984. Autoria de Lina Bo Bardi. Acervo Instituto Lina Bo e P.M. Bardi.

De lá, as crianças iam para uma piscina de papel e para um pagode construído em madeira pintada de vermelho. No croqui, Bo Bardi refere-se a este "pagode" como um local japonês onde meninos e meninas podiam expor seus trabalhos enquanto outros atuavam como espectadores.[100] Toda a exposição era povoada de brinquedos de animais de diferentes tamanhos e, como este traço da fantasia infantil também procurava abordar uma questão científica – o texto da exposição diz que se pretendia ligar "a ciência à fantasia" –, não só havia bichos-brinquedos, mas numa parede lateral estavam expostos animais embalsamados e um "insetário" com o nome científico e descrições físicas de cada animal e de

100. "Rampa e Pagodinha japonesa para exibições de crianças (discursos, debate, sanfona, violão, etc)" (Citado por Mayra Rodrigues, 2008, p. 113).

cada família de insetos. Além disso, na parede do fundo havia algo verdadeiramente extraordinário para uma exposição num centro cultural: um "baratário": vários contêineres com uma quantidade enorme de baratas vivas. A presença de criaturas vivas na exposição introduz outra camada no significado daquilo que em exposições anteriores envolvia "humanizar" o espaço estético, estendendo o conceito de "humano" para outras espécies, para o animal. No texto de introdução à exposição, Bo Bardi diz:

> Esta Exposição é apenas o barulhinho de uma engrenagem que inicia um movimento, um pequeno convite à ciência e à fantasia. É um convite também à terrível lógica das crianças, que tanto se aproxima do rigor científico. Mas tudo isto é outra história. Importante: os brutos não falam, isto é, é difícil entendê-los. Mas além dos bichos amigos (o *Pet* dos ingleses) há bichos vagabundos visíveis ou quase invisíveis, os bichos caseiros, aranhas, baratas, besourinhos, ratinhos, todos eles estrelando a casa na espera da bomba do pesticida. Está claro (ou não está claro) que existem (ou podem existir) zonas "cinzentas", isto é, intermediárias entre o branco e o preto, zonas que permitem a convivência, o respeito e a atenção, que não permitem que as formigas sejam pisadas, as baratas achatadas a esmo, bichinhos gentis mortos de uma mãozada, assim como flores amassadas na planta, galhinhos desfolhados por um interlocutor ou conservador distraído. Esta Exposição é também uma chamada para a Imaginária Brasileira, isto é, a ligação do povo brasileiro com os Bichos.[101]

Bo Bardi destaca o sentido lúdico da exposição, uma aproximação entre a lógica infantil e a lógica científica, bem como uma aproximação entre o povo – a "Imaginária Brasileira" – e os bichos. A exposição reúne numa mesma constelação toda aquela multiplicidade que historicamente foi excluída do humano – povo, crianças, animais – para colocá-la num espaço – numa arquitetura – cuja característica principal é a fluidez. Zonas cinzentas: intervalo em que a coexistência de humanos e não humanos se torna possível. Retornamos então ao *transbordamento* que aconteceu com a criança do conto de Guimarães Rosa quando ela encontrou lugar para sua imaginação e ultrapassou seus próprios limites corporais. Voltamos também àquela "terra de ninguém" que estava repleta de objetos da cultura popular e que ocupava o interstício entre uma arte escrita com letra minúscula e outra com letra maiúscula. Um espaço onde se

101. Bo Bardi, 1985, p. 246.

empilham vários espaços e um tempo que alberga muitos tempos; uma zona em que "o outro" – seja ele material, vegetal, humano ou animal – não apenas interrompe uma história estetizante da arte ou um caminho para um suposto progresso, mas também explora os limites do humano e o distancia do seu centro *antropo*, do antropocêntrico.

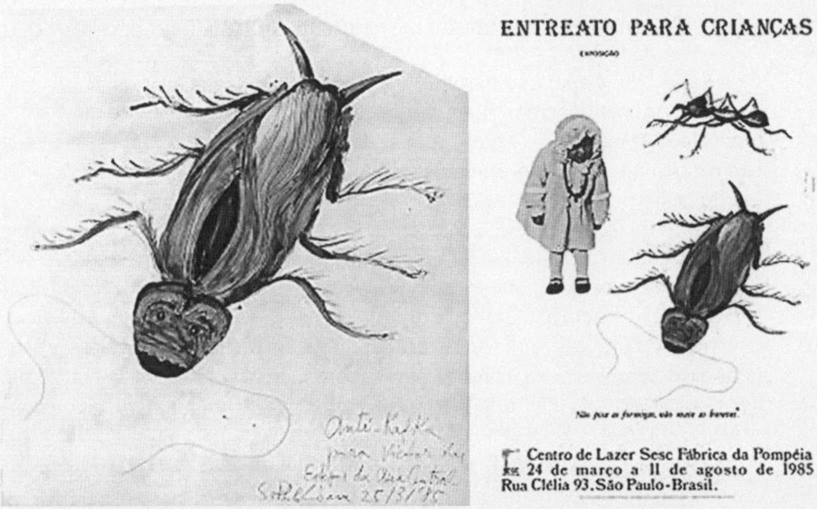

Figura 8: Pôster da exposição Entreato para Crianças, Sesc Pompeia, 1985. Autoria de Lina Bo Bardi. Acervo Instituto Lina Bo e P.M Bardi.

No cartaz de divulgação da exposição, três imagens resumem seu significado: uma foto da própria Lina Bo Bardi quando criança, um desenho de uma formiga e outro de uma barata. Abaixo dessas três imagens a legenda: "Não pise nas formigas, não mate as baratas". No cartaz, lê-se uma nota sobre Kafka escrita à mão pela própria Bo Bardi – aliás, uma interpretação não necessariamente precisa da *Metamorfose* – que alude à exposição:

> Se Kafka tivesse pensado melhor teria tido uma ocasião para entrar no mundo verdadeiro e não no mundo solitário e isolado dos homens; acordar barata é uma advertência e não um rebaixamento. Não pise nas formigas, não mate as baratas, contra-Kafka.[102]

102. Bo Bardi, 1985, p. 248. Os organizadores da exposição de arquitetura para a 9ª Mostra de Arquitetura da Bienal de Veneza, em 2004, ampliam a reflexão de Bo Bardi contra a ideia kafkiana

Este espaço de convívio, esta margem, este limiar é, para Bo Bardi, onde ocorre o habitar.[103] Um habitar que não se refere mais apenas ao espaço doméstico ou ao espaço urbano, mas amplia a definição de arquitetura para propor a construção de um espaço para habitar o mundo. É a experiência estética – a imagem material – que permite complicar as bordas, borrar os limites e criar zonas cinzentas como espaços habitáveis. A arquitetura se torna uma arquitetura do mundo. Trata-se da construção de um local fluido que já se adivinhava na encruzilhada onde entrava aquele fragmento espesso de história; aquela materialidade residual, sobrevivente, descartável e menor. Ao dar um lugar à sobrevivência e ao que é residual, e ao olhar para trás na história, eles também mudam o signo do que é um objeto e do que é um sujeito para encontrar um lugar em que o humano não pode mais ser definido de modo humanista. A materialidade da imagem, essa ênfase num fora do "humano" num sentido moderno, leva Bo Bardi a operar um deslocamento em sua ideia sobre o que é o humanismo. O "outro", que era uma presença material e popular, torna-se aqui animal – o bicho – para "pós-humanizar" o espaço expositivo e se tornar contemporâneo. Uma arquitetura que expande e amplia seus limites disciplinares para projetar um espaço em que o arquitetônico toca o antropológico (já que a definição da espécie humana é ampliada), o ético (já que se torna espaço de convívio e responde à questão de como conviver) e o político.

Uns anos antes da construção de Brasília e de Guimarães Rosa escrever o conto "As margens da alegria" (1962), Bo Bardi – que muito provavelmente tinha lido Pasolini – encontra e coloca em sua coleção um objeto de cultura popular que sintetiza o percurso. É um objeto

de que acordar transformado em inseto é algo repulsivo e angustiante e falam sobre a ideia do direito à cidadania das baratas: "Consideramos importante a presença da bicharada brasileira no imaginário de Lina. Essa é vista como um caldo cultural no qual também as formigas e as baratas tinham direito à cidadania. 'Não pise nas formigas, não mate as baratas – contra Kafka.' Já no novo mundo, a atitude 'contra Kafka' de Lina diz respeito a livrar-se do medo da natureza, mas também a libertar-se do drama europeu, sobretudo centro-europeu, do medo de acordar transformada em barata, sofrendo a imposição de um estado de indignidade. Nos brinquedos e nas esculturas nos quais toma forma a bicharada brasileira há um universo de fábulas" (Rodrigues, 2008, p. 109).

103. Olivia de Oliveira analisa em profundidade esse espaço em sua arquitetura e afirma que é justamente nos limiares que o tempo colapsa e nos intervalos que sua arquitetura é acolhida (Oliveira, 2006, p. 265).

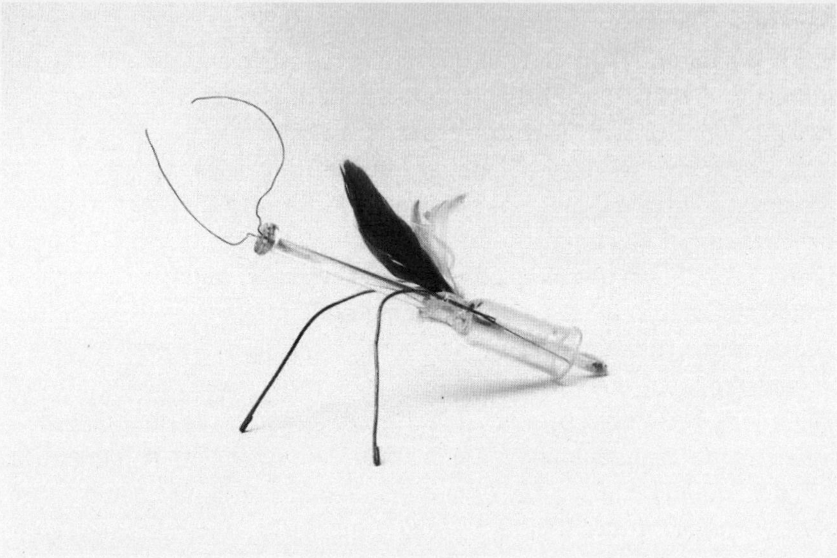

Figura 9: Inseto, Lina Bo Bardi. Acervo Ding Musa. Autorizado pelo Acervo Instituto Lina Bo e P.M. Bardi.

montagem feito de lixo e que, portanto, resiste à monumentalidade, ao conforto dos tapetes e dos aparelhos de ar-condicionado. Um objeto que resiste à guerra. Ela o chama de inseto, mas ele é feito com uma lâmpada elétrica, arame e penas verdes de algum pássaro tropical, como aqueles que o menino do conto encontrou nos fundos da casa do tio. É, então, um inseto que se ilumina: um vaga-lume. Um objeto que possui uma eletricidade vital: uma vida que acende e ilumina o futuro de forma coletiva e vacilante; um futuro material, coletivo e menor.

Capítulo 3

A palavra enquanto coisa e a alegria coletiva

O cinema de Eduardo Coutinho como projeto filosófico

> Os filósofos que especularam sobre o significado da vida e o destino do homem não perceberam suficientemente que a natureza se deu ao trabalho de nos informar sobre si mesma. Ela nos avisa com um sinal preciso que chegamos ao nosso destino. Esse sinal é a alegria. Eu digo alegria, não digo prazer. O prazer é apenas um artifício imaginado pela natureza para obter do ser vivente a preservação da vida; ele não indica a direção em que a vida está sendo lançada. Mas a alegria sempre anuncia que a vida triunfou, que ganhou terreno, que conquistou uma vitória: toda grande alegria tem um acento triunfal. Ora, se levarmos em conta essa indicação e se seguirmos essa nova linha de fatos, descobriremos que, onde quer que haja alegria, há criação: quanto mais rica a criação, mais profunda a alegria.
>
> HENRI BERGSON

> O processo de narrar uma história de vida como se fosse de saída uma ação política.
>
> ADRIANA CAVARERO

Boca de lixo, de 1992, filmado a quarenta quilômetros do Rio de Janeiro no lixão de São Gonçalo, onde moram e trabalham milhares de pessoas, começa com um primeiro plano de um chão coberto de lixo. De muito perto, a câmera percorre rejeitos irreconhecíveis individualmente: não é possível identificar nenhum objeto, só uma massa indiferenciada de detritos que oferece uma imagem abstrata. Se não fosse o título do filme, que nos situa, só quando a câmera sobe e começa a focar nos vários animais que ali se alimentam – um porco, urubus, um cachorro e um cavalo raquítico – poderíamos perceber onde estamos. A paisagem é pós-apocalíptica ou, como diz Consuelo Lins, de ficção científica.[1] Os vapores da decomposição que sobem com a câmera em direção ao céu delatam o caráter orgânico dos resíduos. Por detrás da emanação – como se fosse um filtro natural – vemos uma imagem reconhecível, porém embaçada, do Corcovado e, no cume, o Cristo Redentor.

Figura 10: Imagem do Corcovado embaçada pelos vapores do lixo. Fotograma do filme *Boca de lixo*. Cecip (Centro de Criação de Imagem Popular).

Surge um cartão-postal sinistro do Rio de Janeiro, onde o esperado sol, a verde exuberância e o mar azul estão ausentes e cuja tranquilidade é interrompida por uma mudança abrupta de plano e um uivo quase animalesco. Um plano curto da traseira de um caminhão de lixo coincide com o grito de um homem que avisa que o lixo está prestes a cair. A partir desse momento, milhares de vozes se superpõem e, por trás do chorume que cai como chuva do caminhão, vemos homens, mulheres, meninos e meninas se empurrando numa luta animal para alcançar e pegar aquilo que cai. Seguem-se imagens de corpos parciais levantando restos de comida (mãos agarram uma batata, uma alface).

1. Lins, 2004.

Figura 11: Pessoas catando lixo no momento da chegada do caminhão. Fotograma do filme *Boca de lixo*. Cecip (Centro de Criação de Imagem Popular).

Seguindo os passos de Glauber Rocha, a fome é um dos eixos centrais que marcam o desenvolvimento desse filme. Poucos anos depois de Bo Bardi buscar um "caminho pobre", tomando o objeto da cultura popular como modelo de construção a partir da montagem de materiais descartados e como alternativa estética e política tanto a uma cultura do consumo quanto a uma perspectiva folclórica sobre a cultura popular; o ensaio de Rocha "Estética da fome", de 1965, pronunciava-se contra a perspectiva condescendente daqueles que – olhando de fora – cultivam o "sabor dessa miséria". O paralelo entre as duas propostas nos leva a pensar que a formação do jovem Glauber na vanguarda baiana foi frutífera.[2] Alguns anos depois, ele passou a rodar seus filmes a partir de uma nova estética da fome, tecnicamente despojada e pobre, entendida como ferramenta de crítica à imagem cinematográfica estetizada, ao cinema de massa e ao espetáculo. Entender o cinema de Coutinho como

2. Para uma discussão mais detida sobre o desenvolvimento do cinema brasileiro durante a chamada "vanguarda baiana", é imprescindível o capítulo "Religiões afro-brasileiras e o renascimento baiano (1962-1963)", de Robert Stam, 2008.

uma continuação da estética da fome de Glauber Rocha, concebida a partir de suas raízes bobardianas, nos permite estabelecer um diálogo imaginário entre Coutinho e Bo Bardi – ou entre o cinema documental e a arquitetura das imagens, uma arquitetura pobre – através de um fio condutor comum: a construção de uma "imagem lixo".

Tal como o Cinema Novo marcou um antes e um depois na reflexão sobre as ligações entre estética e política no cinema latino-americano, neste capítulo proponho que a filmografia de Coutinho também deve ser lida como marco de uma virada decisiva nesse debate. Ao longo de sua filmografia, o cineasta explorou diversas comunidades pobres que vivem em situação de marginalidade ou exclusão, em favelas ou em lugares miseráveis. No entanto, *Boca de lixo* é talvez o filme em que o desafio ético é maior, uma vez que, por ser filmado num lixão, evidencia o grau de marginalidade dos que lá vivem e, ao mesmo tempo, a cumplicidade com essa marginalidade por parte de uma sociedade capitalista baseada no consumo. Mas esse é apenas um dos múltiplos significados que o lixo pode assumir, e Coutinho certamente não é o primeiro a abordá-lo como tema nem a adotar uma "estética do lixo" no cinema brasileiro. De acordo com a já clássica periodização do Cinema Novo feita por Randal Johnson e Robert Stam, a partir de 1968 houve uma cisão em dois grupos distintos.[3] Um processo marcado por diversos fatores que convergiram nesse momento, como o impacto produzido pelo lançamento de *Terra em transe*, de Glauber Rocha, em 1964, e a consequente crise do populismo, o surgimento do Tropicalismo e, por fim, o endurecimento da censura e da repressão pela ditadura após o AI-5. Assim, formaram-se dois grupos. De um lado, um grupo tropicalista que buscava atingir uma audiência maior e no qual, segundo a leitura de Ismail Xavier do período, ainda se mantinha uma perspectiva teleológica, uma intenção pedagógica e uma estrutura narrativa fechada em termos de interpretação da realidade nacional (exemplos dessa tendência são, ainda segundo Xavier, os filmes *Macunaíma*, de Joaquim Pedro de Andrade, e *Antonio das Mortes*, de Glauber Rocha). De outro lado, surge o grupo denominado Udigrudi

3. Johnson e Stam, 1982.

– cinema *underground* ou marginal –, que não se resignava a adaptar seus filmes a uma audiência mais ampla e que utilizava uma estética "suja" ou "do lixo" como forma de questionar uma narrativa teleológica.[4]

No documentário de Coutinho, o lixo também é recuperado como um princípio construtivo para apresentar uma imagem da pobreza que não se enquadre numa narrativa pedagógica com uma teleologia revolucionária. Já no título, é feita uma referência ao cinema marginal e à *estética do lixo*, uma vez que a expressão *boca do lixo* remete à zona de São Paulo onde eram produzidos os filmes Udigrudi, assim chamada por oposição ao bairro de classe alta, a "boca do luxo".[5] É claro que o título também faz uma referência óbvia à "estética da fome", na medida em que alude à boca que come esse lixo porque não tem outra coisa para comer. Além disso, essa estética é recuperada porque a fome não é apenas trabalhada como tema, mas também na forma como ela é tratada estética e tecnicamente na construção de uma imagem austera e afastada do espetacular.

Por outro lado, a oposição luxo e lixo tem sido visitada na cultura brasileira não apenas no cinema, mas também em diversas manifestações artísticas desde a década de 1970 até os dias atuais. Em 1974, a artista Regina Vater realizou um trabalho fotográfico e um vídeo chamado LUXOLIXO, no qual contrapôs fotos de lixo de diferentes bairros com a ideia de mostrar o contraste social, de classe.[6] Também na década de 1970, Clarice Lispector reagiu a uma crítica negativa a seu romance *A via crucis do corpo*, de 1974, que o qualificava como literatura de "lixo", apropriando-se do conceito e chamando a fase literária que atravessava de "a hora do lixo", em oposição à "hora do luxo", e tomando a ideia do lixo, do baixo e do abjeto – características que se condensam numa escrita que anseia pôr em evidência a materialidade da palavra – como parte constituinte de seu projeto literário.[7]

4. Ismail Xavier (1997) coloca O *bandido da luz vermelha*, filme de Rogerio Sganzerla, como ponto-chave para a passagem de uma "estética da fome" para uma "estética do lixo".

5. Stam, 2003, p. 43.

6. O trabalho audiovisual pode ser visto em: https://www.youtube.com/watch?v=rERXIIGIw90 (acesso em: 30 out. 2024). Para uma crítica desse trabalho, ver Cavalcanti, 1975, "Luxo-Lixo ou la pratique socio-artistique de Regina Vater".

7. Ver Italo Moriconi, 2012.

Desde então, e com um ímpeto crescente, o lixo tornou-se uma metáfora privilegiada para a aproximação de vários problemas contemporâneos, na medida em que oferece uma imagem sintética e gráfica da falência do modelo capitalista, industrial e extrativista em seus dois sentidos privilegiados. Em primeiro lugar, mostra-nos a derrota social desse modelo, dado que põe em evidência a extrema desigualdade social, a pobreza, o abandono social e a precariedade daqueles que estão reduzidos a viver no lixo e do lixo, esse espaço promíscuo, onde ricos e pobres estão conectados através dos restos de uns e do alimento de outros. Em segundo lugar, o lixo torna-se o lugar por excelência do desastre ecológico e do esgotamento do modelo extrativista e, ao mesmo tempo, o lugar a partir do qual se poderia reconstituir, através da reciclagem, um modelo de produção alternativo e sustentável. Recuperando muitos desses problemas, nas últimas décadas surgiram muitas obras literárias, cinematográficas ou de artes visuais que trabalham o tema do lixo e a figura do catador ou do *scavenger*.[8]

O caso da *Boca de lixo* é peculiar. Embora o filme entre no lixão com uma primeira cena brutal e crua, termina de uma forma completamente diferente, com uma cena comunitária em que o espectador já se tornou

8. Trabalhei esta questão em relação às literaturas argentina e brasileira contemporâneas, e em função de um vínculo entre literatura e imagem baseado numa noção de materialidade no último capítulo do meu livro *Literaturas reales: transformaciones del realismo en la narrativa latinoamericana contemporánea* (Horne, 2011). Gisela Heffes tem trabalhado largamente o problema (2013a, 2017a, 2017b) e, num dos artigos-germe de seu livro seguinte (2017a e b), ela destaca um ponto que se relaciona com o que foi dito anteriormente, algo que, em minha perspectiva, é essencial no que diz respeito à diferença entre os significados dados à figura do coletor de lixo. De acordo com Heffes, enquanto nos Estados Unidos e na Europa a reciclagem reflete um compromisso com o ambiente, na América Latina é uma prática motivada mais pela sobrevivência econômica. Ela tenta sintetizar essas duas questões através da figura do "catador": "Até certo ponto, os catadores emergem como um possível exemplo de como re-imaginar a política ambiental e a justiça como um conjunto de relações comunitárias em desenvolvimento, personalizando o processo de reciclagem através de um esforço mais comunal e menos individualista, mais parecido com as práticas laborais" (Heffes, 2017, p. 2). Por outro lado, Valeria de los Ríos (2020) explora os reaparecimentos espectrais dos resíduos em alguns documentários latino-americanos, desde seu impacto ecológico até sua transformação em meio de sustento, e analisa vários filmes documentais nos quais se trabalha a partir do lixo. Também são interessantes a este respeito o artigo em que Daniela Dorfman (2018) relaciona precisamente *Ilha das Flores*, de Jorge Furtado, e *Boca de lixo* a partir de uma perspectiva de *spatial justice*, e a tese de doutoramento de Marcela Romero Rivera (2012), *The Image of the Remainder in Latin American Literature and Visual Arts.*

íntimo das personagens que ali vivem e trabalham, e conseguiu transformar em algo diferente seu choque inicial e seu olhar piedoso – ou enojado. Para compreender como esta transformação é alcançada e a mudança de perspectiva do espectador de uma imagem de pessoas como coisas/lixo para a situação inversa, é preciso pensar na palavra como esse local de interseção entre o aspecto sensível (corporal) e político, ou na imagem como um local complexo de reconstituição do tecido coletivo e de reformulação da ligação instrumental com o mundo material.

Do lixo à palavra

De fato, é quase impossível não sentir um choque, uma espécie de perturbação, de repulsa perante as primeiras imagens do filme. São imagens que beiram o intolerável e o abjeto. A equiparação que se estabelece entre os restos materiais e as pessoas que ali vivem e trabalham é praticamente inevitável, e poderíamos pensar que esta é uma das primeiras constatações que o filme propõe: estamos diante do funcionamento de uma operação biopolítica, diante de vidas residuais despojadas de seu carácter formal, de sua qualificação e de sua subjetividade, reduzidas a mera matéria viva ou "vidas nuas". Se, como dizem Judith Butler e Athena Athanasiou em *Dispossession: The Performative in the Political*, o imaginário político capitalista do presente que reivindica para si uma definição universal sobre o significado do humano onde o ser e o ter são ontologicamente equiparados – isto é, onde o ser é definido como ter, e o ter é um requisito para ser um humano –, é possível dizer que nessa primeira cena do filme estamos diante de *pessoas que perderam seu estatuto ontológico*, corpos despojados da ideia de humanidade, de todas as garantias jurídicas e sociais.[9]

9. "No imaginário político da modernidade capitalista ocidental do pós-colonialismo e suas reivindicações de humanidade universal, ser e ter são constituídos como ontologicamente semelhantes entre si; ser é definido como ter; ter é construído como um pré-requisito para ser humano" (Butler e Athanasiou, 2017, p. 28). Em *As pessoas e as coisas*, Roberto Esposito desenvolve amplamente esse problema e remete-o para a origem do direito romano. A relação entre pessoas e coisas na cultura ocidental implica uma partição que faz com que as pessoas que não têm propriedade sejam, por sua vez, entendidas como coisas. Nos termos de Giorgio Agamben, este seria um estado de exceção, pois, apesar de ser uma comunidade que faz parte da

O filme de Coutinho reconhece e brinca com a imagem de redução das pessoas a coisas nessa primeira cena, mas depois percorre um caminho em que se interroga sobre como evitar uma imagem que perpetua a construção exotizante, estereotipada e espetacular da pobreza; como não reafirmar e naturalizar a operação biopolítica apenas mostrando seu funcionamento; como adotar uma posição ética – e eventualmente política – perante uma situação de intolerável injustiça e desumanização. Estamos, mais uma vez, perante uma versão semelhante do problema que Bo Bardi enfrentava ao querer expor os objetos da cultura popular no museu sem que eles fossem considerados um exemplo nostálgico de uma cultura primitiva, sem que fossem considerados "folclore", e sem que sua exibição representasse aquilo a que ela chamou um "humanismo literário". O filme se pergunta: como filmar o não filmável?[10]

O problema se desloca então: já não se trata de mostrar ou não imagens da pobreza, mas de analisar os dispositivos ou mecanismos através dos quais essas imagens são apresentadas. O problema implica uma discussão sobre o estatuto e as potencialidades da imagem que se insere num debate de longa data sobre a relação entre representação e o horror ou o trauma histórico. Como diz Susan Sontag em *Diante da dor dos outros*, durante muito tempo acreditou-se que mostrar uma imagem suficientemente vívida da guerra ou da desigualdade seria suficiente para gerar uma reação política e pôr fim ao horror, mas é evidente que isso não aconteceu, que o choque não é suficiente para gerar uma reação concreta.[11] É aquilo que Jacques Rancière chama de "o uso militante da imagem intolerável",[12] em que se pressupõe um efeito político direto da imagem no despertar da consciência burguesa. As limitações desse uso parecem claras e, no entanto, é necessário exercer um olhar crítico

legalidade do Estado e nele está incluída na medida em que se alimenta de seus restos, só está incluída de forma negativa: através de sua exclusão. Gisela Heffes, em *Políticas de la destrucción, poética de la preservación: apuntes para una (eco)crítica del medio ambiente en América Latina*, analisa esse filme seguindo esta linha de argumentativa e afirma: "Os homens-lixo representados no documentário de Coutinho são homologados à figura do refugiado" (Heffes, 2013a, p. 144).

10. Avellar, 2013, p. 537.

11. "Por longo tempo algumas pessoas acreditaram que, se o horror pudesse ser apresentado de forma bastante nítida, a maioria das pessoas finalmente apreenderia toda a indignidade e a insanidade da guerra" (Sontag, 2003, p. 17).

12. Rancière, 2014.

que desvende a ingenuidade e a pedagogia de muitas manifestações culturais que – sem duvidar de suas boas intenções – procuram produzir determinados efeitos concretos no espectador ou no leitor, dirigindo seu olhar para um lugar determinado e instrumentalizando uma conclusão.[13]

Diante desse excesso de confiança no poder da imagem para subverter determinada ordem de coisas, uma longa tradição que vai de Platão até o presente nos leva a desconfiar das imagens e a suspeitar de sua verdade. No entanto, perante a falsa alternativa de acreditar ingenuamente no efeito político das imagens para provocar mudanças concretas ou de desconfiar delas por sua natureza manipuladora, o conceito de imagem material – ou imagem lixo –, entendida como esse bocado indigesto da história que, como analisado no capítulo anterior, anacroniza o tempo, permite fazer uma crítica à crítica da imagem em que se recupera seu potencial político sem cair numa visão determinista, pedagógica ou teleológica.[14] Perante a violência e a desumanização da pobreza e da fome, perante essa primeira sequência apocalíptica que *Boca de lixo* nos apresenta, Coutinho não propõe – como poderia ser feito por um Glauber Rocha inicial – a submissão do elemento popular a uma finalidade teleológica revolucionária, mas também não propõe uma avaliação da

13. No cinema documental principalmente é bastante comum encontrar essa perspectiva didática e a pretensão quase científica de informar ou tomar partido sobre determinada questão. No entanto, a própria definição de documentário compreende, desde suas origens, uma ambiguidade em sua relação com a ficção e com o ensaio enquanto gêneros. Nas últimas décadas, a labilidade da definição do cinema documental tornou-se ainda mais proeminente e, hoje, é quase um lugar-comum da crítica falar de cinema ensaístico ou do cruzamento entre ficção e documentalidade no cinema documental. Fala-se mesmo de uma "virada subjetiva ou afetiva" (Chanan, 2007; Lebow, 2012; Renov, 2004), ou "performativa" (Nichols, 2001), e sublinha-se a importância dos filmes caseiros (Karen L. Ishizuka e Patricia Zimmermann, 2007) ou autobiográficos (Renov, 2004). Essas leituras têm relativizado uma certa associação – talvez ingênua, mas não por isso menos persistente – do documentário com um discurso objetivo, informativo, expositivo ou de autenticidade, para o colocar num lugar que enfatiza a ambivalência, a indefinição e a reflexão sobre a própria prática artística. Como sugerem Michael Renov (2004) e Elisabeth Cowie (1999), embora exista uma associação histórica do documentário com o discurso científico, o documentário pode também ser pensado através de uma lógica do desejo ou do inconsciente, não só devido a um certo "desejo de realidade" manifesto, mas também devido ao modo de associação que se segue em sua narrativa.

14. A teoria da imagem de Jacques Rancière (2014) coincide com a de Georges Didi-Huberman (2013) quanto à necessidade de realizar uma crítica à crítica da imagem na qual se recupere sua potencialidade política: "uma crítica das imagens não pode prescindir nem do uso, nem da prática, nem da produção de imagens críticas. As imagens, independente de quão terrível seja a violência que as instrumentaliza, não estão do lado do inimigo de forma total" (Didi-Huberman, 2013, p. 28).

pobreza ou do meio ambiente. O que ele propõe é uma sobredeterminação da imagem no nível sensorial que permite abordar esses mesmos problemas de um ponto de vista não ligado ao representacional. É algo que começa, já naquela primeira sequência descrita, com uma aproximação quase tátil da câmera daquele chão cheio de lixo. Uma ilusão – desagradável para o espectador, claro – de que existe a possibilidade de tocar essa materialidade abjeta com o olhar. O lixo, enquanto objeto feito de diferentes camadas e histórias, é usado como princípio construtivo do próprio filme e como ferramenta para oferecer ao espectador a ilusão de tocar mais um dos objetos privilegiados – e igualmente sobredeterminados – dos documentários de Coutinho: a palavra.

A comparação entre pessoas e lixo – a desumanização proposta nas cenas iniciais – vai se desfazendo à medida que o filme avança, mas, para isso, o documentário utiliza certos procedimentos através dos quais critica o uso da imagem como ilustração e propõe, em contrapartida, uma imagem complexa e heterogênea. Nesse sentido, é um documentário exemplar para pensar a teoria do cinema na filmografia de Coutinho, pois revela uma passagem-chave: *a do lixo como tema ao lixo como princípio construtivo da imagem cinematográfica*. Das cenas iniciais, em que o lixo é uma massa amorfa e abstrata de detritos, até as cenas em que vemos pessoas usando objetos encontrados para comer, ler, se vestir, brincar e mobiliar ou decorar suas casas, o lixo recupera – como as próprias pessoas – uma carga afetiva. O lixo, assim como a imagem apresentada no filme, revela-se um objeto múltiplo, complexo, cheio de camadas temporárias de história e usos. O próprio Coutinho dizia que seu cinema era um cinema "feito de cacos",[15] "do anônimo, do resto, da sobra, daquilo que foi jogado fora, do lixo [...]. Meu cinema é feito de fragmentos!".[16] Afastando-se de um olhar naturalista, esse filme produz uma imagem múltipla – uma imagem lixo – que pode ser pensada como algo que sobrevive, uma imagem em que coexistem diferentes registros expressivos – como o som e a fotografia ou a palavra e os gestos. Desta

15. Avellar, 2013, p. 537.
16. Coutinho apud Penoni e Kogut, 2017, p. 36.

forma, a imagem perde sua função expressiva ou ilustrativa para adquirir um caráter performativo, ficcional, afetivo, corporal ou material, algo cujo efeito está sujeito ao acaso, à surpresa e à indeterminação.

Uma imagem que não ilustra

Para compreender a operação de Coutinho em *Boca de lixo*, lanço mão de um filme posterior, *Jogo de cena*, de 2007, que tem sido considerado por diversos críticos[17] como um filme-pivô, com o qual Coutinho inaugura uma nova etapa: ele deixa de filmar em locações reais – isto é, nos lugares próprios dos sujeitos entrevistados – para passar a uma reflexão mais evidente sobre a própria obra e sobre o processo de representação no cinema documental. Proponho, então, tomar a teoria da imagem cinematográfica presente em *Jogo de cena* e fazê-la operar retrospectivamente em *Boca de lixo*, para entender os mecanismos de exibição quando se trata de uma imagem intolerável. Ou seja, farei como se *Jogo de cena* pudesse definir o nó de um procedimento que já era utilizado de forma latente em filmes anteriores e que, acredito, lançará uma nova luz sobre o vínculo entre imagem e política.

O primeiro plano do filme mostra-nos um anúncio de jornal em que se procuram mulheres que queiram contar suas histórias de vida. Depois dessa explicitação das regras do jogo, assistimos ao testemunho de várias mulheres que, uma a uma, sobem ao palco de um teatro vazio e, de costas para a plateia, contam suas vidas para a câmera. Um outro grupo de atrizes profissionais se mistura com essas mulheres comuns e repete as histórias das mulheres reais. O documentário é feito dessas histórias misturadas de mulheres que contam suas histórias de vida reais e de atrizes que reproduzem o relato dessas histórias reais. O que as atrizes fazem não é uma representação encenada das histórias que as mulheres comuns contaram antes, mas voltam a contar a história que já tínhamos escutado da boca de sua dona ou, em alguns casos, escutamos primeiro a atriz e depois a mulher real. Ou seja, na tela, as atrizes misturam-se com as mulheres reais cujas vidas estão sendo representadas, de modo que o

17. Bernardet, 2013; Feldman, 2012; Lins, 2013; Penoni e Kogut, 2017; Xavier, 2013.

estatuto das narrativas se torna incerto: já não é possível discernir entre o ato performativo de cada mulher em relação a si própria ao contar sua verdadeira história e o ato performativo como prática teatral das atrizes que seguem um roteiro, exceto, claro, nos casos em que as atrizes são famosas e o espectador sabe (por sua experiência anterior) que são atrizes.

As mulheres escolhidas para o documentário contam histórias sobre diferentes tipos de experiências: perdas, frustrações, conflitos familiares, problemas relacionados com a maternidade, o desejo de amor ou a realização de projetos pessoais. As razões que o próprio Coutinho apresenta para a seleção exclusivamente feminina se relacionam com o que ele considera ser uma certa capacidade das mulheres de dizer coisas que os homens não se atrevem a dizer, ou de expor mais livremente suas fragilidades. O que Coutinho procura através da presença feminina é uma certa capacidade de linguagem, uma certa "falta de vergonha" para contar histórias íntimas e transmitir emoções; algo que ele entende como um traço mais acentuado nas mulheres devido ao impacto que teria nos homens a ideia de uma masculinidade forte, que os impediria de mostrar sua fragilidade e, portanto, sua capacidade de "intimidade". Para além de sua observação sobre os efeitos prescritivos do patriarcado sobre o que um homem deve ou não deve ser – "Boys don't cry" –, o que me interessa sublinhar é que sua procura não está centrada numa generalização ou em oferecer um conjunto de histórias de vida que ilustrem certos problemas recorrentes ou específicos das mulheres, mas em forjar uma intimidade, um vínculo que permita ao outro falar de si próprio e se expor em seus pontos de ruptura, em suas lágrimas.[18] Assim, mesmo que através das diferentes histórias contadas seja possível rastrear alguns temas recorrentes – como as relações familiares, a maternidade ou o amor –, o ponto nodal do filme não está

18. "Filmo o que é diferente de mim, me interesso pelo que não sou. Por isso as favelas, os operários, as mulheres. Não é apenas uma diferença de classe, mas uma diferença de mim. As minhas melhores personagens são mulheres. Os meus melhores espectadores são mulheres, inclusive jovens. Por quê? Porque as mulheres falam de coisas de que os homens ainda não falam. Tem a ver com a fragilidade, os homens não choram. O homem é como uma pessoa pública, como o grande político, e o que me interessa é a fragilidade, mesmo que por vezes apareça por detrás da arrogância" (Coutinho apud. Russo, 2008).

em oferecer um retrato da condição das mulheres em chave sociológica[19] ou em estabelecer uma espécie de universal feminino, mas na dificuldade de distinguir entre uma performance ficcional e um relato testemunhal, e no que essa incerteza traz como material para a reflexão.

Se considerarmos o efeito provocado no espectador ao ver duas pessoas contando a mesma história, surgem algumas observações. Por exemplo, se considerarmos as imagens intercaladas de uma mulher a contar a história da morte de seu filho logo após o parto e as imagens da atriz que a representa (Andréa Beltrão) e que conta a mesma história mas de forma encenada, é impossível que as reações sejam idênticas, apesar de contar o mesmo. Assim, em primeiro lugar e paradoxalmente, o impacto emocional das histórias contadas pelas atrizes por vezes é maior do que o provocado pelas mesmas histórias contadas por quem realmente as viveu. Este deslocamento do impacto da história em relação a sua autenticidade é fundamental, pois implica que o valor do testemunho não reside necessariamente nessa autenticidade e que a emoção não é um critério transparente de decisão.[20]

Ora, se conseguirmos esquecer a vontade de saber qual é a atriz e qual é a mulher real – ou seja, da questão da autenticidade –, assistimos a duas formas de viver a mesma coisa, duas formas de reagir à dor, à alegria e à tristeza, em suma, duas reações emocionais à mesma experiência: a da atriz e a da mulher real contando sua história. O efeito que o filme consegue ao reproduzir a mesma narrativa duas vezes é o de colocar entre

19. Xavier, 2013, p. 623.

20. Neste sentido, concordo com a análise de *Jogo de cena* feita tanto por Ilana Feldman (2012) quanto por Jean-Claude Bernardet (2013), que o entendem como um ensaio fílmico a partir do qual se questiona a noção de testemunho como confissão e como expressão de uma subjetividade individual. No entanto, não concordo com a ideia de que esse desprendimento do sujeito individual a respeito de seu testemunho coloque em questão os filmes anteriores de Coutinho enquanto documentários alicerçados na fala como discurso da subjetividade e na narração de histórias de vida (Bernardet, 2013, pp. 628-629). Pelo contrário, considero que a exposição tão evidente que se produz em *Jogo de cena* de uma subjetividade desprovida de seu próprio discurso nos permite fazer uma nova leitura dos filmes anteriores. Em lugar de descartar os documentários prévios julgando-os falsos ou estéreis, *Jogo de cena* nos permite contradizer a ideia de que neles a fala do entrevistado era apresentada como uma expressão direta de sua subjetividade. Isto pode ser visto no modo de construir a imagem cinematográfica como uma imagem não ilustrativa que rompe com qualquer ilusão naturalista.

parênteses o conteúdo da própria história, deixá-la em suspenso para evidenciar um traço mais associado ao afetivo ou ao corpóreo que, de uma forma estranha, *já não sabemos a quem pertence.* Há então uma separação entre o relato biográfico e sua performance, entre o conteúdo do que está sendo dito e a performance em si. É impossível não atentar para um traço relacionado à palavra mas que transcende o significado, porque o que diferencia um relato do outro não está no que é dito, mas nos gestos, no riso, no choro, nas expressões faciais, na temporalidade com que se diz o que é dito, nas interrupções, nas repetições, nos erros, nos lapsos, na gagueira. Deste modo, a comparação entre os dois relatos não apenas sublinha o problema da indecidibilidade entre fato e ficção e desliga o valor do testemunho de sua autenticidade, como também traz para o primeiro plano algo que não se processa na própria narrativa, algo que se descola do relato biográfico, mas que, ao mesmo tempo, está ligado a ele. A palavra – ou a imagem, enquanto imagem cinematográfica – não representa nada, seu valor não está mais em sua aderência a um sujeito individual, mas em sua capacidade de gerar impacto no espectador. *A palavra não expressa (não ilustra), perde sua função primária de comunicação ou de sentido. Despojada do suporte do eu, passa a sustentar-se em sua materialidade: como performance, como corpo, como coisa.* Nesta comparação entre as duas narrações, torna-se evidente que não há soberania nenhuma sobre a própria narração, pois há um resto corporal ou afetivo que surge *apesar do indivíduo* e que é a condição de possibilidade da narrativa.

Em *Relatar a si mesmo,* Judith Butler argumenta que adotar uma posição ética implica que o sujeito possa relatar a si próprio e a suas ações, mas, dado que o sujeito não é transparente para si próprio, a pergunta que surge é se esse dar conta de si mesmo em um relato é de fato possível:

> a postulação de um sujeito que não funda a si mesmo, ou seja, cujas condições de surgimento jamais poderão ser totalmente explicadas, destrói a possibilidade de responsabilidade e, em particular, de relatar a si mesmo? Se for de fato verdade que somos, por assim dizer, divididos, infundados ou incoerentes desde o princípio, será impossível encontrar fundamentos para uma noção de responsabilidade pessoal ou social?[21]

21. Butler, 2015, p. 24-25.

Butler argumenta que esta falha subjetiva não só não impede uma ética, mas que é justamente ela que a possibilita. Dado que a opacidade do sujeito é uma consequência de o concebermos como um ser relacional, surge uma nova forma de pensar a ética. *Jogo de cena* poderia ser pensado como um exemplo dessa relação ética proposta por Butler, no sentido de que a despossessão do sujeito em relação a si mesmo e a seu próprio discurso não apenas evita a narrativa sobre si mesmo, com também é sua condição de possibilidade: "A irrecuperabilidade de um referente original não destrói a narrativa; ela a produz 'numa direção ficcional' ".[22]

Ora, o conceito de ficção assim entendido tem uma certa ambiguidade porque, embora seja evidente esse deslizamento em direção à performance e à encenação – que diferencia esses testemunhos de um puro documento sociológico –, também é necessário reconhecer que há uma certa "intenção documental" no filme. Ou seja, há um desejo de mostrar vidas reais. Por outro lado, as performances das atrizes não propõem qualquer narrativa alternativa à biográfica, não se constrói uma cena atuada ou uma narrativa que acene de modo representativo, pelo contrário, as mulheres sentam-se simplesmente para contar suas vidas, o que se repete da mesma forma no caso das atrizes, mas com uma pequena variação proporcionada pela forma da encenação. A ficção adquire, então, certas características particulares, pois não assume a forma de uma representação ou de uma construção verossímil (um enredo, uma epopeia, um drama ou uma intriga), mas antes se assemelha a uma fotografia vista através de um filtro, um relato apenas um pouco deslocado em relação a si mesmo. Essa forma de entender a categoria da ficção talvez possa ser melhor compreendida se nos referirmos a certas formulações teóricas sobre a fotografia e o cinema documental. Num ensaio intitulado "Ficciones documentales", o fotógrafo catalão Joan Fontcuberta desconstrói o que descreve como o "discurso hegemônico da modernidade fotográfica", segundo o qual a essência da fotografia reside em sua capacidade de significação indicial e em sua "vontade de testemunhar".[23] Para Fontcuberta, apesar de, ao longo da história da fotografia, ter prevalecido uma intenção

22. Ibid., p. 44.
23. Fontcuberta, 2010, p. 104.

descritiva, essa mesma intenção caiu muitas vezes no que ele qualifica como uma "armadilha", pois envolve a urdidura de uma ficção. Por meio da análise de um dos primeiros daguerreótipos de que se tem notícia, a vista do Boulevard du Temple (datado de 1838), e de uma imagem de Hippolyte Bayard de 1840 em que o autor da fotografia se retrata fingindo ter-se suicidado, Fontcuberta descobre – "no próprio nascimento da fotografia"[24] – a armadilha que questiona, ao mesmo tempo em que institui, o estatuto da fotografia como documento. A imagem de Daguerre é bem conhecida, mas detenhamo-nos nela por alguns instantes. Trata-se de uma imagem dupla: duas tomadas tiradas no mesmo dia. Numa delas, o *boulevard* está completamente vazio, num horário em que deveria estar cheio de gente. Esta incompatibilidade deve-se ao fato de que, nessa época, o tempo de exposição necessário para obter a imagem não permitia a captação de qualquer objeto em movimento. Daguerre procura uma solução – que se pode ver na segunda fotografia – utilizando atores: um engraxate com seu cliente na calçada. Assim, enganando o espectador com uma encenação, ele consegue uma imagem mais fiel à realidade, mas para isso necessita de uma intervenção ficcional, de uma simulação. Isso produz um tipo particular de ficção, diz Fontcuberta, que "não é que se oponha ao verdadeiro, mas que se opõe tanto ao verdadeiro quanto ao falso (entendendo o falso como erro ou mentira). Também não se opõe ao discurso referencial, mas *coloca o referente entre parênteses*".[25] O que me interessa particularmente nesse tipo de construção ficcional, para pensá-lo em relação a *Jogo de cena*, é que o simulado é um testemunho verídico e que a urdidura da ficção implica uma representação teatral, mas não necessariamente um relato alternativo. Ou seja, há um resto que não se traduz na palavra, mas que é reposto através da performance ou da ficção e que fica, portanto, entre parênteses ou suspenso enquanto referente. Em relação a isso, num ensaio em que analisa um filme de Chris Marker, Jacques Rancière propõe que, no trabalho do documentário como gênero, podemos ver como a categoria da ficção é reduzida a "sua essência":

24. Ibid..
25. Ibid., p.109.

> O cinema documental pode então isolar o trabalho artístico da ficção quando o dissocia daquilo a que a gente o assimila prazerosamente: à produção imaginária de verossimilhanças e de efeitos de real. O documentário pode levar assim o trabalho da ficção a sua essência: um modo de recortar uma história em sequências ou de mostrar os planos em uma história, de juntar e separar as vozes e os corpos, os sons e as imagens, de esticar ou encurtar os tempos.[26]

Em outras palavras, a dissociação do conceito de ficção da construção de uma verossimilhança – cuja correspondência pertence, segundo Rancière, a uma poética clássica – leva-nos a pensá-la como aquilo que produz uma mudança no modo de apresentação sensível e que, por isso, permite ver o mesmo de um modo diferente. Em outros ensaios em que retorna a essa questão, Rancière insiste que o trabalho da ficção "não consiste em contar histórias",[27] e que sua definição não deveria se alicerçar na oposição entre "a realidade e suas aparências",[28] mas antes na possibilidade de gerar dissenso, de construir outras formas de dar sentido: "uma paisagem inédita do visível".[29]

Uma presença espectral

Há duas cenas em *Jogo de cena* em que a perda da função ilustrativa da imagem cinematográfica e de seu suporte como imagem afetiva, performática e material se produz através de um deslocamento temporal.[30] Na primeira cena, Fernanda Torres – uma das atrizes mais famosas do Brasil – interpreta a história de uma das mulheres que responderam ao anúncio do jornal e, de repente, fica presa em sua fala, interrompe a narração e pede para repetir a cena. O filme inclui o momento, sem cortes, em que Torres explica ao diretor o que sentiu e tenta compreender sua sensação ao representar um roteiro baseado numa pessoa real e não numa personagem de ficção:

26. Rancière, 2001, p. 203.
27. Rancière, 2014, p. 102.
28. Ibid.
29. Ibid., p. 103.
30. Natalia Brizuela (2016) analisa o trabalho de Coutinho com a temporalidade em seus filmes a partir da ideia benjaminiana de escovar a história a contrapelo e de uma história "antiépica" e "anti-heroica" que dialoga com a proposta deste capítulo.

> Eu não separo ela do que ela diz, entende? Acho impossível separar assim. Conforme eu fui te falando assim e você me olhando, parecia que minha memória tava mais lenta que a dela, entende? Parece que a fala vem antes de você ter visto, entende? Aí, isso foi me incomodando assim. E todas as vezes que eu passei em casa, eu não tive isso assim. Então, eu não sei se é para fazer mais lento... estava pensando o que fazer.

O deslocamento temporal que Fernanda Torres percebe entre sua própria memória e a da outra mulher e a aceleração da palavra em relação ao que a lembrança traz à mente indicam uma falta de domínio do sujeito em relação a sua própria narração e abrem caminho para a performance, para a ficção. Ou seja, alguma coisa fica de fora do discurso, e o deslocamento temporal denuncia essa falha, torna-a evidente. O interstício em que o relato de vida se separa da temporalidade biográfica e não consegue alcançá-la mostra seu caráter inevitavelmente ficcional e performativo, e lhe retira o caráter ilustrativo. Numa cena no final do filme volta a acontecer algo semelhante. A cena é um pouco diferente das outras porque mostra uma das mulheres que contou sua história voltando para alterar seu relato, porque, segundo ela, estava "muito barra pesada, [...] trágico, mais para trágico". Para consertá-lo, ela quer cantar uma música. Enquanto canta, atrás dela, a voz da atriz que a interpretou repete a letra, mas de forma falada, quase sem melodia e descompassada da voz principal, com um ligeiro atraso. A propósito desta cena, Coutinho diz que é como se a atriz "fosse uma presença fantasmal":

> E é mesmo a voz de um fantasma, porque a Marília Pera é como se fosse um fantasma da personagem, não é? Então, quando ela veio pela segunda vez, lhe pedi para cantar essa canção e que a cantasse quase falada, o que ela fez extraordinariamente bem. Parece-me que há ali uma coisa ótima, que é o fantasma aparecer de repente e cantar com ela, mas ficando atrás da voz dela.[31]

De fato, a voz da atriz chega tarde, com uma temporalidade outra e como um espectro ou uma sombra da voz principal, assinalando uma distância tanto entre uma representação e outra quanto entre a representação e a própria vida. O deslocamento desperta uma surpresa, um olhar inédito e fresco

31. Coutinho apud Paiva e Russo, 2010.

sobre aquilo que já se julgava sabido. O referente da história biográfica se esvai até se tornar evidente que ele nunca existiu enquanto tal. Sua reposição só pode ser feita através de uma construção performativa ou ficcional.

Essa operação não só tem o efeito de desnaturalizar a palavra – o testemunho – ou a imagem cinematográfica, mas, ao assinalar seu núcleo performático ou ficcional e separá-lo do conceito de autenticidade, afasta-o também do sujeito individual. Não se trata de uma história sem intimidade, muito pelo contrário; não se trata de um relato no qual não se lê a singularidade da experiência do sujeito, mas de uma história que produz uma subjetividade despossuída do seu eu, aberta a se relacionar com o outro e a colocar sua própria vida à disposição do outro. Tanto pela circulação desse relato na boca de duas pessoas diferentes quanto pela perspectiva deslocada oferecida pela imagem cinematográfica quando opera uma disjunção na temporalidade, somos apresentados a uma subjetividade sem dono que marca os limites da autossuficiência da ideia de subjetividade moderna e instaura um sujeito relacional e interdependente.

Destempos, retratos e nomes

Num filme como *Jogo de cena*, onde a centralidade do dispositivo e a autorreflexão são evidentes, compreende-se que seu objetivo principal não seja fazer um retrato sociológico ou representativo dos problemas das pessoas que aparecem no filme, neste caso, as mulheres. O filme está orientado para outro lugar e propósito. Em *Boca de lixo*, porém, dado o tipo de universo representado, é muito mais difícil afastar-se de uma perspectiva realista e sair da perspectiva da autenticidade. Afinal, trata-se de um filme que procura documentar a vida no lixão, que tenta dar a conhecer uma realidade distante para o espectador e que indaga sobre modo de vida dessas pessoas que se encontram socialmente excluídas. No entanto, tal como em *Jogo de cena*, é necessária uma análise pormenorizada dos mecanismos de exibição para perceber como Coutinho reverte o olhar naturalizado sobre o universo representado e para captar o impacto político do filme. Gostaria, então, de perguntar como se conforma a teoria da imagem vista em *Jogo de cena* quando somos confrontados com uma imagem intolerável, como acontece em *Boca de lixo*. Mas antes de compreender como se desenvolve a ideia de uma subjetividade despossuída de seu próprio eu, é necessário pensar a despossessão num outro sentido.

Em *Dispossession: The Performative in the Political*, citado anteriormente, Butler e Athanasiou operacionalizam dois sentidos de despossessão. Se, por um lado, temos o sentido que já referimos e que nos permite pensar numa subjetividade – pós-estruturalista, pós-metafísica – em que o referente se perde e que, por isso, se manifesta através de uma performatividade ou de uma ficção, e que permite um novo modo de vinculação coletiva, por outro lado, as autoras apontam para um sentido sistemático e político de despossessão das pessoas através de diferentes formas de injustiça: migrações, desemprego, escravidão, pobreza etc. A partir daí, propõem ligar os dois sentidos:

> Assim, abordamos a questão de como nos tornarmos despossuídos do eu soberano e entrarmos em formas de coletividade que se opõem às formas de despossessão que sistematicamente afastam as populações dos modos de pertencimento e justiça coletivos.[32]

Se pensarmos algo semelhante nos filmes de Coutinho, podemos nos perguntar como o sentido de despossessão que aparece em *Jogo de cena* – que funda uma teoria da imagem cinematográfica não ilustrativa e uma nova forma de ética – desdobra-se em *Boca de lixo* e autoriza um olhar surpreendente e desnaturalizado da despossessão em seu segundo sentido. Logo depois das imagens iniciais do filme, em que vemos os moradores do lixão em sua exclusão extrema e equiparados ao lixo e aos animais, a cena é interrompida por uma sequência sonora, após a qual vemos imagens de pessoas fugindo da câmera, cobrindo o rosto, perguntando aos cinegrafistas por que estão sendo filmadas e afirmando – defendendo-se antes de serem atacadas – que não se envergonham de fazer o que estão fazendo. Desta forma, é exposta a violência do próprio processo de representação e do ato *voyeurista* de filmar a pobreza.

A partir daí, a equiparação das pessoas ao lixo, que ocorre nas primeiras imagens do filme, começa a se desfazer enquanto é reposta

32. Butler e Athanasiou, 2013, p. 11.

uma subjetividade que antes parecia extirpada. Todo o filme será responsável por transformar a violência da câmera num processo de reconhecimento das pessoas que vivem no lixão enquanto sujeitos com desejos, medos, aspirações, contradições e pudor; como sujeitos capazes de mentir, representar, exagerar e se emocionar. Para chegar a esse ponto, o documentário utiliza alguns dispositivos através dos quais critica o uso da imagem como ilustração ou como expressão.

Depois das cenas em que as pessoas cobrem o rosto e fogem da câmera, diante das perguntas que o diretor começa a fazer-lhes, elas vão deixando cair os panos com que se cobrem, deixando-se ver e permitindo o início da conversa. O primeiro procedimento de Coutinho é distribuir fotos delas impressas em papel sulfite, procedimento que já havia utilizado em filmes anteriores, como *Cabra marcado para morrer*. Coutinho vai entregando as fotos e, depois de perguntar a um dos meninos se ele conhece todos que ali trabalham – e perante a resposta positiva do menino e a afirmação de que são todos como uma família, pois cresceram todos juntos –, pede que diga o nome das pessoas que vê nas fotografias, uma a uma. O filme se estrutura a partir dessa individualização dada pelo regime nominal, pois é dividido em cinco capítulos marcados e intitulados com o nome e a história de vida de cinco pessoas. Coutinho segue cada uma delas e estabelece uma conversa que se desenvolve no lixão ou na casa de algumas delas. A partir daí, como espectadores, descobrimos diferentes razões para trabalhar e viver ali. O filme oscila entre essas histórias pessoais, por um lado, e, por outro, filmagens mais coletivas, em espaços comuns, com intervenções de muitas pessoas, mostrando a interação entre o que cada um traz e contribui e uma vida em comunidade, quase sem propriedades individuais nem diferenças de classe marcadas.

Mas, se nos detivermos nessa primeira cena em que os próprios moradores do lixão apresentam os nomes das pessoas, podemos observar algo semelhante ao que acontece em *Jogo de cena*. À primeira criança que começa a dizer os nomes, vão se juntando outras crianças e outros adultos, de modo que as vozes se vão acumulando e os nomes vão sendo ditos uns atrás dos outros, enquanto as fotografias vão passando de mão

Figuras 12 a 17: Retratos dos catadores. Fotogramas do filme *Boca de lixo*. Cecip (Centro de Criação de Imagem Popular).

em mão. Na imagem seguinte, e em simultâneo com a entoação dos nomes, a câmera mostra-nos, em *close*, o rosto das pessoas que estão sendo nomeadas. O enquadramento para por alguns segundos em cada um desses rostos, como se se tratasse de uma exposição fotográfica animada.

Nesta cena se produz um descompasso: a imagem move-se a uma velocidade mais lenta e permanece muito mais tempo em cada rosto do que as vozes demoram em cada nome. A disjunção entre o registro visual e o auditivo produz uma imagem dupla: a visualidade não é apresentada como um mero suplemento da palavra falada; não é uma ilustração do que as pessoas estão dizendo, mas oferece uma narrativa alternativa. As vozes são alegres e desafiantes e acabaram de afirmar (na primeira conversa coletiva e confusa com o diretor) a honestidade do trabalho que realizam, o fato de não sentirem vergonha de procurar comida e a dignidade de poderem viver sem mendigar ou roubar. Ao nomearem seus amigos e familiares, riem e voltam a enfatizar uma certa escolha por essa vida em vez de outras opções. As imagens visuais dos rostos, por outro lado, não mostram sorrisos ou alegria, mas olhares acusadores, melancólicos, sérios, tristes e cansados. A tensão entre os dois registros de representação parece afirmar que não há possibilidade de oferecer um relato único e claro sobre a vida dessas pessoas no lixão. A imagem visual não apresenta uma verdade que as vozes negam, nem o contrário, mas se produz uma simultaneidade. Nesse sentido, concordo com João Moreira Salles quando observa que uma das grandes inovações de *Boca de lixo* foi filmar as pessoas pobres de um ponto de vista alheio "da alienação, da contradição social ou da luta política",[33] e, portanto, mostrar o modo de vida que levam como uma escolha. No entanto, considero que a tensão que ocorre entre os dois registros de representação acrescenta outra camada ao filme, pois mostra que viver ali não é uma escolha inteiramente livre. A inovação do filme não está, então, apenas na ausência da perspectiva da luta política ou do olhar piedoso, mas em mostrar a contradição presente nos próprios sujeitos representados, está na ambiguidade com que eles próprios falam de suas vidas e na indeterminação que a imagem cinematográfica adota.

Essa tensão persiste ao longo do filme de diferentes formas, sublinhando a impossibilidade de oferecer uma visão naturalizada e monolítica do universo representado e propondo, em vez disso, uma imagem contraditória, aberta e surpreendente.[34] Trata-se de evitar aquilo

33. Moreira Salles, 2013, p. 371.

34. Gisela Heffes (2013a) também nota essa contradição entre o registro visual e o da palavra. Ela aponta dois momentos em que os relatos das personagens e a câmera se contradizem. Primeiro, quando uma das mulheres conta a Coutinho que a vida lá não é ruim, que criou os filhos lá e que são todos saudáveis, enquanto a câmera mostra imagens de resíduos hospitalares no lixo. Em seguida, diante da pergunta de Coutinho, a mesma mulher começa a mostrar uma ferida no pé, causada por uma seringa. Outro momento semelhante ocorre quando uma mulher diz estar tomando banho e joga água na cabeça com um jarro, numa clara contradição do que – pelo menos para o espectador – pode ser definido como "tomar banho". Embora a leitura de Heffes não

a que a escritora Chimamanda Ngozi Adichie chama "o perigo da história única".[35] Embora, por vezes, pareça que o olhar da câmera, por oposição ao dos moradores do lixão, é o olhar que se propõe como verdadeiro porque é aquele que sublinha a injustiça, a desumanidade e o "sofrimento ambiental" dessas pessoas, interessa-me pensar que o olhar do filme – e, nesse sentido, o do próprio Coutinho – não pode ser identificado com o da câmera (com a imagem visual), mas que sua originalidade consiste precisamente em manter um olhar indeterminado, suspenso em seu juízo, contraditório, aberto e não resolvido sobre a vida no lixão e sobre os próprios sujeitos que estão sendo filmados. E este olhar é possível graças a uma forma de conceber a subjetividade como despossuída de si mesma e a imagem cinematográfica de um ponto de vista alheio à noção de ilustração, suplemento ou expressão.

A imagem lixo

Em sua análise do conceito de "imagem pensativa", Rancière argumenta que, na passagem de um regime representativo para um regime estético, se produz uma mudança no modo de conceber a imagem: ela deixa de ter o estatuto de complemento expressivo e se emancipa em relação à ação. A imagem passa então a se constituir a partir de uma tensão estabelecida entre diferentes regimes de expressão: "A pensatividade da imagem é, portanto, a presença latente de um regime de expressão dentro de outro."[36] Assim, se colocarmos as cenas mencionadas sob essa luz, os diferentes registros que se confrontam não estariam dando a última palavra à imagem visual, mas permaneceriam suspensos em uma indeterminação, em uma dúvida, em um pensamento que oferece o convívio de dois registros ou entre a alegria e a tristeza, entre acusação e a resignação.

contradiga o que proponho aqui, ela tende a realçar um traço diferente daquele em que pretendo focar, pois lê o filme em termos destas cenas que promovem uma crítica ecológica, e por isso enfatiza em sua leitura o olhar oferecido pela câmera e identifica esse olhar com o do diretor: "Mas a interpretação desses sujeitos da experiência de viver no lixão vai, por vezes, ser confrontada com a do próprio Coutinho, que concede à câmera a capacidade de narrar uma versão diferente e alternativa àquela oferecida pelos próprios entrevistados" (Heffes, 2013, p. 142).

35. Adichie em TED Talks, 2009. Devo essa referência a Julia de Santos.

36. Rancière, 2014, p. 118.

Para tornar esse aspecto mais preciso e depois relacionar essa forma de entender a imagem cinematográfica com o que foi analisado em *Jogo de cena*, gostaria de me deter em duas cenas do filme associadas uma à outra.

A primeira se passa na casa de uma das mulheres que Coutinho segue, chamada Cícera. Dentro de uma casa de adobe, Coutinho conversa com Cícera, que está sentada ao lado da filha adolescente e do namorado dela, que a escutam em silêncio. Cícera lhe conta brevemente sobre sua vida e Coutinho a elogia por sua capacidade de falar e por tudo o que ela tem a dizer. Ele então pergunta se ela quer dizer mais alguma coisa, ao que ela responde que tudo o que ela realmente quer é um futuro para sua filha. Coutinho então pergunta à moça o que ela quer: ela não hesita, diz que quer ser cantora. A cena seguinte mostra a moça, sozinha em frente a sua casa de barro, cantando.

Depois de alguns minutos em que a câmera a filma de corpo inteiro e se detém, dando espaço a seu desejo – concentrando-se em seu rosto, seus gestos e assumindo o papel de cantora –, a câmera deixa a menina, mas mantém sua voz que canta, enquanto focaliza a mãe em tarefas cotidianas: acendendo o fogo para o que parece ser a preparação de uma refeição, se limpando com um balde de água e penteando o cabelo enquanto se olha em um espelho de mão. Cenas de extrema – mas digna – pobreza contrastam com sua vocação para ser uma cantora famosa. Entretanto, a força da voz da garota e sua confiança no canto sobrepostas à imagem visual geram um efeito afetivo. Como acontece em *Jogo de cena* por meio da repetição da mesma história por mulheres diferentes, o canto da moça nos apresenta um traço da palavra que nada tem a ver com seu significado e que, como diz o próprio Coutinho, é essencial em seus documentários para estabelecer um laço, um vínculo com o entrevistado:

> Há uma tendência de se pensar que a palavra é a palavra falada ou escrita, e que isso é tudo o que existe. No entanto, quando uma pessoa fala do fundo de si mesma, ou seja, quando fala com suas vísceras, ela sai do lugar-comum imposto pela sociedade e suas estruturas. Quando alguém fala visceralmente, produz, por um lado, um texto que é ao mesmo tempo oral e verbal, ou seja, construído a partir de uma gramática e de um vocabulário, e um texto paraverbal, porque as pessoas fazem digressões, lapsos, erros, pulam de um

> assunto para outro, repetem. Por outro lado, as pessoas também produzem um texto gestual no qual o corpo é absolutamente essencial. O homem é um animal falante que fala por meio de seu corpo.[37]

Na cena da moça cantando, um aspecto corpóreo da linguagem é resgatado, um aspecto alheio ao significado, que – longe de ser apagado – é enfatizado quando a imagem visual desaparece e apenas a voz é preservada. É uma imagem múltipla, densa em sua heterogeneidade de registros que – em seu constante salto e mudança de ênfase entre os diferentes regimes representativos – incita a desvincular a afetividade da figura individual da moça e nos permite pensar numa subjetividade sem dono, sem controle absoluto de si, despossuída de si e aberta a um pertencimento coletivo. Mais uma vez, o conteúdo da cena é colocado entre parênteses, deixado em suspenso, a fim de sublinhar uma capacidade vital que nos vincula a cada uma dessas pessoas por meio de algo que vai além do individual, mas que, ao mesmo tempo, é absolutamente singular, como o desejo. A imagem do início do filme é desnaturalizada, e a equiparação entre o não ter e o não ser (a falta de humanidade) é quebrada.

A segunda cena associada a essa é a sequência final do filme, na qual retornamos ao dispositivo das fotografias e aos rostos capturados do início. Mais uma vez, o rosto das pessoas que acompanhamos ao longo do filme passa em primeiro plano, mas dessa vez elas seguram e mostram à câmera a foto de um parente ou amigo: vemos então duas imagens sobrepostas de rostos, nas quais a câmera se demora.

A estratégia de apresentar essas pessoas em grupos familiares ou em séries enfatiza o que, no começo, era dado pela voz e pelo gesto de pedir que se apresentassem umas às outras: o vínculo que as une como uma comunidade, o pertencimento a um grupo, a uma família, a um coletivo. Diferentemente do que aconteceu no começo, agora os nomes individuais desaparecem e são apresentados em séries de dois ou mais, o que fala de um regime diferente de nomeação ou individualização e enfatiza o vínculo coletivo.

No entanto, isso não é a única coisa que reforça a questão coletiva, pois à imagem visual dos retratos de pessoas segurando retratos acrescenta-se uma imagem sonora que a acompanha: um rádio começa

37. Coutinho apud Paiva e Russo, 2010.

a tocar a música cantada pela moça que queria ser cantora. Quando a câmera chega à "foto" da família dela, a imagem visual e a imagem sonora se unem, pois vemos a moça segurando o rádio ligado nas mãos. Encontramos a fonte do som diegético que estava oculto no início da cena. Alguns minutos depois, Coutinho pede à moça que cante seguindo o rádio.

Figura 18: Família de Cícera posando em frente a sua casa. Fotograma do filme *Boca de lixo*. Cecip (Centro de Criação de Imagem Popular).

Com as duas vozes soando, a câmera corta para uma cena coletiva no lixão, onde todos assistem juntos – em uma televisão apoiada no teto de uma van – ao vídeo quase finalizado do que será o filme. Ou seja, vemos todos juntos olhando para si mesmos como espectadores, num jogo de espelhos que, por sua vez, é duplicado pelo som: as duas vozes sobrepostas apenas destacam um constante deslocamento da representação. Um lembrete de que o que vemos e o que ouvimos é sempre performático ou fictício. Como em *Jogo de cena*, a duplicidade das vozes produz um efeito fantasmático que separa o desejo da moça de ser cantora do seu eu individual e nos oferece uma subjetividade despossuída e aberta ao vínculo com a imagem visual e grupal de rostos gesticulando emocionados (com risos e lágrimas).

Figura 19: Os catadores de lixo assistem a cenas do documentário que protagonizaram. Fotograma do filme *Boca de lixo*. Cecip (Centro de Criação de Imagem Popular).

Nessa sequência final – desde que ouvimos a música no rádio e vemos os retratos das pessoas segurando retratos até a imagem velazquiana infinitamente vertiginosa de pessoas assistindo a si mesmas no filme a que estamos assistindo –, o hiato que surge entre a imagem e um possível referente perdido não faz mais do que sublinhar a materialidade da imagem cinematográfica enquanto uma imagem performática, ficcional e afetiva. Assim como em *Jogo de cena* o relato de cada mulher se tornou independente do critério de autenticidade para adquirir seu valor de verdade e nos ofereceu, em troca, uma performance, uma ficção desvinculada de um eu definido, também em *Boca de lixo* essas cenas em que se estabelece uma disjunção entre a imagem visual e as palavras das pessoas filmadas oferecem um olhar aberto e indeterminado. A imagem cinematográfica surge então como o que resta, o que sobrevive, o que permanece depois de perder seu referente primário e se impõe como subjetividade desvinculada de um eu individual: uma imagem que ilumina aquilo que surge apesar do próprio sujeito, aquilo que chega em outro tempo, como uma voz espectral, como uma falha no discurso ou um objeto encontrado no lixo. Mas seria errado ler na distância e na indeterminação um procedimento puramente formal; ao contrário, é na própria forma que encarna a ética do filme, pois é lá, nesse deslocamento que retorna como excesso afetivo, que devemos encontrar o impacto crítico que esse filme busca, pois é lá que se gera essa subjetividade despossuída de si, a partir da qual é possível se colocar em um ponto de vista de abertura para o outro, e desse lugar é oferecido um olhar não apenas sobre a despossessão do eu, mas também sobre os despossuídos.

Voltando àquela margem de alegria que os vaga-lumes davam ao menino do conto de Guimarães Rosa perante a destruição que a modernização implica; ou aos vaga-lumes de Pasolini, que dançam na noite e se acendem intermitentemente com o desejo de formar uma comunidade,[38] de gerar um vínculo, uma empatia ou um sentimento de pertencimento coletivo; ou ao objeto de tempos emaranhados de Lina Bo Bardi que abria a possibilidade de construir uma coletivização do espaço estético, podemos dizer que a imagem cinematográfica em *Boca de lixo* nasce como se fosse um vaga-lume ou – seguindo essa mesma linha conceitual e talvez usando uma metáfora mais apropriada – como um objeto encontrado no lixo. É nesse sentido que o cinema de Coutinho deve ser entendido fora de uma tradição da imagem cinematográfica documental como ilustração para, em vez disso, pensar o cinema como um projeto filosófico. O cinema, nos documentários de Coutinho, pensa por meio de imagens. A palavra é um efeito corporal sobredeterminado e oferece uma alegria marginal – menos épica, mais modesta – que não nega o olhar crítico do começo do filme, mas acende uma faísca, um *instante já*, um futuro menor.

38. Pasolini, 2020, p. 162.

PARTE II

OS OSSOS DO MUNDO

Capítulo 4

Atrás da linguagem

A experiência amazônica de Flávio de Carvalho e a imanência da floresta

> Colocado no escuro, superexcitado, o homem desenvolve sua sensibilidade, adquire uma nova vista – [...] é a volta ao útero para poder nascer de novo. [...] Ele não sabia que o mundo pensava e falava e estava certo que só ele era capaz de tanto.
>
> FLÁVIO DE CARVALHO

> Nesta densa selva de palavras que envolvem expressamente o que sinto e penso e transforma tudo o que sou em alguma coisa minha que, no entanto, fica inteiramente fora de mim.
>
> CLARICE LISPECTOR

Em um ensaio de meados da década de 1930, Flávio de Carvalho – engenheiro, arquiteto, autor de ensaios filosóficos, dramaturgo, artista plástico e ativista ou *performer* cultural – conta que durante as viagens que fez pela Europa em 1934 se dedicou à coleta de papel higiênico dos países que visitou com o objetivo de conhecer as especificidades culturais. A história aparece dentro de uma série em que ele descreve outras coleções de coisas inúteis e resíduos corporais que ele não hesita em descrever como nojentas: um judeu que colecionava prepúcios; um homem que colecionava roupas íntimas femininas usadas; outro que recolheu cascas de feridas; e um outro, fósforos usados. Embora a escolha do papel higiênico como objeto colecionável de conhecimento cultural ou antropológico seja curiosa – para dizer o mínimo –, no contexto da obra de Flávio de Carvalho não é fortuita, mas revela e condensa sua ânsia por escândalo e sua excentricidade. Essa não foi a primeira viagem de Flávio de Carvalho à Europa. Ele estudou engenharia civil e artes visuais na Grã-Bretanha e, após seu retorno a São Paulo, em 1922, começou a trabalhar como arquiteto e como artista plástico e a se envolver com o grupo modernista, especialmente com Oswald de Andrade e o grupo antropofágico.[1] A partir desse momento, iniciou sua carreira como agitador cultural desafiando as regras de boa etiqueta e a moralidade burguesa da sociedade brasileira da época por meio de diversas intervenções culturais que o levar a se tornar uma personalidade midiática e a adquirir a fama de "artista subversivo em estado de revolução permanente", nas palavras de Assis de Chateaubriand, ou de "revolucionário romântico", apelido que lhe fora dado por Le Corbusier.[2] Aliás, na definição que ele mesmo dá de sua prática artística, ele alimenta essa reputação ao considerar-se um "arqueólogo mal comportado" (desobediente ou irreverente).[3] Para além do escândalo, o valor da anedota sobre a coleção de papel higiênico reside no fato de mostrar sua paixão pelos resíduos e, se fosse preciso pensar num objeto que condensasse a ideia de resíduo, de detrito, de resto inútil que permanece próximo aos dejetos escatológicos, o papel higiênico poderia ser o escolhido. Aquilo que insiste e que retorna – o arroto da história de Bo Bardi – encontra-se em Flávio de Carvalho numa viagem filosófica de reflexão sobre o vivente e o sobrevivente e no traçado de um arco que vai dos ossos até a floresta.

Com efeito, o livro que contém a anedota sobre a extravagante coleção chama-se *Os ossos do mundo* e é um livro que desafia as classificações tradicionais de gênero. Por um lado, é a história da viagem que Flávio de Carvalho fez por diferentes países europeus em 1934, e ele próprio não hesita em descrevê-lo como "um caderno de notas passado a limpo".

1. Rui Moreira Leite, 2008, p. 14.

2. Já mencionei Assis Chateaubriand no segundo capítulo por sua proximidade com Pietro Maria e Lina Bo Bardi e também porque foi ele quem convocou o casal para o projeto do Museu de Arte de São Paulo. Trata-se de uma figura-chave no cenário cultural paulista da época e, como dono do conglomerado *Diários Associados*, ele deu muito espaço a Flávio de Carvalho na imprensa. Não encontrei fontes primárias que mencionem se houve alguma relação entre Lina Bo Bardi e Flávio de Carvalho, embora seja claro que eles deviam se conhecer. A única obra crítica que encontrei que liga os dois arquitetos é a exposição Desvios da Deriva: Experiências, Viagens e Morfologias, com curadoria de Lisette Lagnardo e Maria Berrios, no Museu do Centro Nacional de Arte Reina Sofía, em Madri.

3. Carvalho fez um esforço consciente para construir uma imagem de si mesmo como excêntrico e transgressor. Para isso, utilizou a imprensa como veículo de divulgação de suas ideias e de seu trabalho e realizou um imenso trabalho de autodocumentação em álbuns com recortes de artigos sobre si mesmo. Todo esse material está no arquivo do Centro de Documentação Alexandre Eulálio (Cedae) do Instituto de Estudos da Linguagem (IEL) da Unicamp. Sobre esse esforço de autodocumentação é fundamental o trabalho de Marcelo Moreschi, 2012.

Mas, por outro lado, é um conjunto de observações, ideias e sensações que beiram o ensaio filosófico, que ele também julga com alguma modéstia como "suspeitas intelectuais".[4] O objetivo principal da viagem à Europa era participar de dois congressos na cidade de Praga: o Congresso de Filosofia, em que Carvalho apresentou um trabalho sobre sua *Experiência n. 2* (1931), à qual me referirei adiante e que fazia referência à obra de Freud (que acabava de ser traduzida para o português), e o Congresso Psicotécnico, em que ele apresentou algumas reflexões sobre a sexualidade que mais tarde serão refletidas em seu texto (ainda inédito) *Mecanismo da emoção amorosa*.[5] Lá também conheceu o pedagogo e filósofo tcheco Vojtěch Čížek, cujas teorias sobre a inclusão da filosofia da educação e sobre essa nova disciplina chamada "psicotécnica" Carvalho divulga com entusiasmo na imprensa brasileira quando retorna ao país.[6]

No percurso pela Europa conheceu também algumas figuras-chave da vanguarda artística, como Man Ray, Raymond Queneau, Tristan

4. Ambas as observações aparecem no prefácio inicial de Rui Moreira Leite e Flávia Carneiro Leão (orgs.). *Os ossos do mundo*. Campinas: Unicamp, 2014.

5. Participaram do Congresso de Filosofia muitos filósofos importantes do momento, entre os quais Carvalho menciona Gaston Bachelard, Benedetto Crocce – que acabou não conseguindo chegar – e Léon Brunschvicg. As atas do Congresso (Comité d'Organisation du Congrès, ed., 1934) mencionam como participantes Gaston Bachelard, Léon Brunschvicg, Rudolf Carnap, Nicolai Hartmann, Roman Ingarden, Tomáš Masaryk, Charles Morris, Francesco Orestano, Hans Reichenbach, Louis Rougier e Moritz Schlick, entre outros. Pelo que se depreende do relato que faz do congresso num dos capítulos do livro – e da ausência absoluta de seu nome e de sua apresentação no resumo e no índice da ata –, não houve grande interesse em sua participação. Há um parágrafo que fala sobre palestras sobre psicologia e estética no qual é possível que estivesse incluída sua apresentação. Duas coisas chamam a atenção na leitura dos anais dessa conferência: em primeiro lugar, que no resumo das conferências e discussões parece haver um debate sobre o tempo da física e da filosofia que ecoa o debate entre Albert Einstein e Henri Bergson de 1922 (p. 593). Em relação a isso mesmo, a segunda questão relevante é que foi Léon Brunschvicg quem estabeleceu a numeração dos *Pensamentos* de Pascal e que naqueles anos publicou livros sobre problemas que Carvalho certamente leu: *La Physique au vingtième siècle* (1939), *La Raison et la religion* (1939), *Descartes et Pascal: lecteurs de Montaigne* (1942). Ele também publicou um livro sobre Spinoza. Na menção de Carvalho, fica claro que foi a participação que ele mais gostou e admirou no congresso, visto que "certamente, mais que um filósofo, foi um observador humano" (Carvalho, 2014, p.68). Gosto de pensar numa tradição imaginária e anticartesiana em que se ligam Spinoza, Pascal, Bergson e Brunschvicg, que chega a Deleuze e Viveiros de Castro e coloca Flávio de Carvalho como parte desse conjunto.

6. Flávio de Carvalho, "Quo modo quar" em *Diário de São Paulo*, 11 jun. 1935; "O mecanismo da emoção amorosa: o engenheiro Flávio de Carvalho, de volta ao Brasil, fala sobre suas teses no Congresso de Praga", *A Nação*, Rio de Janeiro, 3 fev. 1935.

Tzara, André Breton e Roger Callois, com quem teve uma ligação mais estreita e que o aproximou do surrealismo etnográfico, agrupado em torno das figuras de Georges Bataille e Michel Leiris, que mais tarde, em 1937, fundaram o Collège de Sociologie. Essa ligação será fundamental para a teoria estética e epistemológica que Carvalho desenvolverá depois da viagem e, como no caso de Bo Bardi, para compreender seu descompasso com o Modernismo canônico, e, por outro lado, sua proximidade com o Oswald de Andrade mais tardio, o da Filosofia messiânica e o vestígio errático.[7] Essa relação ambígua com o Modernismo foi identificada logo por Gilberto Freyre, que escreveu o prólogo da primeira edição de *Os ossos do mundo* e descreveu Flávio como um pós-modernista.

Em certo sentido, a valorização de Freyre se deve ao fato de que, além de escrever ensaios e artigos jornalísticos, de sua atividade como dramaturgo e cenógrafo e de sua atividade profissional como arquiteto e engenheiro, Flávio de Carvalho realizou uma série de intervenções culturais, que chamou de "experiências". Essas experiências foram realizadas ao longo de várias décadas e apresentadas numa série numerada (*Experiências 1 a 4*), incentivando assim uma leitura conjunta delas.[8] A *Experiência n. 1* não é citada em seus escritos e não há muita documentação, mas aparentemente consistiu em simular um afogamento no rio, na fazenda de um amigo, para chamar a atenção das pessoas e, embora não tenha tido sucesso nem impacto, nos dá uma ideia de sua busca pela provocação.[9] Sua "obra" começa, a rigor, com a *Experiência n. 2*, realizada em 1931 nas ruas de São Paulo. Nela, Carvalho interrompeu uma procissão de Corpus Christi, caminhando no sentido contrário e com a cabeça coberta com seu chapéu. Quando os peregrinos perceberam,

7. Para compreender a relação de Carvalho com o surrealismo etnográfico e a forma como isso impactou sua ligação com o Modernismo brasileiro e sua concepção do primitivo, encontrei os textos de Aguilar, 2015; Antelo, 1997, 2004, 2006 e 2014; Mata, 2013, 2018, 2019a e b; Moreira Leite e Burbridge, 1995; Moreira Leite, 2004 e 2008; Moreschi, 2015a, 2015b, 2018 e 2019; e Stigger, 2010, 2014, 2017 e 2019.

8. Verônica Stigger (2017; 2019) propõe que a numeração das experiências possibilita uma leitura seriada e é um indicativo de continuidade. Para um desenvolvimento do conceito de experiência em Flavio de Carvalho ver Antelo, 1997; e Moreschi, 2020.

9. A menção à *Experiência n. 1* aparece em Sangirardi Jr., 1985, p. 33.

começaram a persegui-lo para linchá-lo. O evento apareceu nos jornais e teve grande repercussão. Após a experiência, Carvalho escreveu um livro baseado nela (*Experiência n. 2, realizada sobre uma procissão de Corpus Christi: uma teoria possível e uma experiência*). Baseando-se nos livros de Freud, *Psicologia das massas e análise do eu* e *Totem e tabu*, ele diz que seu propósito era provocar uma revolta para sentir a emoção e o inconsciente da "alma coletiva" através do estudo das mudanças que produziria na fisionomia das pessoas. Para isso, ele utiliza o próprio corpo e o detalhe da roupa (o chapéu) como provocação, algo que ele chama – em termos químicos – de reagente e que funciona da mesma forma que os resíduos históricos: colocando em evidência um traço inconsciente que abre as portas para outro modo de conhecimento que não é puramente intelectual, mas também corporal, intuitivo e sensível. Um ano antes, como delegado do movimento antropofágico, Carvalho havia apresentado uma conferência no Congresso Panamericano de Arquitetos chamada "A cidade do homem nu", em que propôs uma utopia urbana baseada no manifesto de Oswald para acabar com os tabus da moralidade cristã e burguesa: uma transformação do homem através do vestuário, da arquitetura e do planejamento urbano. Na mesma época, e antes de partir novamente para a Europa, ele foi secretário do Clube dos Artistas Modernos e organizou recitais, conferências e exposições baseados na arte de loucos e crianças. Fundou também o Teatro da Experiência, no qual estreou sua obra dramática *O bailado do deus morto*.

Na *Experiência n. 3*, realizada em 1956, Carvalho volta a desfilar pela rua, provocando um novo escândalo midiático em uma nova proposta de homem do futuro ligada a sua utopia urbana. Dessa vez ele saiu vestido de saia e com o que chama de *New look* ou vestimenta do novo homem dos trópicos. Essa experiência era baseada em sua pesquisa sobre moda que ele publicou em um conjunto de artigos em sua coluna Casa, Homem, Paisagem, do *Diário de São Paulo*, com o título "Moda e o novo homem", que mais tarde se tornou "Dialética da moda". Partindo de uma historicização dos modos de vestir de homens e mulheres desde a Antiguidade até os dias atuais, Carvalho propõe uma alternância dialética entre duas formas básicas de vestir correspondentes à oscilação entre dois momentos da história: o eufórico e o melancólico.[10]

Neste capítulo não tratarei dessas três experiências, mas da relação entre sua teoria estético-epistemológica e aquela que, por extensão de suas experiências anteriores, foi chamada de *Experiência n. 4*, ocorrida em setembro de 1958, e na qual realizou uma expedição à floresta amazônica. O acontecimento, que virou escândalo midiático por brigas internas, é descrito pelo próprio Flávio como "o épico mais importante da minha vida".[11] É desta forma que vou lê-lo: como uma epopeia, como um feito memorável com um efeito marcante em sua vida, como um acontecimento transformador e como aquilo que leva ao nível da experiência sua definição teórica do que é estética e daquilo que é para ele o conhecimento: abrir uma janela para um novo mundo e, nesse gesto, mudar não tanto o que se pensa, mas a imagem – a forma – do que é pensar.

Através de suas experiências Flávio procurou captar e honrar o preceito vanguardista de integração entre arte e vida e por isso as *Experiências* vão desde eventos de rua até expedições na selva, mas em todos os casos envolvem intervenções midiáticas para dar visibilidade e produzir um impacto nas crenças e na vida diária, como as roupas. As *Experiências* têm então a particularidade de poder ser tomadas em si mesmas como intervenções artísticas, ou, como disse Rui Moreira Leite, como "situações interativas" em que a própria ideia da vida como arte se revela, e que foram pensadas como antecedentes dos *happenings* dos anos 1960 ou como primeiras abordagens da arte performativa ou situacionista.[12] Mais do que seguir essa linha de leitura – que já se mostra frutífera – interessa-me resgatar o conceito de experiência como conhecimento e como suporte epistemológico para uma nova disciplina que Carvalho pretende fundar e na

10. Para um exame detalhado desta *Experiência*, ver Aguilar, 2021; Guerrero, 2010; Leite, 2004 e 2008; e Stigger, 2010 e 2014.

11. Flávio de Carvalho apud Leite, 2010a, p. 46

12. Rui Moreira Leite propõe que as intervenções de Flávio de Carvalho elevam a experiência de vida à categoria de arte e, ao mesmo tempo, indicam uma consciência dos meios de comunicação social como arena de performance pública e de intervenção social (Leite, 2004). A relação de Carvalho com a mídia também foi estudada por Maia, 2015 e 2017. Para uma leitura das *Experiências* de Flávio de Carvalho como antecedentes dos *happenings* e da performance contemporânea, ver Aguilar e Cámara, 2017.

qual se baseia seu programa filosófico para o futuro: *psicoetnografia*. Trata-se de um conhecimento que vem da estética, mas que atravessa diferentes campos. Não é uma antropologia ou uma psicologia, nem uma estética formal, mas uma mistura das três. Assim surge uma nova disciplina a partir da qual se produz um conhecimento que não é puramente racional ou científico, mas que não pode ser definido como "arte". Um conhecimento que transforma a investigação etnográfica e psicológica numa experiência estética ou numa aventura, e a aventura, numa forma de conhecer. Algo que, por sua vez, demanda um tipo de escrita que não seja nem sistematicamente filosófica, nem etnográfica ou psicológica no sentido científico, mas que também não seja exclusivamente literária. É uma escrita suspensa num limiar, algo que ele mesmo chamou de "ficção teórica".

A partir da análise conjunta de três ficções teóricas, *Os ossos do mundo*, de 1934, *Os gatos de Roma/Notas para a reconstrução de um mundo perdido*, de 1957, e *Diários amazônicos*, de 1958 (inédito), percebe-se um projeto filosófico – antropológico, epistemológico e estético – que envolve um programa para o futuro: uma nova cidade, uma nova forma de viver, uma nova forma de se relacionar com a sociedade, com a natureza e com os alimentos, uma nova forma de vestir (ou melhor, de não vestir), uma nova relação entre homens e mulheres, uma nova sexualidade.[13] Esse é o projeto do "artista total".[14] No entanto, estaríamos errados se lêssemos nesse programa algo semelhante a uma sociologia da cultura ou a um programa com políticas concretas e bem-intencionadas. Nem seu livro de viagens pela Europa, nem suas *Notas para a reconstrução de um mundo perdido* podem ser considerados por seu valor histórico, etnográfico ou psicológico. Da mesma forma, embora um dos propósitos da expedição à selva fosse etnográfico, o valor que ela pode ter para o leitor contemporâneo não é empírico – não é interessante como

13. No prefácio de *Os ossos do mundo*, Carvalho agrupa as preocupações do livro em três temas principais: 1. "as possibilidades de um mundo perdido e misturado", 2. "as origens da arte popular" e 3. "a influência mágica da pintura no comportamento e na formação do povo italiano". A rigor, os capítulos do livro tratam de assuntos muito variados, mas esse primeiro ponto – a preocupação de investigar um mundo perdido a partir de seus vestígios materiais – se repetirá nos outros dois textos que analisarei: tanto no título *Reconstrução de um mundo perdido* quanto na intenção com que ele parte para a selva amazônica.

14. Leite, 2008.

contribuição antropológica sobre o pensamento indígena ou sobre a "mentalidade primitiva" –, mas filosófico e estético. Assim, ao depurar tudo o que esse texto tem de pretensões históricas ou científicas, surge algo brilhante e pioneiro em termos teóricos. É então necessário ler as ficções teóricas de Carvalho com um certo distanciamento filosófico, retirando e substituindo constantemente sua literalidade, num vaivém entre o abstrato e o concreto. A concepção que ele tinha do primitivo como resíduo e sobrevivência – como uma presença lógica que é condição de possibilidade da vida –, e não como algo pertencente a uma temporalidade histórica, leva-o a procurar onde ele acredita que ainda existe no mundo real: em num pedaço do tempo fora do tempo. Assim, ele vai em direção à floresta como quem vai ver a si mesmo numa nudez total. Encontra um núcleo duro e imanente no qual a distinção entre sujeito e objeto e entre humanidade e mundo não faz mais sentido. Esse será o local neutro que Carvalho procura do ponto de vista estético. A psicoetnografia, disciplina que promove a abertura a um novo mundo e a uma outra ordem de coisas, só se manifestará de forma completa na experiência amazônica, quando ele descobre na floresta uma presença imanente: uma possibilidade filosófica futura.

O não tempo: uma arqueologia vital

Na teoria sobre os resíduos históricos que Flávio de Carvalho oferece em *Os ossos do mundo* ele pergunta qual seria o ponto de vista epistemológico necessário para poder analisar criticamente o próprio presente e encontra resposta na perspectiva arqueológica. Desde o famoso texto de Kant "O que é o Iluminismo?" e de sua muito mais recente exegese foucaultiana, sabemos que pensar o próprio presente é uma das tarefas mais desafiadoras para um intelectual e uma das quais ele não pode evitar para continuar a sê-lo. Em seu ensaio sobre o contemporâneo, Giorgio Agamben cita o caso de Nietzsche e suas *Considerações extemporâneas* para se referir àquele momento em que o filósofo alemão decide "aceitar seu próprio tempo" e reconhece que a única forma de o compreender é aceitar uma falta de conexão, um certo atraso. Agamben continua o argumento de Nietzsche: aqueles que tentaram refletir sobre a contemporaneidade só puderam fazê-lo sob a condição de a dividi-la em vários tempos, de introduzir uma des-homogeneidade essencial no tempo. Somente a partir desta cesura que implica considerar um tempo dentro de outro, diz Agamben, é possível estabelecer uma distância que nos permite ver aquilo que está muito próximo.

O capítulo "Os resíduos do mundo", no qual Carvalho desenvolve de forma mais sistemática sua teoria epistemológica e estética, já anuncia desde a epígrafe (uma citação de Nietzsche: "A história fará as revelações que você merece") que adotará uma perspectiva nietzschiana. O ponto de vista necessário na construção de um modelo não evolutivo de temporalidade, ele diz, é o do arqueólogo "malcomportado" que, por sua desobediência, adquire uma posição privilegiada para compreender o "não tempo":

> O arqueólogo malcomportado tem muito mais probabilidade de compreender *o não tempo*, de viver igualmente à vontade em todas as épocas que examina, desabrochando todas as camadas, mesmo as mais profundas, de sua sensibilidade, e que estão naturalmente alheias e bem afastadas do catecismo científico de seu mundo.[15]

O arqueólogo desobediente mergulha nas diversas camadas da história que não condizem com o tipo de sensibilidade de sua época para alcançá-la com a distância necessária que outra época proporciona. Assim, os resíduos materiais são o ponto de apoio que orienta a investigação sobre o passado, mas são também o que nos permite compreender o presente: "A luz sobre o passado é a única luz capaz de iluminar o presente, e de ajudar a derreter o véu da cegueira."[16]

Ao longo dos capítulos do livro, Carvalho compara a visão proporcionada pelo conhecimento das pegadas do passado como meio de iluminar o presente com diversas experiências através das quais é possível adquirir o distanciamento necessário – o anacronismo – para se abrir para uma nova perspectiva sobre o mundo, algo que ele qualifica como "visão filosófica".[17] A visão que um estrangeiro tem do país que visita, aquela que um homem tem quando olha as coisas de cima – visão que ele também chama de "a do homem em fuga" ou "cartográfica" – ou a visão que obtemos pelo

15. Carvalho, 2014, p. 57. (Destaque meu.)
16. Ibid., p. 52.
17. Ibid., p. 96.

agrupamento de objetos em coleções proporciona a "desadaptação" necessária para adquirir essa perspectiva. Ou seja, viagens, mapas, coleções, resíduos, ruínas e sobrevivências de outros tempos proporcionam um contraste, uma comparação e, portanto, uma desfamiliarização do olhar.

No ensaio que abre o livro, "Voando sobre as costas brasileiras e notas sobre a sensação do medo", ele conta o início de seu percurso de hidroavião do Rio de Janeiro para o Recife, onde pegaria o transatlântico. Ali já começam as reflexões sobre as mudanças perceptivas provocadas pela viagem e a perspectiva dada pela visão de cima:

> O homem em voo sente-se superior porque enxerga a cidade e o mundo das coisas como se enxergasse através um organismo transparente [...]. A visão do homem em voo adquire mais uma dimensão sobre a visão do habitante da superfície; ele é capaz de prever e calcular o destino do habitante da superfície, seu ponto de vista percorre o presente, o passado e o futuro desse personagem [...]. A visão em voo dispensa da condição "em linha reta", concede ao observador uma espécie de "transparência" das cousas [...]. Tinha a impressão que teria um arqueólogo que, passando sua vida na reconstrução de uma civilização, de um momento para o outro encontra seu trabalho pronto: todos os pedaços da cidade e todos os detalhes eram visualizados ao mesmo tempo.[18]

A distância proporcionada pelo voo permite alterar o modo de percepção temporal: faz com que tudo seja visto em conjunto – passado, presente e futuro – e "ao mesmo tempo", quebrando a linha reta, ou seja, rompendo com a homogeneidade temporal e produzindo nessa quebra uma espécie de transparência. É uma visão que, em outro capítulo, Carvalho compara com a instantaneidade que a imagem proporciona e a diferença da sucessão que a escrita implica: "a pintura dispensa a sucessão cronológica e a ideia de tempo que tanto caracteriza a literatura".[19] Essa concepção da imagem como ferramenta perceptiva para mudar o signo temporal nos lembra a de Lina Bo Bardi – a imagem como um "emaranhado maravilhoso" – e também, claro, a ruptura do tempo homogêneo e historicista que Benjamin propõe a partir da montagem: "não tenho nada a dizer, apenas a mostrar", "a história se

18. Ibid., p. 23.
19. Ibid., p. 100

decompõe em imagens, não em narrativas".[20] Tal como em Benjamin e Bo Bardi, esta concepção genealógica da história – que Flávio de Carvalho retira de Nietzsche – o levará a procurar nos resíduos históricos um fragmento intemporal que não funciona nem como essência, nem como origem, mas antes como concomitância ou estrutura imanente, algo que permanece no presente de forma sintomática ou repetitiva.

No capítulo "O berço da força poética", Carvalho explica as diferentes sensibilidades das escolas pictóricas e artísticas e faz uma espécie de historicização das diferentes correntes. Em sua proposta ouvimos um claro gesto vanguardista: desabituar o olhar para voltar a ver tudo como se fosse a primeira vez. Evidentemente, a percepção estética é uma das formas de estranhar a percepção e na teoria de Carvalho ela também se torna um modo de conhecimento, uma epistemologia e depois uma prática. Ele aponta o impacto que teve o Impressionismo quando começou a abrir a sensibilidade para a percepção de uma continuidade entre as diferentes coisas do mundo:

> O golpe de vista impressionista é uma revelação. O mundo se apresenta como ligado; tudo parece ser feito da mesma matéria: a luz, a árvore, a roupa no cabide, a terra, a mulher, a garrafa de vinho, tudo e todos se igualam atrás do véu, são feitos da mesma substância, [...] uma única "unidade" compõe a essência de tudo e faz com que cada objeto possa se entender com o outro e não se apresente isolado [...]. Este primeiro "entendimento" entre os objetos é o começo de uma nova era e de uma nova sensibilidade.[21]

Trata-se de uma ideia que se torna cada vez mais clara: tudo no mundo é feito do mesmo material e não existe uma lacuna cromática entre objetos, terra, árvores e pessoas; existe uma "unidade" entre o mundo orgânico e inorgânico. Aquilo que o Impressionismo mostra em um nível puramente representativo – na pintura – dá um salto no Surrealismo: sai do limite da pintura para se tornar uma forma de ver a realidade. A abolição da sucessão temporal e da distância pictórica passa então para

20. Conforme o capítulo 2, subtítulos "Pedras contra brilhantes: de uma ética a uma política da opacidade" e "O Brasil não faz parte do Ocidente: um nó de tempos emaranhados e uma montagem geopolítica".
21. Carvalho, 2014, p. 95.

outro nível. O Surrealismo acaba fortalecendo aquela visão em que se produz continuidade e, ao mesmo tempo, produz também uma abolição da distância ontológica entre coisas e pessoas, entre pessoas e animais:

> Vimos as visões mais fortes e mais emotivas e coisas de que nunca dantes tínhamos suspeitado a existência [...]. Estamos em face de um novo problema de uma nova proposta filosófica. O mundo inorgânico fala e sente como o orgânico, o animal e o humano têm a rigidez do mundo inanimado, dá-se uma *trasmutação de valores*, tudo se torna anímico e igual, qualquer coisa pôde, querendo manifestar as características de todas as outras coisas [...]. Uma base filosófica enquadra o todo. A pintura super-realista não é só pintura, mas também um instrumento de pesquisa, ela revela ao mundo uma nova sensibilidade e ajuda a desabrochar a sensibilidade do mundo.[22]

A visão filosófica apresentada pelo Surrealismo torna-se, para Carvalho, um instrumento de investigação do mundo real. É isso que a perspectiva arqueológica implica quando levada às últimas consequências: lançar-se aos vestígios do passado ou ver com uma distância que nos permita perceber o tempo dentro do tempo – ver o "não tempo" – não implica um movimento puramente retroativo, nostálgico ou exótico, mas envolve dar vida (animar) àqueles resíduos que pareciam não mais tê-la, ou implica simplesmente desabrochar uma sensibilidade que nos permite ver a vida que está alojada naquilo que parecia nunca ter tido. O mundo inteiro muda de signo e, como num passe de mágica, torna-se um cemitério cheio de ossos, torna-se um fetiche:

> O mundo objetivo tem o aspecto de um vasto cemitério onde cada objeto funciona como um fetiche capaz de aguentar um processo de magia [...]. Todo o mundo objetivo funciona como fetiche, quando percebido pelo homem. Todos nós, mesmo contra a nossa vontade, praticamos magia.[23]

Dessa forma, o que interessa particularmente a Carvalho nos ossos do mundo não tem a ver apenas com uma possibilidade epistêmica de conhecimento histórico em sentido científico, mas com a certeza de que, ao serem colocados numa coleção, ao serem "estranhados" ou percebidos de forma anacrônica, esses resíduos que pareciam descartáveis

22. Ibid., pp. 100-101. (Destaque meu.)
23. Ibid., p. 55.

voltarão a ter sentido e produzirão um despertar para um outro tempo ou para outro registro que ultrapassa a razão epistêmica moderna. Deles surgirá uma surpresa e um efeito sensível que vinculará o mundo material a uma esfera afetiva, emocional e estética que, por sua vez, implicará uma nova forma de conhecer. Flávio de Carvalho parece dizer então que a forma de compreender o impacto que esses restos materiais podem produzir é deixar de considerar o passado como um *fato objetivo* e passar a pensá-lo como um *fato de memória*, ou – como diz Georges Didi-Huberman a respeito Walter Benjamin[24] – passar de uma "arqueologia material" para uma "arqueologia psíquica", para dar lugar à escuta do impensável, das latências, das reverberações. Ou seja, a virada epistemológica provocada pela arqueologia material tem impacto na definição do campo estético, uma vez que o resíduo provoca uma transfiguração do regime sensível ou uma alteração da forma de afetar o objeto estético:

> A sensibilidade do homem são, precisamente, os ossos do mundo organizados em coleção; só as coleções podem fornecer comparação e dialética, e consequentemente sugestibilidade. [...] Um exame dos objetos do mundo e das coisas encontradas no correr da vida não somente desperta uma nova sensibilidade no indivíduo, que antes se achava adormecida, mas também estabelece *uma ligação anímica maior entre o indivíduo e o objeto examinado*; o objeto adquire para o indivíduo um valor e uma sugestibilidade que ele dantes não possuía; o objeto torna-se uma fonte de recordação das dúvidas e do drama da vida... o objeto *vive* quanto o próprio indivíduo. De uma coisa jogada no acaso do mundo, ele se transforma numa coisa transbordando de sugestibilidade, ele adquire "atmosfera". *Semelhantes sensações não são mensuráveis pela física moderna, que fracassa completamente quando a noção de tempo perde seu sentido vulgar de cronômetro.*[25]

Colocado em coleção, o resíduo adquire vida, "sugestibilidade", ou seja, torna-se animado. Nesse sentido, a escolha feita por Carvalho dos ossos como metáfora central para se referir aos resíduos não é acidental, uma vez que, sendo restos viventes, não são simplesmente "objetos" e, portanto, põem em questão a distinção entre o interno e o externo, o sujeito e o objeto, o vivo e o inerte, o humano e o material, o passivo e o ativo ou o natural e o social. Os ossos escolhidos como cristalização do resíduo

24. Didi-Huberman, 2008, p. 154-155.
25. Carvalho, 2014, p. 42. (Destaque meu.)

permitem a Flávio de Carvalho ir um passo além da noção *de arqueologia psíquica* para ir na direção de algo que poderíamos pensar como um*a arqueologia vital*. Ou seja, levando em conta que, num esquema de pensamento dualista moderno-iluminista, os objetos materiais são entendidos como entidades passivas nas quais os humanos deixam sua marca ou pegada, no momento em que esse nexo é desestabilizado, entramos numa epistemologia diferente. Carvalho reconhece que essa concepção animista que faz do mundo um fetiche provém de um pensamento não ocidental:

> Todo o mundo objetivo e em particular os ossos do mundo, os resíduos ancestrais, funcionam como condutores de "verdade" e consequentemente oferecem um poder terapêutico pouco compreendido hoje devido ao infeliz e *tacanho espírito científico do século*. Só as civilizações africanas e asiáticas compreenderam bem o valor terapêutico oriundo da sugestibilidade do objeto, só elas souberam *colocar a sequência dos acontecimentos fora da ideia de tempo*.[26]

A capacidade de dar vida ao objeto e ao mundo material também traz uma mudança na concepção de temporalidade teleológica e evolutiva vinda do *infeliz e tacanho espírito científico do século*. O conhecimento já não se baseia em dessubjetivar ou desanimar, olhar de fora para um objeto inteiro e sem restos; conhecer também implica receber a intencionalidade do objeto: *produzir um vínculo psíquico mais intenso entre o indivíduo e o objeto examinado*. Isso é algo em que, como afirmado na citação acima, a ciência física moderna falha completamente por não possuir uma concepção de temporalidade mais complexa do que a cronológica. Carvalho parece nos dizer que, para esse tipo de ontologia, já não podemos contar com a epistemologia ocidental – com a ciência e a razão –, é necessário apelar para uma sensibilidade que permita estabelecer uma "conexão anímica". Ou seja, os ossos do mundo não só contam histórias e reativam uma memória vital das coisas, como também, ao fazê-lo, "despertam no indivíduo uma nova sensibilidade" que já nesse texto inicial Carvalho associa a uma "sensação de beleza e encanto".[27] Ou seja, a arqueologia material produz uma virada epistemológica tal que, no novo esquema, *a definição de conhecimento envolve*

26. Ibid., p. 55. (Destaque meu.)
27. Ibid., p. 55.

um componente estético, uma vez que o resíduo provoca uma transfiguração do regime sensível: uma alteração que envolve um componente emocional e afetivo. Uma epistemologia ocidental baseada na razão não pode corresponder a uma ontologia em que o objeto adquire "vida", pois há algo que lhe escapa: o "sentido vulgar do cronômetro" típico da física não consegue captar as possibilidades que a matéria guarda.

A essa altura, é difícil para um leitor contemporâneo não pensar que Flávio de Carvalho pode ser considerado um precursor de alguns dos programas filosóficos contemporâneos ligados aos novos materialismos e a propostas teóricas que tentam escapar das dicotomias da modernidade. Neste ponto também é possível vincular sua epistemologia com aquilo que, como explica Eduardo Viveiros de Castro em *Metafísicas canibais*, pode ser atribuído ao xamanismo e à cosmovisão ameríndia.[28] Via Nietzsche, Freud e o Surrealismo, Flávio de Carvalho leva ao extremo a possibilidade de transformar restos em sintomas e dar uma linguagem à matéria e ao corpo, transformando-os em fetiches. Mas a antropofagia modernista, suas pesquisas próximas ao surrealismo etnográfico e suas viagens – já que neste quadro a experiência e a aventura são fundamentais – o levam ainda mais longe que esses pensadores e que o Modernismo canônico brasileiro em sua virada epistemológica. Por um lado, porque a procura dos ossos do mundo não é a procura de uma origem arcaica ou primitiva para assentar as bases de uma cultura nacional. Mas, por outro lado, porque não só subverte o cogito cartesiano de um fragmento psíquico e inconsciente, mas leva essa subversão a um extremo em que o contato do mundo material e subjetivo produz uma "mágica"

28. "O xamanismo é um modo de agir que implica um modo de conhecer, ou antes, um certo ideal de conhecimento. Tal ideal está, sob certos aspectos, nas antípodas da epistemologia objetivista favorecida pela modernidade ocidental. Nesta última, a categoria do objeto fornece o telos: conhecer é 'objetivar'; é poder distinguir no objeto o que lhe é intrínseco do que pertence ao sujeito cognoscente, e que, como tal, foi indevida e/ou inevitavelmente projetado no objeto. Conhecer, assim, é dessubjetivar, explicitar a parte do sujeito presente no objeto, de modo a reduzi-la a um mínimo ideal (ou a ampliá-la demonstrativamente em vista da obtenção de efeitos críticos espetaculares). [...] O xamanismo ameríndio é guiado pelo ideal inverso: conhecer é "personificar", tomar o ponto de vista daquilo que deve ser conhecido. Ou antes, daquele; pois a questão é a de saber "o quem das coisas" (Guimarães Rosa), saber indispensável para responder com inteligência à questão do "por quê". A forma do Outro é a pessoa. [...] Aqui, é preciso saber personificar, porque é preciso personificar para saber" (Viveiros de Castro, 2010, p. 40).

que faz o mundo mudar do signo e se animar, provocando assim um descentramento do humano, do antropo. No ponto de encontro entre suas pesquisas filosóficas, estéticas e antropológicas, Carvalho passou então a sustentar uma ontologia e uma teoria estético-epistemológica que mais tarde levaria, em sua expedição à selva amazônica, a sua face experimental. É uma visão filosófica desobediente que, como diz a epígrafe do capítulo, abre as portas para um novo nascimento: para um novo mundo. À ciência que o guia para esse lugar sensível e corpóreo – que é ao mesmo tempo um lugar de conhecimento – e que lhe permite não só encontrar a vida no mundo material, mas também uma mesma matéria e natureza para as diferentes coisas e espécies do mundo, Flávio de Carvalho chamará de "psicoetnografia" e o caminho para chegar até ela será a floresta.

Atrás da linguagem: o sonambulismo da história e a psicoetnografia

O conjunto de textos reunidos sob o título *Os gatos de Roma/Notas para a reconstrução de um mundo perdido* foi publicado pela primeira vez no *Diário de São Paulo* entre os anos de 1957 e 1958. Nele Flávio de Carvalho oferece uma teoria arqueológica sobre o desenvolvimento intelectual, linguístico e estético do homem e forja o conceito de *sonambulismo da história* para pensar a sensibilidade estética. Essa escrita insere-se no que Marcelo Moreschi considera como uma nova etapa da produção carvalhana,[29] na qual suas teorias se tornam ainda mais ambiciosas e também na qual publica, em forma de artigos em jornais, duas séries distintas que constituem versões preliminares do que pretendia publicar em forma de livros. Em primeiro lugar, "A dialética da moda" – a que já me referi brevemente – e, em segundo lugar, a série de textos que compõem *Os gatos de Roma/Notas para a reconstrução de um mundo perdido* (doravante *Os gatos/Notas...*). No título desses escritos, a ideia de "reconstrução de um mundo perdido" nos lembra o que ele pretendia abordar em *Os ossos do mundo*: estudar as possibilidades de um mundo perdido e misturado. Porém, se nesse livro Carvalho procurou o arcaico em referência à cultura ocidental, aqui sua ambição é maior: ele recua ainda mais no tempo

29. Moreschi, 2019, p. 24.

até um momento pré-anímico, pré-histórico e pré-linguístico da humanidade, e estuda como ocorreu a descida das árvores, ou o momento em que os humanos aprenderam a ficar em pé, a dançar, a caminhar, a engolir comida, a sorrir, a mentir, a encenar e a falar. Cada uma dessas instâncias é pensada como um momento do tempo histórico e evolutivo do humano, mas também é tomada como um momento lógico e como condição de possibilidade de uma estrutura afetiva do humano. Mais do que uma pré-história, portanto, é uma proto-história, algo que vem antes, não num sentido cronológico, mas num sentido lógico.[30]

Em 1956, após o escândalo causado pela *Experiência n. 3*, Flávio de Carvalho partiu para Roma, onde ocorreu uma exposição de suas pinturas numa galeria de arte. Os ensaios de *Os gatos/Notas...* começam então com reflexões sobre a Roma Antiga, cujo impacto ele evidentemente sentiu nessa viagem.[31] No livro, conta suas impressões e dá algumas recomendações sobre a necessidade de estabelecer um contraste e um distanciamento com os locais visitados para perceber a densidade temporal que o habita e a emoção estética que a cidade oferece. Ao perceber a Roma do passado através de suas ruínas, o arqueólogo malcomportado percebe uma fissura na ordem cronológica, trazendo para o presente um fragmento do passado. Para isso, Carvalho inventa um nome com o qual vai tornando mais preciso o argumento de seu livro de viagens: o *sonambulismo da história*, um estado de semivigília, um fragmento do passado adormecido que acorda sem acordar – uma espécie de inconsciente da história – e que se inscreve nos corpos sob a forma de emoção estética:

> A emoção estética não é explicável por um raciocínio lógico ou pertencente ao mundo imediato da vida e da consciência... e não se deve tentar fazê-lo sob pena de desperdiçar um precioso tempo sem resultados. A emoção estética deve ser considerada como uma *brecha nas malhas da consciência* e do mundo organizado e estabelecido, como um rompimento do dogma diário: *é como abrir uma janela para um outro mundo*.[32]

30. Tanto Antelo (2014) como Mata (2013, 2018, 2019a, 2019b) e Moreschi (2019, 2020) têm se ocupado deste texto em profundidade. Suas análises foram imprescindíveis para o meu trabalho.

31. Raúl Antelo (2014) lê nestas reflexões sobre Roma e sobre a origem do Barroco uma antecipação de muitas das teorias do Barroco latino-americano (Antonio Candido, Lezama Lima, Ángel Rama).

32. Carvalho, 1957-i. (Destaque meu.) A passagem em que menciona o conceito de "sonambulismo da história" é a seguinte: "Vila Julia não tem idade definida porque é uma expressão estética e uma

O estético é então definido por permitir que apareça um resto impensado e inconsciente que rompe com a organização lógica. É o produto de uma mudança de sensibilidade que provoca uma colisão com um fragmento de tempo fora do tempo, com aquilo que rompe um curso linear e evolutivo, o contato com algo que – como os ossos ou o sono – parece externo e interno ao mesmo tempo, estranho e íntimo ao mesmo tempo. O estético ultrapassa a esfera artística e o campo da beleza, pois implica o acesso a uma outra temporalidade e a um lugar que está fora de toda intencionalidade e domínio subjetivo e, portanto, não pode mais se limitar a uma única esfera, antes diz respeito a uma transversalidade de saberes. É por isso que o estético, para Carvalho, não pode mais ser definido nem do ponto de vista de uma sensibilidade romântica – como algo sublime –, nem sob os cânones do Modernismo, ou seja, como algo puramente formal. Num ensaio de 1936 cujo título – não menos sugestivo – é "Uma arte única que se presta à arte anormal", ele diz o seguinte:

> O problema estético hoje não é mais a abstração lírica cheia de impasses lógicos, mas pertence em grande parte aos domínios da psicopatologia e de uma ciência que ainda está por se criar e que poderia bem se chamar *psicoetnografia.* O belo hoje tornou-se uma coisa espinhosa, um bicho feio e difícil de amansar.[33]

Para apreender essa coisa espinhosa, anormal e perturbadora como um osso, mas ao mesmo tempo atraente como um sintoma, em que o belo se transformou, é necessário forjar uma nova disciplina que seja uma conjunção de vários saberes, esferas e capacidades sobrepostos: a da *psicoetnografia.* A coleção de papel higiênico citada no início deste capítulo atesta essa transformação. Mas não é apenas um alargamento dos limites do estético em termos puramente formais (como se poderia pensar num sentido meramente artístico-vanguardista), mas também implica uma virada/subversão estético-epistemológica e ontológica. A teorização desse trabalho psicoetnográfico é desenvolvida nos outros

expressão estética pertence ao sonambulismo da História". As citações destes escritos se farão seguindo a publicação original do *Diário de São Paulo* porque no momento em que as consultei não estavam publicadas ainda em forma de livro. Larissa Costa da Mata publicou uma edição completa destes escritos (2019b).

33. Flavio de Carvalho apud Moreira Leite, 2010, p. 72.

capítulos de *Os gatos/Notas...*, nos quais ele vai em busca de um fragmento de tempo fora do tempo – um não tempo – que seja também atual e condição para a possibilidade de uma estrutura afetiva a partir da qual se produz o vínculo entre a humanidade e o mundo. Uma estrutura afetiva que se alicerça na floresta ("A floresta seria o berço das primeiras forças afetivas do homem")[34] e que, portanto, permanece como núcleo lógico para a sensibilidade estética e para o conhecimento.

A partir de seu trabalho como arqueólogo malcomportado, Carvalho estabelece que a base da civilização humana está na floresta: "A floresta se define então como base de uma cultura e de uma civilização."[35] Isto significa não apenas que a floresta é o local onde *surge* a civilização – ou seja, não cumpre um papel apenas como espaço físico ou ponto de origem no tempo –, mas que também marca uma anterioridade lógica: um caminho, uma forma de sustento e vínculo dos homens uns com os outros e dos homens com os animais, com a natureza e com o mundo. A floresta estabelece o temperamento e a afetividade do humano em seus primórdios e é algo que permanece como estrutura. O acontecimento mais importante na passagem do antepassado do homem à forma humana atual é, para Carvalho, a "descida da árvore", e a floresta é o apoio e o cenário que serve ao homem para esse acontecimento e para sua transformação em humano. A floresta é o berço do temperamento humano, que começa nessa descida e se define *como um vínculo afetivo entre o homem e a terra*. Esse vínculo, que Carvalho compara às raízes de uma árvore, é o que permite o equilíbrio mental do homem e, portanto, sua estrutura psíquica.[36] Na floresta, nesta descida e no primeiro vínculo do homem com a terra, começa também o sono e o sonho, e com o

34. Carvalho, 1957i.

35. Id., 1957h.

36. "O homem está intimamente ligado à árvore em seu passado antigo e a floresta é seu primeiro hábitat. O primeiro temperamento do homem nasceu na floresta e não podia ser de outra maneira, pois a floresta foi sua primeira casa e foi nela que ele iniciou sua atividade de Homo Faber. Não nos esqueçamos que foi a Floresta que serviu de apoio e cenário para a espetacular Descida da Árvore pelo antepassado do homem; o acontecimento mais importante de sua vida. A floresta seria o berço das primeiras forças afetivas do homem. O Temperamento é o laço afetivo que liga o homem à terra. É a raiz que liga o homem à terra estabelecendo seu equilíbrio mental, que forma o temperamento da mesma maneira como as raízes de uma árvore estabelecem e determinam o equilíbrio da árvore" (Carvalho, "IX. A simulação, a floresta e o primeiro temperamento: a descida da árvore", 1957i).

sonho começam a aparecer as imagens "assintáticas", que terão como resultado as primeiras simulações, as primeiras mentiras.[37] A partir da mentira começa a se manifestar o caráter social da humanidade, o viver em comum: "A simulação e a mentira se tornam as forças vitais do início do *Homo Socius* e a mais importante manifestação social de caráter gregário".[38] As primeiras formas pré-linguísticas de linguagem começam então a aparecer após essa descida da árvore e a primeira vida em comum. Assim, surgem a dança e o soluço – primeira forma de ritmo musical – como manifestações corporais de medo, tristeza e alegria.[39] Na seção "Atrás da linguagem"[40] – título que prenuncia um dos títulos que Clarice Lispector havia pensado para seu romance *Água viva: atrás do pensamento* –, Carvalho analisa um momento anterior à comunicação linguística no qual o homem ainda não tinha a capacidade de articular sons significativos e, por isso, supriu essa falta com outra habilidade: a de adivinhar os pensamentos de seus semelhantes humanos e animais. Carvalho descobre assim outras funções da linguagem que nada têm a ver com a comunicação e através das quais não só sua representatividade é posta em questão – isto é, uma relação fixa entre significante e significado[41] –, como também, por meio dessas funções, a linguagem adquire outro estatuto ontológico: a linguagem torna-se corpo, torna-se material; e é a partir dessa materialidade que se estabelece um vínculo afetivo do humano com o meio ambiente, com os outros humanos e com os animais. Trata-se de um vínculo que é pré-linguístico, mas que é ao mesmo tempo a base da linguagem. O procedimento arqueológico de *Os ossos do mundo* é acionado em busca de um resíduo, um fragmento material de linguagem que não significa e que não faz sentido – um osso –, mas que é *condição de possibilidade para que o sentido seja produzido*. O título da seção mostra que não se trata de uma anterioridade temporal

37. "A floresta já apresentava em si as condições dramáticas apropriadas à dispersão de imagens (assintáticas) encontradas no sonho" (Carvalho, 1957i).

38. Carvalho, "IX. A simulação, a floresta e o primeiro temperamento: a descida da árvore", 1957i.

39. Id., "X. A mentira e o soluço do mundo: a dança nasceu na floresta", 1957j; e "XI. O bailado do silêncio", 1957k.

40. Id., 1957r.

41. Mata, 2013, p. 93.

ou histórica, mas de uma posição espacial, topológica e, portanto, material: não está "antes" da linguagem, mas "atrás" da linguagem, numa anterioridade que não é temporal, mas lógica. Assim, aquele fragmento linguístico que não é a linguagem – esse "laço" primário e corporal com os outros humanos, com o mundo circundante e com os animais – é desvinculado de um momento histórico para se tornar parte da forma como Carvalho concebe *o núcleo da vida*, um além do inconsciente que opera não apenas inclinando a soberania do sujeito sobre si mesmo, mas também pulverizando o subjetivo enquanto categoria delimitada em relação ao objeto. A partir do acesso a esse lugar residual – a floresta – que está por trás da linguagem como base e condição de possibilidade do vínculo afetivo do humano com o mundo, abre-se uma brecha nas malhas da consciência e entra-se em "outro mundo": em uma experiência estética.

Uma Roma indígena: a floresta como esqueleto da vida

A expedição de 1958 não foi a primeira empreendida por Carvalho. Ele já havia feito outras viagens – como ao Paraguai, ao Peru e à Bolívia – com o objetivo de fazer pesquisas etnográficas e estéticas.[42] Na expedição imediatamente anterior a essa, ocorrida em 1952, Carvalho integrou como fotógrafo a equipe de filmagem de O *grande desconhecido*, do italiano Mário Civelli. Lá manteve contato com indígenas da etnia Karajá, na ilha do Bananal, e a partir desse momento começou a procurar uma forma de retornar à floresta. Em setembro de 1958 integrou uma expedição oficial liderada pelo chefe da Primeira Inspetoria Regional do Serviço de Proteção aos Índios (SPI), Tubal Fialho Vianna Filho, que buscava estabelecer o primeiro contato com grupos Waimiri e Ninam Xiriana. Carvalho tinha múltiplos propósitos para essa expedição. Em primeiro lugar, tinha um fim etnográfico: procurar uma aldeia supostamente perdida de índios loiros de olhos azuis. Trata-se

42. Para apreciar as expedições de Flávio de Carvalho dentro de uma perspectiva de conjunto, é preciso consultar o catálogo da exposição de curadoria de Renato Rezende e Amanda Bonan (2017). A perspectiva panorâmica que Rezende traz em seu artigo, assim como o texto de Verônica Stigger nesse mesmo catálogo (2017) e o de Mata (2019), em que se ocupa especificamente da *Experiência n. 4*, foram fundamentais para meu trabalho. Da mesma forma, para a expedição ao Paraguai, o artigo de Florencia Donadi (2019) é crucial.

de uma aldeia que, segundo o próprio Carvalho, foi vista por Frei Carbajal em 1541, quando ele percorreu a floresta amazônica com a expedição de Francisco Orellana.[43] Em segundo lugar, tinha um fim antropológico: analisar a psicologia e a visão de mundo indígena ou do homem primitivo. Por fim, tinha um propósito artístico: rodar um filme semidocumental, intitulado *A deusa branca*, em que seria contada a história real de uma mulher chamada Umbelina Valéria, sequestrada pelos indígenas. Carvalho soube dessa história quando, em janeiro de 1958, fez uma viagem ao Norte e Nordeste do Brasil e leu uma matéria de jornal sobre o assunto. Aparentemente, Umbelina foi sequestrada aos catorze anos por indígenas da região amazônica e ficou em cativeiro por vinte e quatro anos, até que a aldeia que a retinha entrou em guerra com uma aldeia vizinha e ela aproveitou para fugir com seus quatro filhos.[44] Em termos operacionais, para realizar essa expedição, Flávio de Carvalho reuniu um grupo de pessoas para rodar o filme, que incluía o fotógrafo belga Raymond Frajmund, o jornalista Norberto Esteves e duas atrizes, Eva Harms, de 19 anos, de Curitiba, e Olga Walewska, de 24 anos, gaúcha de origem polonesa, para serem as atrizes de seu filme. A expedição começou bem, mas depois começaram as brigas pelas mulheres e as acusações entre os homens, que acabaram atirando uns nos outros.

Nas páginas que se seguem não tratarei nem do filme – que por fim não foi feito, embora ainda haja material gravado –, nem do escândalo midiático – que Verônica Stigger tratou longamente em dois ensaios

43. Verônica Stigger fez uma pesquisa detalhada sobre a veracidade da existência destes indígenas louros em relação à expedição de Flávio (2017 e 2019). Stigger analisa a *Experiência n. 4* como modo de conhecimento, no entanto, entende-a mais como uma busca de conhecimento empírico, etnográfico, do que como eu pretendo lê-la: como uma transformação epistemológica. Para mais detalhes sobre os preparativos da expedição, há muitas matérias da imprensa – que consultei no Cedae –, já que o evento foi promovido pelo próprio Flávio de Carvalho. Por exemplo: "Ultimam-se os preparativos da expedição. Percorrerá regiões desconhecidas visitando afluentes do Rio Negro", no *Diário de São Paulo*, 24 ago. 1958. O caso da expedição à floresta amazônica é um pouco diferente das outras expedições porque, apesar de ter sido batizada como a *Experiência n. 4* pela imprensa (Gustavo René, "Flávio de Carvalho realiza sua experiência n. 4", *Revista do Globo*, Porto Alegre, 20 set. 1958; Daniel Linguanotto, "Falhou a Experiência n. 4 por causa da Deusa Branca", *Manchete*, Rio de Janeiro, 20 dez. 1958), Carvalho não nega essa caracterização, colocando a viagem amazônica numa série com as experiências anteriores e habilitando uma leitura conjunta.

44. Toledo, 1994, p. 558. Segundo Rui Moreira Leite (2004), a filmagem era apenas uma desculpa para poder ter cobertura jornalística.

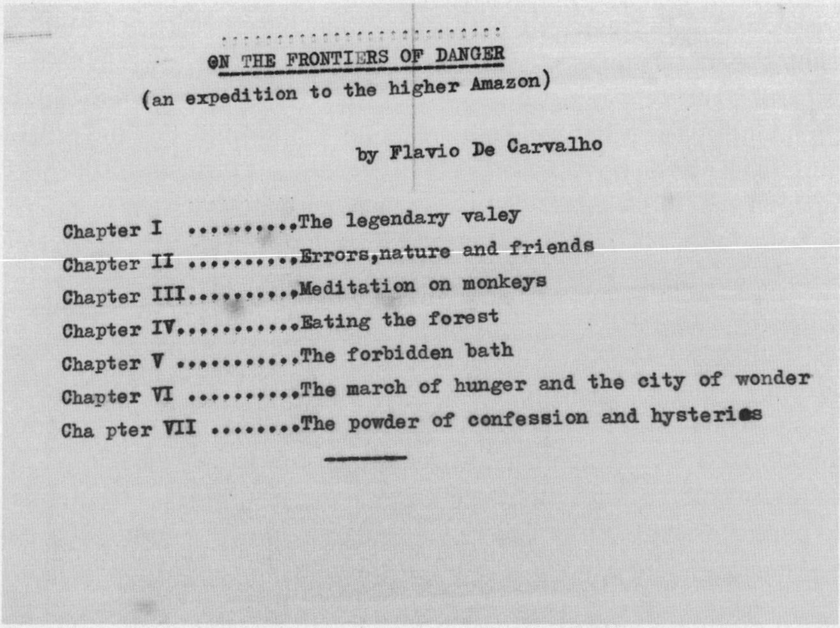

ON THE FRONTIERS OF DANGER

(an expedition to the higher Amazon)

by Flavio De Carvalho

Chapter I ....The legendary valey
Chapter II ....Errors,nature and friends
Chapter III.........Meditation on monkeys
Chapter IV..........Eating the forest
Chapter V ....The forbidden bath
Chapter VI ....The march of hunger and the city of wonder
Cha pter VII ....The powder of confession and hysteries

Figura 20: Índice do texto datilografado "On the frontiers of danger", foto tirada pela autora no Fundo Flávio de Carvalho, Cedae, Universidade de Campinas.

recentemente publicados –, mas da análise de um escrito inédito, em inglês: "On the frontiers of danger" ou "Diários amazônicos" (o texto aparece sob os dois títulos no arquivo do Centro de Documentação Alexandre Eulalio – Cedae – da Universidade de Campinas). Este escrito, juntamente com o depoimento sobre a expedição que Carvalho proferiu em uma conferência para a Sociedade de Arquitetos de São Paulo, na Universidade de São Paulo, em 1963 (publicada, em série, na *Folha de São Paulo* no ano de 1975 e posteriormente reunida no catálogo da exposição dedicada a Flávio de Carvalho no MAM de São Paulo),[45] são as duas fontes do próprio Flávio de Carvalho que temos sobre essa experiência. Os dois textos são bastante diferentes. Na conferência para os arquitetos em 1963,

45. Leite, 2010.

prevaleceu um tom explicativo e anedótico. É uma crônica dos acontecimentos vividos na floresta em que ele conta os conflitos ocorridos entre os participantes e algumas questões isoladas relativas à arquitetura das aldeias indígenas. Não há ali nenhuma reflexão filosófica, mas um relato empírico de pequenos episódios em que se destaca a dimensão aventureira e intrépida da empresa. "Diários amazônicos" ou "On the frontiers of danger", por outro lado, tem um estilo muito mais literário, reflexivo e filosófico. Existem dois exemplares datilografados – em inglês e em português – que têm o mesmo título ("Nas fronteiras do perigo"/"On the frontiers of danger"), mas apresentam uma estrutura de capítulos diferente e também, pelo que pude verificar, diferem sutilmente em sua escrita, sendo ainda mais literário e filosófico o texto em inglês do que o em português, que mantém uma linguagem mais descritiva e anedótica.[46]

Assim como aconteceu em *Os ossos do mundo*, em "Nas fronteiras do perigo" Carvalho intercala detalhes da viagem e do percurso com observações sobre o indígena e a floresta. O texto não menciona nem

46. Infelizmente, quando consultei o arquivo da Cedae, só tive acesso à cópia datilografada em inglês desse texto, e somente há alguns meses (quando já tinha uma primeira versão manuscrita deste livro) pude ver uma versão parcial da cópia em português no livro de Larissa Costa da Mata, *O berço da força poética*. Devo a Marcelo Moreschi a possibilidade de acesso a esse livro em meio à pandemia. Não vou me concentrar em estabelecer a diferença entre essas duas cópias pois só tenho uma cópia parcial da versão em português, embora a diferença no estilo e na estrutura dos capítulos mostre que a versão em inglês tem um estilo muito mais elaborado. Pelo que consegui ver da edição parcial mencionada em português, os capítulos são: 1. Na fronteira do perigo; 2. Rumo ao Alalaú: a terra de ninguém; 3. No país dos Waimiri; 4. Meditação na floresta; 5. O apetite na floresta; 6. Meditação do rio Camanaú; 7. ?. Enquanto que em inglês são: 1. The legendary valley; 2. Errors, nature and friends; 3. Meditation on monkeys; 4. Eating the forest; 5. The forbidden bath; 6. The March of hunger and the city of wonder; 7. The powder of confession and hysteries. Além disso, algumas conclusões podem ser tiradas da cópia de *Os ossos do mundo* datilografada e traduzida para o inglês pelo próprio Flávio de Carvalho, que se encontra na Universidade de Yale, na Beinecke Library, sob o título *Southern Meditations*. A diferença entre os textos em português e em inglês nos leva a refletir sobre seu método de reescrever seus próprios textos em outro idioma, pois, embora os textos sejam semelhantes, não são idênticos. Carvalho muda a ordem dos parágrafos e reescreve algumas coisas, em alguns casos até dando à tradução um tom mais poético ou dramático. Isso é exatamente o que, até onde pude ver, acontece com o manuscrito datilografado de "Diários amazônicos" e de "On the frontiers of danger".

a intenção de fazer um filme, nem as brigas e desavenças entre os integrantes da equipe.[47] O texto é completamente livre de todo aquele ruído midiático e vai para outro lugar: cada anedota ou fato referente à floresta e aos indígenas desperta especulações sobre as diferenças entre a visão de mundo ocidental e a do indígena em relação ao tempo, à alimentação, à sexualidade, à relação com a natureza, aos animais, aos rituais, à música, à dança, ao teatro, à morte e às formas de habitar. No texto em inglês, passado o rebuliço e o imediatismo da expedição, fica a experiência: diminui a intenção de oferecer conhecimento etnográfico do mundo indígena – de produzir conhecimento positivo, sociológico, empírico – e aumenta o desejo de encontrar, com "visão filosófica" ou desobediência, o local atemporal onde os laços afetivos pré-linguísticos típicos da floresta e da humanidade primitiva ainda podem ser vivenciados.[48] Assim, com essa expedição e com a procura de "um mundo perdido", traça-se um fio que vai de *Os ossos do mundo*, passa por *Os gatos/Notas...* e finalmente chega ao lugar – um não tempo – em que se encontram as bases lógicas do mundo perdido: uma outra Roma, uma Roma indígena, a floresta.

Os "Diários..." começam com uma exaltação da aventura, da ousadia envolvida na empreitada que esse grupo de homens e mulheres levou a cabo ao cruzar terras desconhecidas com o propósito de estabelecer o primeiro contato com grupos indígenas considerados perigosos e que praticavam canibalismo.[49] Carvalho conta que as primeiras impressões

47. Das desavenças, apenas se menciona o egoísmo de alguns membros da equipe – especialmente o guia, que, no entanto, não é chamado pelo nome (ao contrário do que ocorre no texto em português) – que, quando a comida e a água ficaram escassas, esconderam coisas para si mesmos e se apressaram em deixar o resto da equipe para trás (Carvalho, manuscrito, cap. VI, p. 1).

48. Esse aspecto estético-epistemológico experiencial que a expedição acarreta em Carvalho pode ser relacionado ao que Fernando Pérez Villalón propõe em sua leitura de Downey quando fala de um "erotismo da floresta" (Pérez Villalón, 2016, p. 51) e de seu fascínio pela arquitetura efêmera dos Yanomami em oposição à arquitetura monumental das pirâmides egípcias (pp. 42-43), e de como sua obra é assim construída como uma arquitetura "invisível" que não busca nos separar da inclemência do clima e nos isolar do mundo, mas, ao contrário, nos ligar a ele.

49. Beginning anyhow a story, a story repeating facts situated in legendary regions, brings in the thrills of imagination and expectancy, especially when one is bordering [on] the life and contents of the valley of the Amazon river. The story is a story without an aim and condensed into a few chapters. There was once an expedition leaving Manáus. It did actually go towards the tributaries of the higher Rio Negro, an arm of the Amazon and this in the first days of September 1958. It penetrated into the deserted rivers Camanaú, Aracá Daimini Totobí, it contacted fierce and savage indians, living completely naked, primitive nations lost in the deserted north of the Amazon river,

que tiveram foram de bem-estar, abundância e de terem chegado ao paraíso. Fala da facilidade com que a imaginação pode cair em fantasias utópicas, colocando-se no lugar de qualquer colonizador da América e compreendendo tacitamente suas percepções.[50] No início da viagem, pela parte baixa da selva, ele diz que os indígenas não costumam morar naquela área e explica os motivos estratégicos dessa decisão: não só porque a parte mais baixa está alagada e porque há mais mosquitos, mas porque as zonas altas estão mais protegidas do homem branco. Ele explica então a forma como eles desenham essa proteção: descreve detalhadamente a estrutura em forma de fortaleza das aldeias indígenas, cujo centro é chamado de "cidade maloca" (*maloca city*) –"núcleo vivo onde geralmente vivem quinhentas a seiscentas pessoas"[51] –, e o compara com o modo de construção dos incas, especificamente com Machu Picchu.[52] Conta a forma como a floresta se torna um santuário,

man eating nations, it felt the dangers of first contact and the constant threat of elimination" ["Ao iniciar uma história, seja ela qual for, uma história que conta eventos ocorridos em regiões lendárias, as emoções surgem da imaginação e da expectativa, especialmente quando se está no limite da vida e do que o vale do rio Amazonas contém. A história é uma história sem um objetivo e condensada em poucos capítulos. Era uma vez uma expedição que partiu de Manaus. Na verdade, ela foi até os braços do alto Rio Negro, um braço do Amazonas, e isso aconteceu nos primeiros dias de setembro de 1958. Ela penetrou nos rios desertos Camanaú, Aracá Daimini Totobí, contatou índios ferozes e selvagens, que viviam completamente nus; nações primitivas perdidas na zona desértica ao norte do rio Amazonas, nações devoradoras de homens. Sentia-se o perigo do primeiro contato e a ameaça constante de serem exterminados"] (Carvalho, manuscrito, p. 1).

50. "Sometimes we felt that we reached paradise: food was abundant in the shape of soft eating birds and delicious fishes, the temperature became mild and tense compared to the uncomfortable energy discouraging 138 °F (45 °C) in the shade often met with. Landscape was luxuriant with rare vegetation; as by miracle mosquitoes disappeared and the filtered light through the forest made us feel in wonderland and was a tempting invitation to eternal staying. Our imagination built up utopian ways of living, we could figure ourselves in breathtaking stone palaces built in primitive style" ["Em alguns momentos, sentimos que havíamos chegado ao paraíso: a comida era abundante na forma de pássaros macios e comestíveis e peixes deliciosos, a temperatura tornou-se amena e tensa em comparação com a energia desconfortável e assustadora (138 °F ou 45 °C) que às vezes era alcançada na sombra. A paisagem era exuberante, com vegetação rara; como que por milagre, os mosquitos desapareceram e a luz que se infiltrava na selva nos fazia sentir em um país das maravilhas e era um convite tentador para uma estadia eterna. Nossa imaginação construiu estilos de vida utópicos, podíamos nos imaginar em palácios de tirar o fôlego, construídos em um estilo primitivo, e podíamos nos ver no meio da floresta"].

51. "Living nucleus where usually five to six hundred people live" (Carvalho, manuscrito datilografado, p. 2).

52. "The lower parts of the almost level Amazon valley are repudiated by the Indians on accounts of the yearly soaring waters in the rainy season and on account of the waves of mosquitos [...]

um grande local de rituais para os mortos e como isso, originalmente, resultou nas primeiras apresentações teatrais, algo que Carvalho já havia estudado no texto analisado na seção anterior. Muitas das observações que faz advêm de suas próprias teorias ou de leituras anteriores, como quando conta as lendas das mulheres guerreiras e do matriarcado primitivo e cita Malinowski,[53] ou quando fala da imitação como traço de aprendizagem e cita Darwin.[54] No entanto, ele também inclui novas descobertas da viagem, especialmente nos dois últimos capítulos, em que relata o contato estabelecido com as etnias indígenas Xirianã e Waimiri em meio a um conflito entre elas, e por causa disso os Xirianã os mantêm em cativeiro como forma de proteção contra seus inimigos. Toda essa situação e a possibilidade de passar alguns dias em contato com eles – não se sabe ao certo quantos – permitem que Carvalho observe as diferenças entre as duas etnias em termos de preparação para a guerra e também de seus ornamentos e pinturas corporais. Permitem ainda que ele observe a interação com outra etnia – Alalamatéris (*sic.*) –, à qual os Xirianã se aliam e com a qual estabelecem um pacto de paz

[but] the main reason is the instinct of self defense and self protection and desire to keep away from the white men" ["As áreas baixas do vale amazônico não são apreciadas pelos índios porque todos os anos a água sobe na estação das chuvas e porque há ondas de mosquitos [...] [mas] a razão mais importante é o instinto de autodefesa e autoproteção e o desejo de se afastar do homem branco"] (Carvalho, manuscrito, p. 2).

53. Carvalho, manuscrito, p. 4.

54. Carvalho, manuscrito, p. 2. "Two legends seem to master the mythical atmosphere of the legendary valley. One and by far the most important, comes from the existence of the celebrated women warriors [...]. The other is a legend of the birth of the hero-saviour Poronaminare, who was born from a woman without the interference of a male element [...]. The two legends point out to the existence, as it appears, many thousand of years ago and long before Christ, of a matriarchal state of affairs and seem to place the story of the birth of Christ as something derived from the ancient valley of the Amazon [...]. This matriarchy observed in the amazonian women warriors of the first legend is probably a consequence of a very primitive and previous state of affairs by which man was convinced that he took no part in the act of procreation". [Duas lendas parecem guiar a atmosfera mítica do vale lendário. A primeira, e de longe a mais importante, provém da existência das célebres mulheres guerreiras [...]. A outra é uma lenda sobre o nascimento do herói salvador Poronnaminare, que nasceu de uma mulher sem a interferência de um elemento masculino [...]. Ambas as lendas apontam para a existência, ao que parece, há milhares de anos e muito antes de Cristo, de um estado matriarcal de coisas e parecem colocar a história do nascimento de Cristo como algo derivado do antigo vale amazônico [...]. Esse matriarcado observado entre as mulheres guerreiras amazônicas da primeira lenda é provavelmente uma consequência de um estado de coisas anterior e muito primitivo em que o homem estava convencido de que não estava envolvido no ato da procriação"] (Carvalho, manuscrito, cap. 1, p. 4).

para combater os Waimiri. Para comemorar esse pacto e por ser época de colheita, os Xirianã realizam uma festa, da qual Carvalho e toda a equipe podem participar. Essa é também uma ocasião para observar os costumes: os rituais alimentares, os ritos funerários, a dança, a música e os efeitos narcóticos de um pó que eles inalam e que, como ele observa, só produz efeito diante do olhar dos outros, o que o leva a pensar que se trata de uma forma de histeria.[55] Ouvir o povo Xirianã falar permite que ele desenvolva ainda mais suas teorias sobre os fonemas e a origem da linguagem; e suas observações sobre o vocabulário referente às partes do corpo de animais e humanos o ajudam a reafirmar sua teoria sobre a proximidade do vínculo entre animais e humanos no mundo ameríndio.[56]

O eixo que percorre o texto é o contraste entre a vida na cidade moderna – ou o que ele chama de "moralidade industrializada" – e a vida na floresta. Em uma primeira leitura, pode-se pensar que isso nada mais é do que um retorno a uma visão romântica do primitivo e do natural. Às vezes, suas descrições da natureza e a referência ao sorriso constante dos índios podem nos fazer pensar num paraíso perdido e num ambiente que poderia ser o do homem rousseauniano – há até mesmo uma referência ao *Cândido* de Voltaire.[57] Há, é claro, uma visão do primitivo como um momento arcaico e primordial da evolução humana que é apresentado como desejável de ser recuperado e, no mesmo sentido, da vida moderna e industrializada como uma corrupção. Entretanto, a avaliação moral de ambos os polos é o oposto da romântica: sua visão do homem primitivo está longe da bondade moral e da pureza do homem rousseauniano e é mais parecida com a hobbesiana, freudiana ou nietzschiana em sua ferocidade e sexualidade exacerbada. Além disso, embora o homem primitivo corresponda a um estado arcaico e primário da humanidade, é uma estrutura que ainda está presente, não porque os homens primitivos ainda existam no presente, mas porque é um núcleo que está em ação até mesmo no homem civilizado. No mesmo sentido, a ideia de uma recuperação desse momento arcaico não está ligada ao restabelecimento de um estado de graça moral resultante do contato com a

55. Carvalho, manuscrito, cap. VII, p. 5.
56. Carvalho, manuscrito, cap. VI, pp. 3 e 4.
57. Carvalho, manuscrito, cap. II, p. 1.

natureza. A natureza em si não é algo a ser recuperado, trata-se antes de restabelecer o tipo de estrutura, o tipo de vínculo que unia o homem primitivo à natureza: a sensibilidade própria da floresta e do momento pré-linguístico em que a linguagem era matéria – era floresta – e, portanto, uma presença que não está na natureza e no humano, mas que os ultrapassa, isto é, como condição de possibilidade lógica para eles, como vida.

Figuras 21 a 24: *Experiência n. 4*, 1958. Cerimônias rituais da etnia Xirianã, perto do rio Orinoco, próximo à fronteira entre o Brasil e a Venezuela. Fotos de Raymond Frajmund. Cortesia de Patricia Frajmund e MAC (Museu de Arte Contemporânea da Universidade de São Paulo).

Em relação a isso, a crítica do mundo civilizado tem a ver com uma ocultação desse núcleo, ou melhor, com uma cisão, algo que se apresenta sob várias faces sempre relacionadas à moral ocidental burguesa e na forma do erro. Por exemplo, com a rotina e o bom comportamento: "A vida na cidade parece tão tola e inútil com seus milhões de seres magnetizados pela rotina e pelo bom comportamento, *uma rotina e um bom comportamento* formatados por blocos de alvenaria e tão distantes do que a natureza foi capaz de formatar." [58] Ou seja, o tipo de vínculo afetivo que resulta em rotina e bom comportamento é produto de um modo de habitar o espaço e de uma certa arquitetura; é produto, como Carvalho diz no trecho citado acima, da alvenaria. Em contraste com essa rotina e obediência, na vida moldada pela floresta, ele encontra aquela característica que já estava procurando no arqueólogo malcomportado, a capacidade de viver "sem tempo":

> O índio não é preguiçoso nem indolente. Ele não tem calendário, come e dorme a qualquer hora do dia e da noite, a comida é obtida e preparada no momento em que é usada, o fluxo do tempo é inconsequente, assim como sua atitude em relação ao tempo; essa é sua sabedoria de vida, sem calendário. Comer, viver e procriar são um ciclo simples e o alimento é consumido de acordo com sua necessidade fisiológica. Não tem nada a ver com o modo de vida do homem branco e não está interessado nele, embora sua disposição primitiva lhe permita imitar facilmente, imitando no momento todas as maneiras do homem branco.[59]

A sabedoria do indígena, por não obedecer a uma cronologia linear e não ter um calendário, está ligada a sua vida na floresta, que fornece não apenas um suporte para a vida, um esqueleto, mas também uma estrutura para sua moradia que difere da alvenaria: "Além de ser o esqueleto da vida, a floresta fornece a estrutura da casa, e as folhas da palmeira Ubim, seu telhado.[60] Para além do caráter do anedótico do uso da metáfora do

58. "Life in town seems so silly and useless with its millions of beings magnetized by routine and by good behaviour, *a routine and good behaviour* shaped by masonry blocks and so far away from what nature was capable of shaping" (Carvalho, manuscrito, cap. II, p. 4, destaque meu).

59. "The Indian is neither lazy nor indolent. He has no calendar, he eats and sleeps at any time of day and night, the food is obtained and prepared at the moment of using it, the flowing of time is inconsequential and so is his attitude towards time, this is his wisdom of living, he has no calendar. To eat, to live and procreate is a simple cycle and food is destroyed at his physiological need's request. He has nothing to do with the white man's way of living and is not interested in it although his primitive disposition enables him to imitate with ease, mimicking at the spot of the moment all of white man's ways" (Carvalho, manuscrito, cap. I, p. 2).

60. "Besides being the skeleton of life, the forest supplies the structure of the house and the leaves of the Ubim palm tree its cover" (Carvalho, manuscrito, cap. II, p. 3).

osso para se referir à estrutura arquitetônica da vida na floresta, a percepção temporal do indígena, como a do arqueólogo "malcomportado", permite que ele estabeleça um vínculo com o mundo ao redor no qual o mundo ganha vida, torna-se um "osso" – ou um fetiche – e fala.

As reflexões sobre a importância da floresta no desenvolvimento desse tipo específico de sensibilidade, já analisadas nos textos anteriores, são novamente explicadas e citadas, mas dessa vez elas estão inscritas na experiência – primeiramente concreta e empírica, mas depois estética e transformadora – da expedição.[61] Esse vínculo afetivo, essa ontologia que exige o estabelecimento de uma "conexão anímica" entre a humanidade e o mundo, manifesta-se por meio de vários sinais concretos na vida na floresta. A forma de perceber o tempo sem cronologia está ligada à maneira como ele se relaciona com seus pares e com seu ambiente, e esse modo se plasma na amizade – no amor –, na sexualidade e na alimentação, que estão naturalmente interligadas. Como um bom antropófago, Carvalho argumenta que comer é um ato de amor e sexualidade, e que a alma humana – assim como a linguagem – surgiu no estômago.[62] A nudez é a manifestação externa desse núcleo

61. "The importance of the forest grows from the beginnings of man. It was there that he took shelter from aggressive danger, learnt to walk and later to dance a hesitating step into visionary space, it was there that he first tried to sing long before he spoke the first articulate sounds and these sounds were long drawn inarticulate vowels songs which can be compared with the howling of animals, it was there that after singing he stammered with an open mouth long before he closed his mouth and managed to articulate sounds, it was there that he became religious in front of the tomb of the hero and repeated in mimic display and in dance and song his hero's deeds, giving the world the first theatrical exhibition (see my essay *Notes for the reconstruction of a lost world*)" [A importância da floresta vem desde o início do homem. Foi lá que ele se protegeu da agressividade e do perigo, aprendeu a andar e depois a dançar, num passo duvidoso em direção a um espaço visionário; foi lá que ele tentou cantar pela primeira vez, muito antes de emitir seus primeiros sons articulados, que eram sons vocais desarticulados que podem ser comparados aos uivos dos animais; foi lá que, depois de cantar, ele gaguejou com a boca aberta, e, muito antes de fechá-la, conseguiu articular sons; foi lá que ele se tornou religioso em frente ao túmulo de seu herói e repetiu, numa repetição mimética com dança e música, as façanhas de seu herói, dando ao mundo sua primeira exibição teatral (veja minhas Notas...)] (Carvalho, manuscrito, cap. 1, p. 3).

62. No capítulo "Meditation on monkeys" (Meditação sobre macacos), ele reflete sobre o som que os macacos fazem ao amanhecer como uma forma de despertar a fome e relembra suas reflexões em *Notes for the Reconstruction of a Lost World* (*Notas para a reconstrução de um mundo perdido*) sobre a origem da linguagem: "The monkeys slept from twilight to daybreak and their first need at awakening are these strange sounds and they no doubt came as a physiological necessity so as to awaken the sensation of hunger; they bring to memory my theories where the origin of languages

fundamental que o homem civilizado esconde com roupas. O vínculo estabelecido com o mundo é sensual, estético, afetivo e sexual, porque os habitantes vegetais e animais da selva são "amigos" do homem. Como ele disse em *Os ossos do mundo*, há uma continuidade entre os seres que anula a distinção. Nesse contexto, a presença vestida do homem civilizado na floresta torna-se absurda: "Um homem urbano na floresta é uma criatura absurda. Os primórdios da vida indicavam um contato quase sexual com a natureza, onde a natureza supria as necessidades do homem".[63] Da mesma forma, a necessidade de conversão do indígena a uma moralidade industrializada também se torna ridícula: seu vínculo com o corpóreo, com o sexual e com a própria floresta é de um tipo tão diferente que, quando ele se veste, muda de sinal e, embora limpo, torna-se sujo: "O homem branco comete um erro ao vestir o índio nu. Ao fazê-lo, faz com que uma criatura limpa e asseada pareça suja, desgrenhada e esfarrapada".[64] Nesse sentido, conforme ele analisa no capítulo 4, "Eating the forest", a relação com o alimento também é diferente e segue um caminho marcado pelo amor e pela ideia de incorporar a força do alimento. Assim, o homem da floresta come primeiro os animais, depois seus pares humanos e, por fim, come o mundo vegetal porque a natureza estática do mundo vegetal o intimida e, em seus estágios mais precários, ele teme destruir aquilo que lhe dá reparo e cobertura para sua moradia.[65]

is located on the *lips* [?] which produce the appetite necessary to survival" ["Os macacos dormem do anoitecer ao amanhecer e a primeira coisa que precisam fazer quando acordam é emitir sons estranhos que, sem dúvida, surgem como uma necessidade fisiológica de despertar a sensação de fome; eles lembram minhas teorias que colocam a origem da linguagem nos lábios que produzem o apetite necessário para a sobrevivência"] (Carvalho, manuscrito, cap. III, p. 1).

63. "A city man inside a forest is an absurd creature. The beginnings of life ordained an almost sexual contact with nature where nature supplies the necessities of men" (Carvalho, manuscrito, cap. II, p. 2).

64. "The white man commits an error when dressing the naked indian. By so doing he makes a clean and neat creature appear to be dirty, untidy and raggy" (Carvalho, manuscrito, cap. II, p. 2). Para Viveiros de Castro (2017), essa é uma das formas de "transformar o índio em pobre".

65. "Not eating the forest is thus a factor of survival in this delicate period of evolution, he could not possibly destroy his protecting, guiding and shaping coast without a risk of disappearance [...]. In the Amazon valley man only starts eating a small part of the forest long after eating the fish in the river and the animals in the woods. [...] Eating one's fellowman is a relatively recent practice and would have been observed in evolution as placed between eating the animal and eating the vegetable. [...] Should be taken as a perfection of friendship and appreciation so as to acquire the qualities of the eaten fellowman, in a similar manner that he who eats animals acquire the attributes of the eaten animal" ["Não comer a floresta é, portanto, um fator de sobrevivência nesse período delicado

No entanto, todas essas observações – que vêm em parte da experiência concreta da expedição e em parte de suas leituras e de suas próprias teorias –, em vez de oferecerem um conhecimento do pensamento indígena, acabam sendo relevantes como um contraponto para olhar para si mesmo, para fazer uma experiência transformadora em relação a seu próprio mundo. É assim que ele as registra em seu diário de viagem:

> A moralidade industrial do homem branco está muito distante da natureza, muito distante da essência da floresta. Os símbolos da vida nascem do contato do homem com a vegetação e os animais da floresta. As necessidades simples no início não precisam de industrialização. Esses habitantes vegetais e animais são os verdadeiros amigos íntimos do homem ribeirinho e do homem da floresta. Eles são capazes de saciar sua fome e de se transformar em ídolos: os ídolos da sobrevivência e os deuses da vida futura. O início da industrialização é o início de novos laços afetivos, o homem não é mais um ser plasticamente ligado à natureza e à mãe terra; ele não é mais um ser vegetal-animal com raízes, ele se tornou um ser intelectual e um novo ciclo de vida o aguarda.[66]

Para Carvalho, a entidade animal e vegetal do ser humano se perde com a industrialização e, portanto, o homem inicia um novo ciclo de vida e de ligação com a natureza que não implica um avanço evolutivo.[67] Nesse

de sua evolução, ele não pode de forma alguma destruir seu próprio hábitat – a ribeira –, que é seu guia, sua proteção e seu modo de vida sem o risco de desaparecer [...]. No vale amazônico, o homem só começa a comer uma pequena parte da floresta muito tempo depois de comer os peixes do rio e os animais da floresta [...]. Comer outras pessoas é uma prática relativamente recente e deve ser colocada na evolução entre comer animais e comer vegetais [...]. Deve ser vista como um refinamento da amizade e do apreço e como uma forma de adquirir as qualidades das pessoas comidas, da mesma forma que aquele que come os animais adquire os atributos do animal digerido"] (Carvalho, manuscrito, cap. IV, p. 2). Todas as reflexões que ele já havia feito em textos anteriores sobre a superioridade de homens e divindades com cabeças de animais (Carvalho, 1948), bem como sua peça *O bailado do deus morto* e o que se tornará *A origem animal de Deus*, encontram eco nessas observações.

66. The white man's industrial moral is too far away from nature, too far away from the essence of the forest. The symbols of life are born from the contact of man with the vegetable and the animal in the forest. The simple needs in the beginning do not need industrialization. These vegetable and animal inhabitants are the really intimate friends of [the] riverside man and of man in the forest. They are capable of satisfying their hunger and becoming idols: the idols of survival and the gods of life ahead. The beginning of industrialisation is the beginning of new affective ties, man is no longer the plastic being attached to nature and to mother earth, he is no longer the vegetable-animal being with roots, he has become [an] intellectual and a new cycle of life awaits him (Carvalho, manuscrito, cap. II, p. 2).

67. "Industrialization is much less an advanced step in social evolution than a procedure to avoid hunger" ["A industrialização é muito menos um passo à frente na evolução social do que um procedimento para evitar a fome"] (Carvalho, manuscrito, cap. II, p. 2).

ponto, ele repete a necessidade de reverter o vínculo afetivo do homem com a natureza, típico do mundo industrializado, e de recuperar as raízes com a terra que o homem adquiriu na descida da árvore. Mas não se trata, então, de recuperar a natureza (não há romantização, não há bondade à qual retornar), mas de recuperar um modo de ser do homem da floresta, de um "ser-vegetal" ou um "ser-animal" que permita estabelecer um novo vínculo afetivo com o mundo; ou melhor – dado que a distinção entre os dois polos não seria mais possível – trata-se de fazer um novo mundo: "Temos que recuperar nossa plasticidade primitiva para criar um mundo novo."[68] O anseio e a proposta futura não dizem respeito à natureza, mas à plasticidade primitiva da relação. A ideia da natureza como algo separado do ser humano perde todo o sentido. Não há nostalgia pelo natural, mas uma mudança na maneira de entender o vínculo. Além disso, não apenas não há mais uma distinção ontológica entre o mundo e o humano, mas a distinção entre ontologia e epistemologia entra em colapso. Conhecer, então, não será mais elaborar uma representação, mas uma interação corporal/intelectual com o desconhecido, uma construção em vez de uma contemplação, uma experiência em vez de uma reflexão.

É a partir desse ponto que se compreende plenamente que, para Carvalho, nem em seus escritos, nem em suas expedições – nesta ou nas anteriores – se trata de conhecer científica ou etnograficamente o modo de vida e o pensamento do homem primitivo, mas de *experimentar o conceito de homem primitivo*. O que ele encontra na floresta é aquele fragmento de tempo sobrevivente fora do tempo que altera uma cronologia linear e que é atual não apenas num sentido temporal, mas também num sentido lógico. A floresta como conceito e como estrutura afetiva torna-se a condição de possibilidade do subjetivo-objetivo e do humano-natural e, portanto, de uma ontologia e de uma epistemologia que ele vem adotando desde sua pesquisa sobre o Surrealismo e que aqui acaba caindo sob seu próprio peso. A floresta sobrevive não mais como um território ao qual é possível ir, como um espaço externo, e sim como uma presença interna: não como interna "a algo ou alguém",

68. "We have to recover our primitive plasticity so as to make up a new world" (Carvalho, manuscrito, cap. II, p. 3).

mas como aquilo que explode a diferença entre interioridade e exterioridade. A floresta não se refere a um espaço ou a um objeto, mas também não pertence a um tempo ou a um sujeito. A floresta se torna uma imanência ou, nas palavras de Deleuze, um campo transcendental: ela se opõe ao transcendente porque não implica uma consciência, ela é definida como aquilo que "escapa a toda transcendência, tanto do sujeito quanto do objeto".[69] A floresta, então, como um plano anterior num sentido lógico – base de toda a civilização, dizia Carvalho. O conceito de experiência adquire então toda sua densidade filosófica: não se trata mais de simplesmente alcançar a floresta como uma presença inconsciente – surrealista, onírica, psicanalítica – que desarma o cogito cartesiano, mas de acessar uma imanência – um esqueleto de vida, uma vida – que explode o antropocentrismo ocidental: "Ele não sabia que o mundo pensava e falava e tinha certeza de que só ele era capaz de tanto" (epígrafe deste capítulo). No futuro – Carvalho parece nos dizer – há um novo mundo em que os ossos – esse tempo fora do tempo, esse corpo fora do corpo – iluminam o menor. Revelar no pensamento não ocidental (a floresta) uma anterioridade lógica em relação ao ocidental como uma presença que, por sua vez, o desarma em suas categorias é, talvez, "o gesto supremo da filosofia": não tanto pensar a floresta, mas mostrar que ela está lá, não pensada em todos os planos, "como o fora e o dentro do pensamento, o fora não exterior ou o dentro não interior".[70] A experiência estética, portanto, não apenas muda o que é pensado – o conteúdo – mas a própria imagem do pensamento; ela muda a própria definição do que é pensar. Esse é o ponto em que a visão filosófica se volta sobre si mesma e se torna não mais uma visão, mas uma vertigem.

69. Agamben, 2002.
70. Deleuze e Guattari, 1993, p. 73.

Capítulo 5

O futuro como um *déjà vu*

A continuidade da guerra e os sobreviventes do fim do mundo

Conclusão: estamos ainda sob o céu cinzento do pós-guerra.

LINA BO BARDI

Then junkspace spreads, consuming nature like a forest fire in LA...

REM KOOLHAAS

No Brasil – e não só aqui – governar é criar desertos.

EDUARDO VIVEIROS DE CASTRO

Language is a virus.

WILLIAM BURROUGHS

Depois de exterminada a última nação indígena
E o espírito dos pássaros das fontes de água límpida
Mais avançado que a mais avançada das mais avançadas das
[tecnologias
Virá

CAETANO VELOSO

Give us back our sun: em direção ao tempo do Sul Global

A ópera multimídia *Refuse the Hour* (2011) e a instalação *The Refusal of Time* (2012) do artista sul-africano William Kentridge, em colaboração com o físico e historiador da ciência Peter Galison, exploram o vínculo entre o tempo da modernidade e o colonialismo. Partindo de pesquisas científicas, históricas e filosóficas e de um trabalho artístico de experimentação performática com imagens cinematográficas, dança, teatro, música e som, Kentridge e Galison criaram um "melodrama metafísico sobre o tempo, a reversibilidade e o destino"[1] composto por essas duas obras que funcionam num entrelaçamento. *The Refusal of Time* é uma instalação composta por cinco canais simultâneos de vídeo de alta definição executados em *loop*, com megafones e ao lado de uma grande escultura cinética ou "máquina respirante". A obra foi instalada pela primeira vez na *Documenta 13* em Kassel, Alemanha, no ano de 2012, e foi precedida pela publicação do livro *Refuse the Hour*, lançado no ano anterior, uma ópera de câmera multimídia criada e produzida em colaboração com outros artistas.[2] Durante a performance, o próprio Kentridge apresentou uma longa proclamação sobre assuntos tão variados quanto imperialismo, buracos negros, o mito de Perseu, Albert Einstein e o tempo da física, além de modos de gerenciamento do tempo.

As duas obras dialogam para propor que o conceito de tempo moderno – longe de ser algo abstrato – pode ser entendido como algo material e histórico que tem sido usado como um instrumento de controle político sobre os corpos. A história da física, eles propõem, não pode ser contada independentemente de uma história cultural e filosófica.[3] Em um dos textos que acompanham a obra, Galison relata – como se fosse um conto – a história da invenção da temporalidade que vige até hoje: em 1889, representantes de dezoito países se reuniram em Paris para guardar a sete chaves o metro e o quilo que serviriam de modelo universal para unificar o sistema de medida e de peso.[4] A partir desse momento, iniciou-se também uma corrida para padronizar o tempo mundial, governar os trens, a temperatura e a eletricidade. Galison descobre que, durante o século XIX, tanto Paris quanto Viena tinham um sistema subterrâneo de tração pneumática de ar por meio de tubos cuja principal função era regular os relógios. Como se fosse uma cidade paralela abaixo da cidade real, esse sistema produzia uma sincronização de tempo que é indissociável de uma ordem industrial e que, é claro, também está conectada a uma

1. Galison et al., 2013, p. 311.
2. Philip Miller (músico e compositor), Catherine Meyburgh (diretora de cinema e editora) e Dada Masilo (dançarina e coreógrafa): *The Refusal of Time*, William Kentridge.
3. Galison et al., 2013, p. 312.
4. Galison e Kentridge, 2012, p. 2.

Figura 25: Ensaio de figurino para *Refuse the Hour*, Market Theatre, Joanesburgo, setembro de 2011. Na imagem fílmica projetada no fundo do cenário lê-se a frase "Give us back our sun". Foto de John Hodgkiss. Cortesia de William Kentridge.

ordem geopolítica e cartográfica colonial, que, no nível planetário, é a ordem imposta pelo meridiano de Greenwich em fusos horários. A maneira como ele conta isso é de particular interesse para nós, já que, em seu relato, o tempo atravessa o oceano Atlântico para chegar à costa brasileira: "Quando um cabo chegou à costa de Recife, no Brasil, o imperador Pedro II foi até a praia para ver a chegada do tempo europeu, o tempo sincronizado com o ponto zero do globo, o Observatório Real de Greenwich."[5]

O tempo sincronizado globalmente chega ao Brasil fora de sincronia em relação aos corpos locais. Ele é recebido por um imperador com suas próprias mãos, como uma troca comercial entre dois impérios. A recusa do tempo que aparece no título das duas obras de Kentridge é uma recusa do colonialismo imposto pela ordem europeia através dos meridianos e da divisão do mapa terrestre de acordo com uma divisão temporal que

5. Ibid., p. 3.

Figura 26: Fotograma de *The Refusal of Time*, 2012, instalação de cinco canais de alta definição com megafones e uma máquina respirante. Cortesia de William Kentridge.

não corresponde à dos corpos do Hemisfério Sul. Na ópera, a frase "Give us back our sun" ("Devolvam nosso sol") é repetida como uma afirmação de que o horário – o sol – que temos no sul do planeta não corresponde ao de nossos corpos, e como uma exigência do retorno de nosso próprio tempo. O tempo do *instante já* de Clarice Lispector, o tempo bergsoniano que se repete corporalmente como um arroto em Bo Bardi, é retomado na obra de Kentridge como um pedido coletivo por um sol próprio.

O tempo, essas peças parecem nos dizer, é muito mais do que tempo e sempre foi uma ferramenta mecânica para regular as vidas. A ópera e a instalação, portanto, usam outra vertente dessa história do tempo e retornam a determinados momentos da Renascença em que o corpo foi usado como um regulador temporal. Galileu, por exemplo, usou sua própria frequência cardíaca como medida: "Os relógios regularam os corpos, mas os corpos renascentistas também se tornaram relógios."[6]

6. Galison, 2012, p. 312.

A performance utiliza os corpos dos atores, dançarinos e cantores – relógios frágeis que respiram, cantam, suam e batem – para produzir uma ruptura nessa ubiquidade de um tempo coordenado universalmente.

Figura 27: Oficina de *The Refusal of Time*, Kentridge Studio, Joanesburgo, janeiro de 2012. Foto de Stella Olivier. Cortesia de William Kentridge.

O espetáculo emprega uma superposição de diferentes mídias: música, dança, performance, desenho, imagens animadas e filmadas, e uma cenografia carregada de objetos e instrumentos de medição do tempo, como relógios e metrônomos, para mostrar que essa materialidade temporal teve um efeito na vida, na estrutura geopolítica do mundo e na estrutura racista da cultura sul-africana e do Sul Global. As obras se apoiam na possibilidade trazida pela música, pelo filme e pela corporeidade da dança e das vozes de intervir no tempo: tanto o som quanto a imagem do filme podem ser congelados, desacelerados, rebobinados, invertidos e abertos em séries temporais paralelas. Na ópera, as grandes projeções de metrônomos explodindo em sincronia com o movimento da dança e o ritmo da música nos falam de uma maleabilidade temporal,

Figura 28: Cenário de *Refuse the Hour*, City Hall, Cidade do Cabo, fevereiro de 2015. Foto de Jacques de Villiers. Cortesia de William Kentridge.

da possibilidade de virar o curso evolutivo e de suspender – por meio de uma montagem na qual as diferentes mídias se sobrepõem e intervêm no espectador simultaneamente – a naturalização do tempo moderno.

A intervenção corporal e estética sobre a temporalidade homogênea, ubíqua, padronizada e imperial nos leva de volta à polêmica entre Albert Einstein e Henri Bergson discutida na Introdução deste livro; ela nos leva a questionar o vínculo entre tecnologia e temporalidade e também nos faz refletir novamente sobre as hierarquias epistemológicas. Tanto na ópera quanto na instalação de Kentridge e Galison, várias disciplinas artísticas e mídias confluem para imaginar o tempo de uma maneira diferente daquela da modernidade, de uma maneira diferente do tempo "tacanho da física" ao qual Flávio de Carvalho se referia, do tempo de Einstein, que para Bergson era limitado. Nesse caminho bergsoniano de análise que, ao fazer uma história do tempo, inclui outros

Figuras 29 e 30: Ensaio de figurino de *The Refuse the Hour*, Market Theatre, Joanesburgo, setembro de 2011. Foto de John Hodgkiss. Cortesia de William Kentridge.

fatores além dos puramente científicos, podemos vincular a investigação de Galison e Kentridge sobre as tecnologias e os instrumentos do tempo colonial europeu do século XIX e seu impacto sobre o modo de percepção temporal e sobre as políticas dos corpos no Sul às tecnologias de administração do tempo e dos corpos em nosso presente.

Desde as últimas décadas do século XX, a imposição de uma temporalidade moderna e colonial deixou de ser apenas geopolítica. Já não se trata apenas de um tempo eurocêntrico que se impõe ao Sul Global como algo naturalizado, mas que também se infiltra verticalmente por eixos de exclusão e dominação que perfuram geografias e regiões e percorrem linhas que não são mais apenas geográficas – embora elas evidentemente continuem existindo –, mas também sociais, econômicas, raciais, de gênero, sexuais ou etárias, e que se tornam linhas que demarcam zonas de vida e zonas de morte. Jonathan Crary chamou de 24/7 essa ubiquidade da colonização do tempo íntimo e pessoal nas sociedades capitalistas tardias. O controle temporal sobre os corpos aumentou de tal forma com o desenvolvimento da tecnologia, com a conectividade total e com os dispositivos pessoais que passamos a viver numa cultura em que não há mais interrupções temporais sem conexão ou vigilância, e em que há uma intervenção cada vez maior nas horas de descanso, no tempo livre e no lazer. Em sua análise, Crary mostra como as horas de sono foram diminuindo ao longo do século XX com uma cultura de entretenimento cada vez mais acelerada e uma agenda cada vez mais cheia visando à produtividade econômica.[7] Trata-se de uma colonização que se infiltra num espaço poroso como o sono, um limiar: o lugar do descanso e do improdutivo, o lugar do inconsciente e do desejo, o lugar da alegria. A capacidade mental, a capacidade de discernimento e a própria saúde são afetadas, atingindo uma saturação que levou diferentes teóricos a se referirem ao cansaço como um dos sintomas mais claros do contemporâneo.[8]

A metáfora de Pasolini sobre o desaparecimento dos vaga-lumes como um nó que une o disciplinamento do desejo e da capacidade artística, a poluição ambiental e a continuidade do fascismo no presente

7. Crary, 2016.
8. Byung-Chul Han, 2015, e Rosi Braidotti, 2019.

– o desaparecimento do humano – ressurge como um alarme. Lina Bo Bardi também falou de uma continuidade da guerra – lembrada na epígrafe deste capítulo – e acreditava que ela estava incorporada em práticas e tecnologias concretas, como no design de "gadgets" e na arquitetura do "conforto" e do ar-condicionado. A esse tipo de arquitetura e estética ela contrapôs uma arquitetura e um design *pobres* ou austeros, marcados pelo aproveitamento de restos, pela impureza e, portanto, pelo despertar do passado no presente e pela quebra de uma temporalidade linear e evolutiva. O ponto de vista de Bo Bardi e sua associação com o diagnóstico de Pasolini sobre os vaga-lumes também podem ser relacionados ao que o arquiteto holandês Rem Koolhaas chama de *junkspace* em seu ensaio-manifesto de mesmo título.[9] Nesse texto, Koolhaas faz um deslocamento do significado mais intuitivo de *junkspace* como um lixão ou como um acúmulo de resíduos semelhante ao do filme *Boca de lixo*, de Eduardo Coutinho. Em outras palavras, o *junkspace* não é um lugar aonde o lixo da cidade chega como o último elo na cadeia de consumo, mas antes um avesso daquilo que Bo Bardi chamou de "lixo", e que, no entanto, é surpreendentemente semelhante a sua arquitetura do conforto, aos refletores de Pasolini ou ao que Marc Augé, na mesma época de Bo Bardi, chamou de "não lugares".[10] A arquitetura do conforto ou *junkspace* – proponho aqui – seria um análogo espacial da temporalidade do 24/7: uma continuidade, tanto no espaço quanto no tempo, do consumo. Shopping centers, aeroportos, parques temáticos: todos os lugares onde o ar-condicionado e as escadas rolantes produzem uma continuidade de design baseada no ornamental. Uma saturação e uma banalização dos recursos estilísticos, uma substituição dos ídolos dos murais por marcas que esvaziam o sentido de qualquer experiência e que "desempenham o mesmo papel que os buracos negros no universo: são entidades pelas quais o significado escapa".[11]

Com a ubiquidade dos telefones celulares e dispositivos pessoais, o *junkspace* literalmente entra em nossas camas e deslizamos nesse tipo de espacialidade sem interrupções temporais, em um contínuo

9. Koolhaas, 2002.
10. Augé, 1994.
11. Koolhaas, op. cit., p. 177.

24/7 que nos impede de perceber o corte entre o que sonhamos e o que consumimos. A questão central, então, é a continuidade, a falta de reflexão sobre a junção, sobre o corte e até mesmo sobre a possibilidade de resistência ou ruptura com essa ordem:

> A continuidade é a essência do *junkspace*; ele explora qualquer invenção que permita a expansão, desenvolve uma infraestrutura de não interrupção: escada rolante, ar-condicionado, exaustores, persiana contra incêndio, cortinas de ar quente... É sempre interior, tão extenso que você raramente percebe os limites; promove a desorientação por muitos meios (espelho, polimento, eco)... O *junkspace* é selado, mantido unido não pela estrutura, mas pela pele, como uma bolha. [...] O ar-condicionado – um meio invisível, portanto despercebido – realmente revolucionou a arquitetura. O ar-condicionado lançou o edifício sem fim. [...] Toda a materialização é provisória: cortar, dobrar, rasgar, revestir: a construção adquiriu uma nova suavidade, como a alfaiataria... A junção não é mais um problema, nem uma questão intelectual: os momentos de transição são definidos por abraçadeiras e fitas adesivas, faixas marrons enrugadas mal mantêm a ilusão de uma superfície ininterrupta. [...]. Banheiros se transformam em lojas da Disney e depois se transformam em centros de meditação: as transformações sucessivas zombam da palavra "projeto".[12]

Essa continuidade que Koolhaas elabora para a arquitetura do *junkspace* serve como metáfora espacial para a temporalidade sem fissuras 24/7, e ambas evocam uma continuidade mais estrutural: a permanência no presente de uma epistemologia moderna – um tempo evolutivo e um binarismo ontológico – e de uma estrutura política: "o *junkspace* é um fascismo sem ditador."[13] Com ressonâncias óbvias da *Sociedade do espetáculo* de Guy Debord, Koolhaas fala de uma transmutação do campo de concentração num entretenimento cuja iluminação é a dos holofotes:

> O palco escolhido para a megalomania – o ditatorial – não é mais a política, mas o entretenimento. Graças ao *junkspace*, o entretenimento organiza regimes herméticos de máxima exclusão e concentração: jogos de concentração, golfe de concentração, congressos de concentração, cinema de concentração, cultura de concentração, feriados de concentração.[14]

12. Koolhaas, 2002, p. 175-178.
13. Ibid., p. 181.
14. Ibid., p. 185.

Dessa forma, o tempo colonial moderno que atravessa subterraneamente as cidades europeias, regulando os horários planetários e o imaginário de um futuro monumental e evolucionário – que também é a base sobre a qual se sustentam o holofote do fascismo de Pasolini, o brilhante e o conforto de Bo Bardi, o lixão de Coutinho, as roupas de Carvalho ou o "mundo das máquinas" de Guimarães Rosa – continua agindo no tempo ubíquo do digital e na arquitetura do *junkspace*, que, por sua vez, se apresentam como um tempo e um espaço sem fissuras ou brechas por onde sair ou resistir. É algo que se manifesta como uma guerra ou como uma necropolítica,[15] ou seja, como uma política de extermínio da vida. O avião que sobrevoa o território nacional em "As margens da alegria" até chegar em Brasília em uma temporalidade feita de promessas, felicidade e progresso (capítulo 1) desliza para o presente do *junkspace* e do 24/7 como um anjo da história, como a sequela e o reverso da modernização:

> Se o lixo espacial é o detrito humano que suja o universo, o *junkspace* é o resíduo que a humanidade deixa no planeta. O produto construído (voltaremos a isso depois) da modernização não é a arquitetura moderna, mas o *junkspace*. O *junkspace* é o que resta depois que a modernização segue seu curso ou, mais precisamente, o que coagula enquanto a modernização está em andamento, sua sequela. A modernização tinha um programa racional: compartilhar universalmente as bênçãos da ciência. O *junkspace* é sua apoteose, ou colapso [...]. Embora suas partes individuais sejam o resultado de invenções brilhantes, lucidamente planejadas pela inteligência humana, impulsionadas pela computação infinita, sua soma significa o fim do Iluminismo, sua ressurreição como farsa, um purgatório de baixa qualidade [...]. O *junkspace* é a soma total de nossas conquistas atuais; construímos mais do que todas as gerações anteriores juntas, mas, de alguma forma, não seremos lembrados na mesma escala. Nós não deixamos pirâmides.[16]

Mais uma vez, somos confrontados com o imaginário pós-guerra de um futuro monumental que deixa seu rastro indelével e se coagula em plástico e ornamento. Um imaginário que foi interrompido pela margem da alegria e pelo vaga-lume do conto de Rosa, pela imagem material e pelo fragmento indigesto da história em Bo Bardi, pela corporalidade da palavra em Coutinho e pelos ossos do mundo e a imanência da selva em

15. Achille Mbembe, 2020.
16. Koolhaas, 2002, p. 175.

Flávio de Carvalho. Agora é a hora de pensar sobre as continuidades desses imaginários no presente e na imaginação contemporânea do futuro. Iluminar o elo estrutural entre a regulação dos corpos e das vidas no mundo contemporâneo e a temporalidade moderna – relógios e telefones – também implica rasgar a pele arquitetônica do ornamento, fissurar a camada digital para que o corpo do desejo possa aparecer, ou abrir uma janela no buraco do ar-condicionado para respirar alegria. Aquilo que sobrevive, que brilha como um osso e que encontra um orifício de saída para um tempo fora do tempo adquire, então, a força de uma resistência.

Para essa última análise, vou me concentrar em duas obras: o filme *Serras da desordem* (de 2006), de Andrea Tonacci, e o romance *Dentes negros* (de 2011), de André de Leones. Ambas podem ser consideradas releituras contemporâneas de "As margens da alegria", de Guimarães Rosa, lugares onde se pode encontrar uma imaginação estética da fissura e do limiar. Ambas são relatos de catástrofe e estão centradas numa personagem-chave: o sobrevivente. Assim, a figura da sobrevivência material que atravessou os capítulos anteriores como uma presença ativa e animada – com vida – neste capítulo passa não apenas do inerte para o vivo, mas cruza a fronteira da espécie para passar da imagem para a pessoa. O filme trata do massacre de uma comunidade indígena que realmente aconteceu nos anos 1970, e o livro fala de uma epidemia que extermina populações inteiras no Brasil, uma ficção que há alguns anos poderia ter sido classificada como ficção científica, mas que no último ano se tornou plausível e sofreu uma mutação, entrando em uma estética realista. Em ambas as obras, diferentes temporalidades estão ligadas de tal forma que os extermínios e massacres de um passado colonial são pensados como eventos futuros: a extinção da espécie em nível planetário. Assim, a figura do sobrevivente colocada no presente se torna uma figura de resistência porque vira o tempo de cabeça para baixo e coloca o futuro como um *déjà vu*, propondo uma nova forma de habitar.

Somos todos indígenas

Serras da desordem é um filme que se situa entre o documentário e a ficção e conta a história real do indígena Carapiru, da etnia Awa Guajá.

Sua história é a seguinte: Carapiru vivia com sua comunidade em uma região da floresta amazônica no estado do Maranhão, quando, em 1977, um grupo de garimpeiros e camponeses que queriam usar as terras indígenas para exploração invadiu o território. Carapiru sobreviveu, mas se perdeu e ficou sozinho, sem sua comunidade e sem saber se algum de seus parentes também havia sobrevivido. A partir desse evento, Carapiru vagou por cerca de dez anos, até que as pessoas de um povoado próximo o adotaram. Lá ele viveu por um tempo entre os camponeses até que Sydney, antropólogo da Funai (Fundação Nacional do Índio), o encontrou e decidiu ajudá-lo a procurar seu povo. Sydney o levou para Brasília, onde Carapiru conheceu a vida na cidade e onde finalmente conseguiram um tradutor para poder se comunicar com ele, entender de onde ele veio e devolvê-lo a seu lugar. A enorme coincidência – que, como diz o próprio Tonacci, é de novela – é que a pessoa que chegou para traduzi-lo era seu próprio filho. Naquela invasão que havia separado Carapiru de sua comunidade, seu filho havia sido resgatado (ou melhor, roubado) por fazendeiros. Pai e filho foram reunidos e levados de volta à selva para se reencontrar com seu hábitat e com os membros da comunidade que não haviam sido exterminados. A situação era tão extraordinária que foi registrada no noticiário de televisão.[17]

O filme reencena essa história verídica, mas com a particularidade de que o ator é o próprio Carapiru, de modo que ele revive sua história e interpreta seu próprio personagem. O diretor diz que, no começo, pretendia fazer uma ficção e depois perguntou a Carapiru e ao antropólogo que o encontrara se eles estariam dispostos a encenar sua própria história e reviver aqueles momentos.[18] Perante a afirmativa, o filme

17. Andrea França diz o seguinte sobre esta coincidência: "Se essa história fosse inventada por um roteirista, seja de cinema ou de televisão, diríamos que é excessivamente melodramática, sensacionalista e nada provável. De fato, na época em que se promoveu o encontro de Carapiru com o jovem índio intérprete, o programa Globo Repórter, da Rede Globo de Televisão, registrou a cena, relatando em cadeia nacional o ocorrido e destacando especialmente sua dimensão fantástica e inusitada: a longa e solitária errância do índio, o reencontro inesperado com o filho dez anos depois, a "volta" para a aldeia como o final do périplo etc." (França, 2009, p. 64).

18. Tonacci conta a seguinte anedota sobre o momento em que pergunta a Carapiru se estaria disposto a participar da filmagem: "Carapiru me disse literalmente assim: 'Andrea, você me traz de volta depois?'. Eu falei que sim, claro, e aí ele disse: 'Então eu topo'" (Tonacci apud Caetano, 2008, p. 114).

se torna um híbrido de cenas encenadas e registros de material documental: entrevistas e material de arquivo. A isso somam-se algumas montagens feitas a partir de material de arquivo que são inseridas ao longo do filme como um complemento ou comentário à história de Carapiru. Essas cenas, cujo status é ambíguo, não fazem mais do que reforçar um gesto que o próprio Tonacci explicita ao falar sobre o filme: o fato de que, apesar de contar uma história real, o filme se assume como uma narrativa pessoal do diretor. Isso quer dizer que, embora o filme tenha como ponto de partida a história de Carapiru, ele adota uma perspectiva narrativa e ficcional na qual intervém o ponto de vista do diretor, sem qualquer pretensão de oferecer um relato objetivo.[19]

Mas, além disso, o efeito que a recriação encenada de uma história real tem sobre o espectador é o de uma certa confusão em relação ao eixo temporal da história. A atenção geralmente se concentra em discernir se é um episódio encenado que está sendo repetido ou se é um momento mais evidentemente "documental"; ou seja, se é algo que já aconteceu ou algo que está acontecendo no momento da filmagem. Somente depois de um longo tempo no filme, e à medida que desmantelamos a sobreposição de um tempo sobre o outro, começamos a entender a linha temporal da narrativa e da história de Carapiru.

Na primeira cena do filme, vemos um indígena acendendo uma fogueira de forma rudimentar, preparando um local com folhas de árvores para se deitar no chão. Trata-se de uma longa tomada em preto e branco que, como apontou Ismail Xavier, em seu gesto de mostrar toda a ação sem interrupções, lembra a cena de *Nanook do Norte*, o clássico documentário de Robert Flaherty, em que um esquimó tenta sobreviver na neve usando suas próprias técnicas, que são estranhas para o espectador e alheias a ele.[20] A cena seguinte já é filmada em cores – em uma

19. Em entrevista, Daniel Caetano e Andrea Tonacci conversam: "Parece-me que o filme tem uma perspectiva que até hoje é uma questão para os antropólogos, que é o fato assumir o relato como uma narração. Não se trata da realidade do Carapiru, mas de uma recriação, uma encenação, com a participação dele próprio, mas assumindo que é um relato seu." "É uma intervenção, que obviamente tem como ponto de partida uma realidade dele mas uma subjetividade minha também, onde eu interpreto o que conheci e entendi, com outro senso crítico" (Caetano, 2008, p. 106).
20. Xavier, 2008.

alternância que também nos desorienta quanto à sua localização temporal – e mostra o mesmo homem cercado de pessoas: uma comunidade de adultos, crianças e animais tomando banho no rio, todos vivendo juntos na selva. Quando o indígena sai para procurar algo entre as árvores, ocorre a invasão e, quando ele retorna, não encontra nada: ele é deixado sozinho, sem sua família e sua comunidade.

Após a invasão armada do homem branco na selva, vemos Carapiru sozinho no mesmo rio onde todos se banhavam, olhando de um lado para o outro e procurando por seu povo, mas o filme insere – entre as imagens da floresta, e no que até então pensávamos ser um filme antropológico tradicional – várias imagens que desmontam essa categorização. A primeira coisa que interrompe a cena da selva e da natureza aparentemente intocada pela civilização é a imagem de um trem invadindo toda a tela em um primeiro plano que avança em direção ao espectador de forma ameaçadora, tanto visual quanto sonoramente, com o trem tocando uma sirene que produz uma mudança abrupta no quase silêncio da floresta. Depois dessa imagem perturbadora, o filme retorna ao preto e branco do início e ao que identificamos como o começo da perambulação de Carapiru em sua aparente decisão de deixar o lugar onde vivia com sua família. Mas o mesmo procedimento se repete, e esse início da peregrinação do indígena é interrompido no momento em que ele atravessa uma cerca de arame, algo que parece ser o cruzamento de um limite ou de uma fronteira que ele não tem permissão para atravessar.

De repente e sem aviso, o som de uma motosserra torando uma árvore corta o silêncio da caminhada do indígena. Segue-se uma série de imagens de arquivo que mostram, entre outras coisas, cenas de modernização e desmatamento da selva, alternadas com outras imagens – também de arquivo – em que certos clichês da cultura popular brasileira são visitados. A montagem, claramente delimitada pela interrupção da imagem em preto e branco e por uma mudança abrupta de som, introduz cenas que podem ser datadas da ditadura militar. Em um ritmo acelerado que começa com a motosserra, mas que aos poucos vai se transformando num samba rápido e alegre ao fundo – e que marca, nessa deriva, um tom nacionalista e estrondoso típico da retórica de um "Brasil, país do futuro" –, sobrepõem-se imagens de diversas atividades

Figuras 31 e 32: Carapiru atravessando a cerca. Fotograma do filme *Serras da desordem*. Andrea Tonacci. Cortesia de Cristina Amaral.

relacionadas à indústria e ao trabalho: trabalhadores nas minas da serra Pelada ou em fábricas e escritórios, imagens da construção da rodovia Transamazônica e de árvores sendo derrubadas, de barragens, de indústrias metalúrgicas e automobilísticas, da criação de animais, de fazendas de leite, imagens do porto, do comércio, de usinas hidrelétricas e de petróleo. Mas a essas cenas de um futuro industrializado e extrativista e do que, no conto de Guimarães Rosa analisado no primeiro capítulo, foi chamado de "o mundo das máquinas", também se juntam outras de algo que poderíamos descrever como "cultura nacional e popular": manifestações de massa e sindicais – algumas delas reprimidas pela polícia nas quais se vê de passagem um Lula muito jovem –, ritos religiosos, estádios de futebol lotados e multidões torcendo pela seleção brasileira, cartões-postais da monumentalidade das paisagens naturais do Rio de Janeiro, do Cristo Redentor e da alegria das pessoas se divertindo na praia e no mar; no Carnaval e nas festas de rua.

A inserção dessa montagem no meio da história do indígena Carapiru e no início de sua perambulação implica uma dupla operação: em primeiro lugar, destaca a aliança existente entre uma cultura nacional e popular aparentemente inclusiva social e racialmente, com uma retórica desenvolvimentista, extrativista e capitalista do trabalho e da indústria. Em segundo lugar, provoca um contraste com as cenas que vimos imediatamente antes e com as que se seguirão, que é marcado visualmente pela mudança do preto e branco para a cor, e sonoramente de uma forma bela e significativa: o ritmo do samba é transformado nos passos do indígena correndo descalço na terra. Esse contraste destaca não apenas o que essa ficção nacional estatal e civilizatória exclui, mas também o que ela destrói.

Figura 33: Carapiru correndo descalço na terra. Fotograma do filme *Serras da desordem*. Andrea Tonacci. Cortesia de Cristina Amaral.

A justaposição dos passos nus do indígena sobrevivente, perdido, sozinho e separado de sua comunidade e de sua terra, e as imagens aceleradas, desordenadas e percussivas do ritmo do "progresso" evidencia uma oposição entre dois modos da temporalidade que não pode ser entendida apenas como uma diferença de velocidade (lenta ou rápida). Em vez disso, trata-se de duas formas de viver o tempo e de se relacionar com o espaço. Em um dos casos, é o ritmo do tempo civilizado e do Estado-nação, é um tempo coletivo e popular, mas de agrupamento de individualidades cidadãs com um horizonte muito claro, um tempo sucessivo, cronológico e teleológico marcado repetidamente nas imagens que o filme nos apresenta dos trilhos do trem e sua marcha sonora, bem como nessas imagens de trabalho, indústria e extrativismo. No outro caso, é um tempo em que a relação orgânica do corpo – do pé – com a terra e a repetição do passo marcam o ritmo do avanço, um tempo em que não apenas podemos ouvir o baque no chão, mas também a respiração, e que é feito de desvios, recorrências e intermitências que quebram a sucessão linear e evolutiva e que, em vez disso, propõem um caminho sinuoso. A justaposição desses dois registros de imagens torna evidente uma operação política estatal cujo objetivo final é o extermínio do indígena, mas que, ao longo do caminho, recorre, como diz Viveiros de Castro, a seu empobrecimento, a sua transformação em cidadão e em "trabalhador nacional" submetido a um regime de horários, de polícia e de administração temporal.[21] Trata-se, sobretudo, de submetê-lo a um processo de "desindianização" e de separação daquilo que o constitui, antes de tudo, como indígena: sua relação com a terra.

Em um ensaio chamado "Os involuntários da pátria",[22] Eduardo Viveiros de Castro explica a diferença entre os conceitos de índio e indígena. Se os índios são assim chamados por causa do famoso equívoco dos espanhóis que pensavam ter chegado à Índia quando chegaram ao continente americano, manter isso hoje seria fazer uma atribuição errônea, de modo que ele se reserva o vocábulo – apropriando-se dele – para se referir a povos e comunidades que têm consciência – seja porque fazem parte ou

21. Viveiros de Castro, 2017.
22. Viveiros de Castro, 2017.

porque a adquiriram – de sua relação histórica com os povos indígenas que viviam nos territórios americanos antes da chegada dos europeus. A palavra *indígena*, por outro lado, significa "gerado dentro da terra que lhe é própria, originário da terra em que vive".[23] Os índios são os primeiros povos indígenas do Brasil e têm uma relação com a terra que habitam que não é de propriedade, mas de pertencimento; são eles que pertencem à terra, e não o contrário. Esse pertencimento é o que os define como indígenas.

Na montagem que acabamos de mencionar do filme, o contraste com as cenas anteriores e as seguintes não é apenas em termos de diferença de temporalidade, mas também em termos de pertencimento: nas imagens aceleradas da cultura nacional e popular, a terra aparece como um recurso instrumental. Água de barragens, animais empilhados em criadouros, a derrubada de árvores: todas essas são cenas que ilustram uma economia extrativista. Em contrapartida, nas cenas em que vemos Carapiru caminhando, ou mesmo nas anteriores em que ele é mostrado com sua comunidade tomando banho no rio, a imagem enfatiza o convívio com os animais e com a própria floresta, que depois se transporta para uma relação orgânica de caminhada. Dessa forma, a história do massacre sofrido pelo povo de Carapiru nada mais é do que a repetição de algo que vem acontecendo há mais de quinhentos anos e que começa – sempre – com a separação do indígena de sua terra e de sua comunidade; uma colonização da terra que é também uma colonização de seu próprio corpo e de seu tempo:

> Separar os índios (e todos os demais indígenas) de sua relação orgânica, política, social, vital com a terra e com suas comunidades que vivem da terra – essa separação sempre foi vista como condição necessária para transformar o índio em cidadão. Em cidadão pobre, naturalmente. Porque sem pobres não há capitalismo, o capitalismo precisa de pobres, como precisou (e ainda precisa) de escravos. Transformar o índio em pobre. Para isso, foi e é preciso antes de mais nada separá-lo de sua terra, da terra que o constitui como indígena [...]. A terra é o corpo dos índios, os índios são parte do corpo da Terra. A relação entre terra e corpo é crucial. A separação entre a comunidade e a terra tem como sua face paralela, sua sombra, a separação entre as pessoas e seus corpos, outra operação indispensável executada pelo Estado para criar populações administradas.[24]

23. Ibid., p. 3.
24. Ibid., p. 5.

Populações administradas, corpos administrados e tempos administrados que enfatizam que a história de Carapiru não apenas mostra uma continuidade do extermínio de populações inteiras desde a colonização até o presente, mas também uma continuidade dessa política de extermínio em nossas sociedades tecnocapitalistas: de uma relação de pertencimento com a terra, passamos para uma relação instrumental e daí – sem uma solução de continuidade – para o *junkspace*, para a colonização do sono e do desejo do 24/7, para o ar-condicionado e o conforto, para o desaparecimento dos vaga-lumes e, acima de tudo, para algo que tudo isso indica: a continuidade da guerra e de uma política de extermínio da vida. No filme, longe de ser apresentada como algo do passado ou como um destino inevitável e natural no caminho para uma civilização supostamente mais evoluída, a história de Carapiru é apresentada como uma ameaça coletiva futura, virando o rumo da narrativa e propondo uma temporalidade em que o futuro é apresentado como um *dèjá vu*, como algo que já aconteceu.

Depois das cenas de tradução, do reencontro com o filho em Brasília e do retorno de Carapiru à floresta, o filme o mostra inevitavelmente mal-adaptado a seu povo, sozinho e desintegrado pela distância e pelo tempo que passou longe. No entanto, em um movimento que parece contradizer isso e nos levar novamente a uma visão romântica do indígena, Carapiru tira a roupa, pega uma flecha e caminha sozinho adentrando a mata. Mas o que parece ser um retorno à natureza como um lugar puro e que poderia ser lido como uma recuperação imaculada da vida anterior – como se nada tivesse acontecido, como se não houvesse restos nem feridas – nos é novamente apresentado como impossível. Na selva, o diretor do filme o está esperando, e testemunhamos a filmagem daquilo que – naquele momento percebemos – é a primeira cena do filme, na qual Carapiru estava acendendo uma fogueira na floresta. Ou seja, aquela cena do início em que ele era visto sozinho e o artifício da ficção era eficaz é revelada, e o filme mostra sua feitura: a estrutura narrativa nos leva circularmente ao começo e a uma repetição da cena inicial, em uma dobra que retorna à selva, mas dessa vez a mostra sob a intervenção de câmeras, filmagens e encenações. O que pensávamos ser uma cena primária é uma cena de segundo grau, a encenação de uma cena verídica que só agora descobrimos ter sido encenada por seu próprio protagonista, que a viveu. O filme parece nos dizer que não apenas o retorno a uma natureza pura e incontaminada não é possível, mas também não é desejável, porque é precisamente essa maneira de entender a natureza que nos faz vê-la como um receptáculo, um recurso, um instrumento e um local passivo pronto para ser invadido, explorado, saqueado, militarizado ou exterminado. E é exatamente essa maneira de entender o natural que desliza para o indígena – ou o negro, o pobre, a mulher, o gay, o *queer*, o imigrante (e a lista continua) – e que nos permite considerar certas formas do humano como uma sub-humanidade ou uma extensão do natural e, portanto, que habilita seu extermínio.

No entanto, o filme também parece dizer que encenar isso *como se fosse* natural, que colocar essa ficção no início como algo natural, para depois, no final, dizer que se trata uma ficção e revelar o truque, talvez seja uma forma de resistir. Ou seja, o interessante no filme não está na alteração temporal como um truque narrativo ou como um procedimento que coloca o começo no final para nos falar de uma circularidade ou de um recomeço, mas na revelação que temos nessa cena do indígena como ator e, portanto, do indígena como simulador, do indígena como "não natural". Somente ao mostrar a natureza como um aparato ideológico e como um conceito colonial é que a alteração temporal feita pelo filme assume um significado que vai além do formal – além do puro procedimento narrativo – para colocar em sua justa dimensão os conceitos de massacre e extermínio. Porque, ao se revelar como ator, Carapiru sai dessa sub-humanidade "natural", e o mesmo acontece com a selva, que se mostra sob a intervenção da equipe de filmagem. É a partir desse momento que todos nós nos tornamos indígenas e que o extermínio desses povos no passado é revelado como um presente e um futuro. Mas há ainda uma outra cena em que essa afirmação pode ser continuada. Porque após a revelação da cena da fogueira como uma cena ficcional, há um primeiro plano final longo e sem cortes em que Carapiru fala, rodeado de verde, em uma língua incompreensível para muitos dos espectadores, sorrindo e olhando para a câmera, sem nenhuma legenda e sem nenhuma tradução.[25] Como nas cenas iniciais em que ele é visto caminhando sozinho, essa cena também é interrompida – visual e sonoramente – por uma montagem de imagens que infiltra, no registro aparentemente documental, uma perspectiva ficcional e uma nova ameaça. Sobreposto ao discurso de Carapiru, um ruído ensurdecedor de turbinas começa a soar, silenciando suas palavras, ao mesmo tempo em que uma sombra escurece as árvores. A câmera se levanta e foca no espaço entre os galhos, onde aparece a silhueta de um avião, mais precisamente um caça, cobrindo o céu acima das árvores e emergindo entre os galhos, invadindo a tela da mesma forma que o trem na montagem anterior. A inserção dessa imagem militar, industrial e completamente estranha – quase surrealista – no meio da selva e de um monólogo em uma língua indígena pode ser lida como a continuação ou o reverso daquelas duas cenas do início – o trem e a montagem de imagens –, nas quais assistimos a um Brasil moderno, nacional, popular, extrativista e progressista, um Brasil que, parafraseando Viveiros de Castro, pode ser pensado como o do trabalhador ou do cidadão.

Sobre essa cena, Tonacci, diz o seguinte:

> Carapiru é um alter ego da minha leitura, como ser humano, das ameaças que existem no mundo. E botei aquele aviãozão no fim porque para nós não é diferente, está também na nossa cabeça, talvez mais do que na dele. Somos uma ameaça para nós mesmos, como para ele.[26]

Assim, a invasão sofrida por Carapiru e sua comunidade volta-se anacronicamente para todos nós e para nossas cabeças, de tal forma que os massacres e o roubo das terras indígenas tornam-se uma ameaça futura compartilhada: não há interrupção na política de extermínio da vida, só

25. Em um artigo que compara a noção de paisagem nesse filme e em *La libertad*, de Lisandro Alonso, Edgardo Dieleke (2013) analisa essa cena como parte de uma "política da linguagem" de dar voz ao subalterno. Jens Andermann (2014; 2018, p. 385) também compara *Serras da desordem* e outro filme de Alonso (*Los muertos*) e lê nessa cena (na qual nós, espectadores, não entendemos a fala de Carapiru), um convite para prestarmos atenção à materialidade do mundo e à interação corporal de Carapiru com seu entorno.
26. Tonacci apud Caetano, 2008, p. 129.

Figuras 34 e 35: Carapiru embaixo de uma árvore falando em sua língua e montagem do caça sobrevoando a floresta no momento em que Carapiru fala. Fotogramas do filme *Serras da desordem*. Andrea Tonacci. Cortesia de Cristina Amaral.

sua continuidade. A cena poderia ser pensada como uma reescrita da primeira cena de "As margens da alegria", mas invertida: a visão do menino voando em direção à cidade em construção e observando, com visão cartográfica, o território nacional se contrapõe à do indígena olhando de baixo, por entre as árvores, para o avião. Na fala de Carapiru, ouvimos novamente aquela linguagem que se desdobra num pensamento hieroglífico, num "pensamentozinho" (nas palavras de Guimarães Rosa) que vale como um resto material – como puro som – e como um lugar neutro, onde terra e pé se tornam indistinguíveis.

O filme, por meio de outros ritmos, passos e tempos, revela a relação estrutural entre a devastação e o extermínio presentes e futuros e aqueles do passado. Ele nos mostra, como diz Viveiros de Castro, "um passado que não acaba de passar".[27] Carapiru, como uma alegoria do homem do futuro, nos anuncia com gestos corporais que seremos os sobreviventes de nossa própria civilização.

Um deserto de ossos no coração do país

O romance *Dentes negros*, de André de Leones, lançado em 2011, se passa em um futuro suficientemente próximo para que, a partir de nosso presente, seja possível reconhecê-lo como contemporâneo. Lido a partir de 2020 e da pandemia do coronavírus, ele adquire um tom de presságio, pois se passa em algum momento posterior a sua escrita – talvez em 2020? – em que ocorreu o que no romance é chamado de "A Calamidade": uma epidemia que envenenou a maior parte da população brasileira e que ataca os ossos tão rapidamente que nada pode ser feito para evitar a morte. Sua face visível está nos dentes, que escurecem num grito de agonia para depois dar lugar ao veneno que age instantaneamente em todo o resto do corpo.

O romance começa quando, depois de exterminar a população de estados inteiros, a epidemia foi controlada por meio de uma vacina. Seus protagonistas são os sobreviventes, e o tempo em que se passa é o que poderíamos chamar – com uma expressão anacrônica ao próprio

27. Viveiros de Castro, 2019, p. 13.

romance, mas familiar a nosso presente – de "novo normal". Os sobreviventes frequentam bares, restaurantes e museus, mas falta água, e eles têm uma memória errática que não se sabe se é consequência dos efeitos colaterais da vacina ou das drogas sintéticas que tomam – explica-se no livro que as plantações reais não existem há anos –, e os lugares onde tiveram as experiências que são a base de suas memórias não existem mais. O país é dividido em áreas livres – onde não houve contágio – e áreas restritas, que são aquelas afetadas pela epidemia e onde restam 8% da população original. O romance é dividido em três partes: "Ossos", "Corpos" e "Espíritos", que, por sua vez, são divididas em capítulos curtos, cada um dos quais é aberto com uma foto em preto e branco. As fotos mostram diferentes paisagens vazias, nas quais se pode adivinhar as ruínas do que um dia foi um mundo cheio de vida e de pessoas: trilhos de trem, cercas de arame, cruzamentos, parques com brinquedos infantis mas sem crianças, porteiras, canteiros de obras inacabadas nas quais se vê a estrutura de concreto, cabos de energia, postes, antenas e rodovias. São fotos de um mundo abandonado, territórios distópicos com cercas e limites que indicam viagens e transportes, que dividem propriedades e fronteiras e que revelam os resquícios de uma industrialização, de um movimento e de uma urbanização extintos. São fotos pandêmicas.

A narrativa muda de perspectiva, mas do início ao fim acompanhamos a história de dois sobreviventes, Hugo e Renata, naturais de Goiás e da Bahia, respectivamente, dois dos estados devastados pela epidemia. Ambos se salvaram por morar em São Paulo, e é sobre essa coincidência que conversam na primeira cena do romance, quando acabam de se conhecer em um bar paulistano, encontro que logo se tornará uma história de amor. Na primeira parte, "Ossos", acompanhamos as conversas de Renata e Hugo sobre os efeitos da calamidade e seus encontros sexuais. As cenas se passam entre esse primeiro bar, o apartamento de Renata, restaurantes e um museu dedicado à calamidade, onde estão expostos objetos, documentos e fotos – as mesmas que nós vemos no livro? – relacionados ao evento traumático. Nessa primeira parte, também ficamos sabendo dos sonhos dos protagonistas, e Hugo fala sobre um livro chamado *Casa entre vértebras*, que ele menciona como a única coisa que lhe permitiu entender "A Calamidade".[28] Na segunda parte, "Corpos", a perspectiva da narrativa muda e passamos a ver tudo do ponto de vista de um soldado que monta guarda em um posto do exército no estado de Goiás. O soldado, Alexandre, faz parte de uma tropa de paz que, após o desastre, foi conter os tumultos, saques, estupros e assassinatos que estavam ocorrendo. O estado inteiro se tornou uma zona de guerra: os que ficaram vivos devem limpar as cidades repletas de corpos e lidar com a loucura e a violência que a calamidade deixou como sequela. Em seu posto no quartel, Alexandre ajuda um casal gravemente ferido que chega de carro. Ambos foram alvejados por metralhadoras: ele sobrevive por alguns dias, ela morre instantaneamente. O soldado conversa com o homem antes de morrer, e somente no final da conversa entendemos que ele é Hugo e que a garota assassinada era Renata. Também percebemos que o governo havia emitido uma permissão para que os habitantes das áreas afetadas viajassem ou migrassem para as áreas livres – "desde que cumpram com as exigências do governo (quarentena, exames, escaneamento total, mais exames)"[29] – e para que aqueles que viviam nas áreas não afetadas mas tinham parentes nas áreas restritas viajassem para procurar seus parentes ou para enterrar seus mortos. Renata e Hugo estavam dirigindo de São Paulo para ver a prima de Hugo, a única sobrevivente de ambas as famílias. Antes de morrer, Hugo dá a Alexandre um pacote para entregar a sua prima, Ana Maria. A terceira parte, "Espíritos", é narrada do ponto de vista de Ana Maria, que Alexandre procura e a quem entrega o pacote, no qual está o livro *Casa entre vértebras*, aquele que Hugo mencionou como a única coisa que lhe permitira entender "A Calamidade". Perto do final, Alexandre acompanha Ana Maria até sua casa, no que parece se tornar uma história de amor não correspondido.

28. Trata-se de um romance existente de Wesley Peres, de 2007.
29. Leones, 2011, p. 38.

Figuras 36 a 43: Imagens de abertura das seções de *Dentes negros*. Fotos de Livia Ramirez. Cortesia de André de Leones.

O romance explora a ideia de que “A Calamidade” cria desertos temporais e espaciais. Esse evento pode ser entendido tanto em sentido literal, como uma epidemia, quanto num sentido alegórico – enfatizado pelo fato de a expressão ser escrita com letra maiúscula –, como uma força exterminadora que pode ser o Estado, o consumo ou a própria humanidade. O que é certo é que esse evento cria um tempo sem memória e sem experiência e um espaço no qual a virgindade territorial é renovada. Na primeira noite em que dormem juntos, Hugo e Renata têm o mesmo sonho. Renata sonha que está tomando café da manhã com seu pai (morto) e que, quando entram no Mercado Modelo, um dos lugares mais movimentados de Salvador, “O Mercado Modelo está deserto”.[30] Enquanto isso, o sonho de Hugo viaja pelo território nacional e também está completamente vazio:

> Hugo sonha que sobrevoa São Paulo. A cidade esvaziada, deserta, abandonada. Hugo sobrevoa São Paulo e nada acontece lá embaixo. Nada se mexe, nada queima. Então, São Paulo se torna Goiânia, a Paulista dá lugar à Avenida Goiás. Hugo sobrevoa Goiânia e nada acontece lá embaixo. Então, Goiânia se torna Brasília. E depois Brasília se torna Palmas, e a imagem é sempre a mesma, mudam as ruas, mas as ruas estão sempre desertas, nada se mexe, nada queima, nada acontece. As Forças armadas sobrevoavam as cidades afetadas. Sobrevoavam as cidades e nada acontecia lá embaixo. Os telejornais e os sites de notícias transmitiam o tempo todo as imagens desoladas, silenciosas [...]. Isso dias após a descoberta da vacina, semanas após o início da Calamidade. Tarde demais para alguns, bem a tempo para outros. E tudo foi rápido demais, que é como devem ser as Calamidades do século XXI.[31]

As imagens do sonho de Hugo se assemelham às imagens que aparecem no início de cada capítulo, e o texto passa delas, sem interrupção, à descrição das imagens transmitidas pela televisão e pela internet. A perspectiva aérea nos lembra novamente a viagem de avião do menino na história de Guimarães Rosa, e a visão que essas imagens oferecem mostra novamente o reverso do futuro monumental, da felicidade e do progresso, não porque são vistas de baixo – da perspectiva terrestre, como no caso de Carapiru –, mas porque são vistas do futuro. Assim,

30. Ibid., p. 37.
31. Ibid., p. 36.

a estrutura metafísica de utopia *versus* apocalipse que foi analisada no primeiro capítulo como uma estrutura análoga no plano histórico à estrutura colonial é agora repetida. Todas as imagens do livro destacam esse vazio de vida, essa força de extermínio que criou "um deserto no coração do país".[32] Ao mostrar esse cenário futuro, *Dentes negros* inverte uma ordem temporal, aludindo a um cenário e a uma retórica de massacres e invasões passados e coloniais (forças de pacificação etc.), de modo que o passado é transformado – como no filme – em uma ameaça futura.

Algo semelhante acontece em relação às memórias. O romance começa com duas frases lapidares em que se afirma que o presente modifica e anula a existência do passado: "Ninguém aqui teve infância, ela diz. E agora estamos envenenados até os ossos."[33] Em outras palavras, Renata argumenta que, se os lugares onde ocorreram as experiências da infância não existem mais, então eles não podem mais ser lembrados, eles também deixam de existir na memória: "Goiás foi arrasado. Foi. Goiás foi arrasado. Não existe mais. O lugar da sua infância."[34] Hugo contesta essa ideia e conta uma lembrança de uma briga com a irmã no quintal da casa deles. A última cena do romance, no entanto, dá razão a Renata: os dois conversam num café à beira da estrada pouco antes de serem mortos. O romance termina nessa cena, quando Hugo revela que nunca teve uma irmã e que a memória que ele lhe contou no bar é uma lembrança inventada. A memória tem lacunas temporais, desertos temporais, e é assim que "A Calamidade" opera, criando essas lacunas e permitindo que a invasão siga se perpetuando: "No Brasil – e não só aqui – governar é criar desertos."[35]

Seguindo essa linha de argumentação, o romance pergunta o que acontece depois do fim do mundo, o que acontece quando são criados territórios disponíveis para serem sulcados pelo poder, quando são criados desertos: "O fim do mundo veio e foi embora. O que acontece depois do fim do mundo?".[36] E ele responde que o que acontece depois do fim do mundo é o que aconteceu, porque o fim nunca acaba de

32. Ibid., p. 45.
33. Ibid., p. 11.
34. Ibid., p. 15.
35. Viveiros de Castro, 2018b.
36. Leones, 2011, p. 65.

acabar. Sempre há outra guerra e outra violência e outro estupro e outra usurpação da terra e mais uma invasão: "Os mortos e os vivos se acotovelam diante do vazio. O vazio: uma boca aberta nas memórias de todos. Uma boca aberta, os dentes enegrecidos. Dentes negros."[37]

Depois do fim (ou dentro do fim interminável) vem a guerra, uma continuidade sem fissuras em relação ao passado que também se manifesta na forma de oportunismo comercial, como em um *junkspace* ou em uma arquitetura do conforto que não esconde seu lado sinistro, que justapõe ar-condicionado e pilhas de cadáveres. O chefe de Alexandre conta sobre a chegada de novas iniciativas comerciais no deserto, no teatro de guerra:

> – Oportunistas?
> – Você não sabe? Vão transformar essa coisa toda em uma porra de parque temático. Os idiotas curiosos vão pagar aos cretinos oportunistas pra fazer um tour pelas cidades fantasmas. Dá pra acreditar numa idiotice dessas?
> – Dá, senhor.
> – Brasília está no topo da lista.
> – Brasília?
> – Brasília, sim. Um bando de anormais passeando pelas cidades mortas. Se eu soubesse que a coisa ia virar um circo, teria sugerido que não recolhêssemos os corpos. Os defuntos iam dar um colorido todo especial à palhaçada.
> – Não recolhemos todos, senhor. São corpos demais.[38]

O tour pela cidade de Brasília, transformada em uma cidade fantasma repleta de mortos e *simultaneamente* em um parque temático, sintetiza de forma exemplar o avesso complementar e catastrófico do imaginário do futuro monumental do progresso. Não há fissuras entre uma política de extermínio da vida – uma necropolítica – e uma ordem mundial que sempre busca o ganho econômico e o caminho do conforto. São dois lados da mesma moeda.

Os dentes e os ossos, no entanto, permitem outra forma de imaginação espaço-temporal. O vazio é negado (há corpos demais) e o tempo dos ossos retorna como uma presença viva, negando um avanço evolutivo. *Dentes negros*, então, retorna a uma imanência do material que recusa a espacialidade colonial do vazio e a temporalidade apocalíptica do fim,

37. Ibid., p. 65.
38. Ibid., p. 88.

recusando com isso também sua futura transformação em um espaço de guerra, ou seja, de consumo. Como ficou claro no capítulo 4, a materialidade dos ossos permite essa virada, pois, embora seja uma materialidade orgânica, corporal, natural e biológica, ela sobrevive fora do corpo como um objeto independente, desestabilizando os limites do vivente – objeto e sujeito, humano e natural – e os limites espaciais entre o corpo e seu fora. Por isso, a única coisa que permite a Hugo entender a calamidade é um livro cujo título é *Casa entre vértebras*, ou seja, um espaço que é o interior de uma coluna – o interior do interior –, mas que também é a exposição de uma exterioridade e que, portanto, explode qualquer classificação possível: "Não era romance, não era poesia, e era todas essas coisas ao mesmo tempo [...]. Palavras que não diziam, presenças ausentes, fraturas na e da própria linguagem, expostas no livro desde a sua estrutura."[39]

Por trás da linguagem está aquela linguagem que não é linguagem, que é fraturada e que "não diz", mas que é a condição de possibilidade da própria linguagem. Uma anterioridade lógica que torna a literatura possível enquanto apaga os limites do corpo humano, colocando o corpo para fora do corpo: pura materialidade, um espaço no meio do esqueleto. Um lugar entre as vértebras que explode as taxonomias literárias e, ainda assim, é também uma casa; uma casa como espaço que possibilita a lembrança. O livro é o que possibilita a memória da "Calamidade" e é uma casa construída em um espaço liminar, em uma margem, em uma soleira. Esse local menor é, então, onde a habitação acontece. Ao tornar mais complexos os limites espaciais entre o dentro e o fora – ou entre o que é terra e o que é pé –, *Dentes negros* complica a fronteira entre a natureza e a humanidade e ilumina o vínculo estrutural – antropocênico – entre a guerra e o extermínio e uma ordem colonial na qual a natureza – e a vida em geral – é entendida como um espaço ou objeto exterior, virgem e desértico, pronto para ser conquistado, explorado e comercializado. O romance nos diz que não, que nós somos a natureza, que somos tanto a calamidade quanto a possibilidade de nos salvarmos dela habitando o espaço intersticial e fluido no qual os ossos se tornam lares.

39. Ibid., p. 49-50.

Somente a partir de outros ritmos e temporalidades que não sejam evolutivos (o ritmo do passo ou do pé sobre a terra) podemos incorrer em anacronismos que nos permitam ver a relação estrutural entre as devastações atual e futura com aquela do passado. Somente complicando as bordas entre o que está fora e o que está dentro, poderemos ver o quanto estamos imbricados na destruição da vida, de nosso mundo e de nós mesmos. Se, como diz Viveiros de Castro, governar no Brasil é construir desertos,[40] poderíamos estender sua metáfora para fora da nação e pensar que os futuros menores "desgovernam" (algo como um escovar a contrapelo benjaminiano) porque enchem esses desertos com restos sobreviventes para virar a história de cabeça para baixo e nos dar uma imagem do futuro como passado. Porque todos somos indígenas, todos somos Carapiru:

> De fato, torna-se cada dia mais claro que o destino trágico que reservamos aos Yanomami – a todos os povos indígenas – terá sido apenas uma prefiguração do que estamos hoje nos infligindo a nós mesmos, desta vez, em escala planetária. Como Lévi-Strauss anunciou profeticamente enquanto denunciava o "regime de envenenamento interno" no qual estamos nos afogando: "doravante todos Índios, estamos fazendo de nós mesmos o que fizemos deles".[41]

O imaginário temporal e espacial que sustenta um futuro monumental, evolucionário, utópico e humanista só pode nos oferecer como recompensa seu avesso complementar e metafísico: um destino trágico. É por isso que, nesse modo de imaginar o futuro, podemos ver não um contrário do país do futuro, mas um avesso feito de seus restos, uma opção que não retrocede, mas, como diz Latour, "regride": um futuro menor no qual as fronteiras entre o natural e o humano são sobrepostas como numa montagem ou confundidas como num anacronismo. A figura do sobrevivente trazida por essas duas obras, na medida em que mostra que, antes da invasão e do massacre militar, havia algo e não um vazio, é transformada – por sua mera existência – em uma figura de resistência, uma resistência que, como diz Viveiros de Castro, é imanente, já que só precisa se afirmar em sua condição ontológica para resistir, só precisa existir – algo que ele

40. Viveiros de Castro, 2018b.
41. Albert, 2020. Disponível on-line.

condensa no neologismo "reexistir".[42] Mais uma vez encontramos o vaga--lume que nos acompanha desde o primeiro capítulo: aquela presença que a criança da história de Guimarães Rosa imaginava encontrar nos fundos da casa do tio, atrás do mato: um indígena ou uma onça que finalmente lhe aparece na forma de um voo rasante de vaga-lumes e uma alegria menor e passageira. O vaga-lume como resistência reencarnada em Carapiru. A imagem estética – vaga-lume, lixo ou osso – não como uma narrativa do possível ou como esperança, mas como materialidade, como presença ontológica, como imanência, como limiar: um espaço entre vértebras, uma anterioridade lógica da linguagem, um local de indefinição e desclassificação, uma suspensão do tempo que modifica o passado e, como dizia Flávio de Carvalho, abre uma janela para um "outro mundo" em que se produz uma eletricidade vital: um lugar menor para se habitar.

42. Viveiros de Castro, 2018b.

CODA
A terra e o pé

> Quando você sentir que o céu está ficando muito baixo, é só empurrá-lo e respirar.
>
> AILTON KRENAK

Diante do imaginário global de um futuro catastrófico e apocalíptico, os futuros menores acreditam que as palavras e as imagens têm a capacidade de produzir um impacto real sobre os corpos (os pés) e, portanto, sobre o planeta (a terra). Entender o corpo como uma dimensão planetária ou o planeta como uma dimensão corporal é saber que podemos empurrar o céu com nossa respiração e tornar o mundo um espaço poroso e *trans-bordado*, um espaço *trans*. A mudança climática produziu uma mutação ontológica em nossa relação com o mundo e é por isso que o vínculo que vemos agora entre o corpo e o planeta dá à experiência estética uma nova dimensão política, que ela não tinha nas vanguardas.

A experiência infantil que encontra árvores, indígenas, onças, perus e vaga-lumes nos interstícios da floresta escura, mas também a do colecionador de ossos, a da curadora que anacronicamente bagunça a história ocidental das imagens e propõe intervalos de coexistência entre humanos, animais e plantas; ou a experiência daqueles que encontram no *não tempo* uma linguagem que é uma explosão hieroglífica que já não permite ilustrar ou nomear, mas simplesmente apontar para uma materialidade: externa e exótica como a floresta ou o lixão, mas ao mesmo tempo íntima como um osso ou uma música favorita. Essas experiências, então, constroem um espaço e um tempo que é textual, visual e arquitetônico, mas que também é ético: um lugar para viver junto.

O desenho desse espaço para habitar o mundo já não conta com uma natureza passiva, um território vazio ou uma matéria-prima virgem aberta à intencionalidade de quem desenha ou constrói, ao contrário, ele é confrontado com um arquivo arqueológico que esconde ossos, que abriga "inscrições, histórias e memórias na própria vegetação",[1] de modo que se pode afirmar que "a selva pensa",[2] que as pedras falam[3] ou que a própria terra é uma experiência artística.[4] Em outras palavras, a ruptura do tempo homogêneo da física e a possibilidade de catar o lixo e os ossos do mundo que sobrevivem no agora têm consequências concretas no desenho de imagens, objetos, paisagens, cidades e casas, na maneira de pensar a arte e a arquitetura e no próprio conceito de literatura. Essas consequências foram incorporadas em noções como a "terceira paisagem",[5] "arquitetura do fora"[6] ou "arquitetura forense",[7] mas também se manifestam na "casa entre as vértebras" (André de Leones) e em muitas propostas artísticas e contemporâneas que seria interminável nomear, mas que são construídas num nó de arquitetura, artes visuais, literatura e meio ambiente e que podem ser sintetizadas no conceito de "zonas críticas".[8] É um conceito que já se anunciava no alargamento das bordas da arquitetura proposto por Bo Bardi a partir da construção de "zonas cinzentas", ou na nudez selvática e matriarcal da cidade futura de Flávio de Carvalho.

A construção desse espaço também é política. O fato de a alegria ocupar o lugar de uma margem (Guimarães Rosa), de uma música ou de uma reunião comunitária (Coutinho), o fato de ela ser o local de encontro entre tempos que produz uma *eletricidade vital* (Bo Bardi) ou uma conversa em língua indígena no meio das árvores que é interrompida quase instantaneamente (Tonacci), como o instante de felicidade de Macabéa, é negar que a alegria tenha sido alguma vez absoluta. É ir contra a prova dos nove, contra a cordialidade ou a miscigenação harmoniosa como marcas da identidade nacional e contra o multiculturalismo como solução ou marca do exotismo latino-americano. É evitar

1. Balée, 1999.
2. Kohn, 2013.
3. Krenak, 2019.
4. Coccia, 2020.
5. Clement, 2004
6. Grosz, 2001.
7. Weizman, 2017.
8. Latour e Weibel, 2020.

que a monumentalidade e a linearidade do tempo nos confundam mais uma vez com ficções de origem, com utopias de homens novos ou com o progresso disfarçado de consumo, conforto e ar-condicionado.

Por fim, a impossibilidade de distinguir entre o pé e a terra não muda apenas o que é pensado – o conteúdo –, mas também a própria imagem do pensamento, a definição do que é pensar e fazer filosofia. Quando o tempo homogêneo da física é interrompido, o *instante já* do corpo entra e a experiência estética se torna uma experiência epistemológica. Não se trata mais de um pensamento, mas de um *pensamentozinho*, uma filosofia menor que se torna também mais feminina. É um saber corporal, afetivo e sensível que transforma a pesquisa em uma experiência estética ou uma aventura, e a aventura em um modo de conhecer. Esse é o ponto em que a filosofia volta-se para si mesma em uma imanência e se torna vertigem.

Como uma encarnação de Sherazade – aquela figura clássica da vertigem e do infinito que toda noite procura esticar a vida até a noite seguinte –, ou como um índio que desce do futuro num claro instante apenas para nos contar estórias,[9] os futuros menores amarram palavras e desenham imagens para adiar o fim da narrativa e o fim do mundo. Esse é o futuro dos futuros menores: fazer com que a vida neste planeta dure mais um instante, botando os pés na terra.

9. Krenak, 2019, p. 27.

Bibliografia

A.A.V.V. *Desvíos de la deriva: experiencias, travesías y morfologías*. Catálogo. Museo Nacional Centro de Arte Reina Sofía. Madri, 5 maio-23 ago. 2010.

ADICHIE, C. N. *O perigo de uma única história*. TED Talks, 2009. Disponível em: https://www.youtube.com/watch?v=D9Ihs241zeg&ab_channel=TED. Acesso em: 12 nov. 2024.

AGAMBEN, Giorgio. "La inmanencia absoluta" in ALLIEZ, Eric (org.). *Deleuze: una vida filosófica*. Santiago de Cali / Medelín: Ed. Revista *Sé cauto* / Revista *Euphorion*, 2002.

______. *La comunidad que viene*. Valência: Pretexto, 1996.

______. *Homo sacer: o poder soberano e a vida nua*. Trad. Henrique Burigo. Belo Horizonte: Editora UFMG, 2007.

______. *Infância e história: destruição da experiência e origem da história*. Trad. Henrique Burigo. Belo Horizonte: Editora UFMG, 2008.

______. *The Open: Man and Animal*. Stanford: Stanford University Press, 2004.

AGUILAR, G. *Poesía concreta brasileña: las vanguardias en la encrucijada modernista*. Rosario: Beatriz Viterbo, 2003. [Ed. bras.: *Poesia concreta brasileira: as vanguardas na encruzilhada modernista*. São Paulo: Edusp, 2005.]

______. *Por una ciencia del vestigio errático*. Buenos Aires: Grumo, 2010.

______. *Hélio Oiticica, a asa branca do êxtase: arte brasileira de 1964-1980*. Rio de Janeiro: Anfiteatro, 2015.

______. "La pasión según G.H: el riesgo de ser humano" in LISPECTOR, Clarice. *La pasión según G. H.* (prólogo). Buenos Aires: Corregidor, 2020.

______. "Las experiencias de Flávio de Carvalho: salir a la calle para revelar el inconsciente social". Archivo Filoctetes, 2021. Disponível em: https://archivofiloctetes.com.ar/archivo-filoctetes/las-experiencias-de-flavio-de-carvalho-salir-a-la-calle-para-revelar-el-inconsciente-social/. Acesso em: 12 nov. 2024.

______; CÁMARA, Mario. *A máquina performática*. Rio de Janeiro: Rocco, 2017.

APPADURAI, Arjun. (org.). *La vida social de las cosas: perspectiva cultural de las mercancías*. México: Grijalbo, 1991.

ALBERT, Bruce. "Agora somos todos Índios". *Folha de S.Paulo*. 4 abr. 2020 Disponível em: https://www1.folha.uol.com.br/opiniao/2020/04/agora-somos-todos-indios.shtml. Acesso em: 12 nov. 2024.

ALBUQUERQUE JR. *The Invention of the Brazilian Northeast*. Durham: Duke University Press, 2014.

ALLIEZ, Eric (org.) *Deleuze: una vida filosófica*. Santiago de Cali/Medelín: Ed. Revista *Sé cauto* / Revista *Euphorion*, 2002.

ANDERMANN, Jens. "Exhausted Landscapes: Reframing the Rural in Recent Argentine and Brazilian Films". *Cinema Journal*, v. 53, n. 2, pp. 50-70. 2014.

______. *Tierras en Transe: arte y naturaleza después del paisaje*. Santiago: Metales Pesados, 2018.

ANDRADE, Oswald de. "A crise da filosofia messiânica" in *A utopia antropofágica*. Rio de Janeiro: Globo, 1990.

ANDREOLI, E. Lina Bo Bardi: The Anthropological Gaze. *Third Text*, v. 8, n. 28-29, pp. 87-100. 1994.

ANELLI, Renato. O *Museu de Arte de São Paulo: o museu transparente e a dessacralização da arte*. Vitruvius. Arquitextos, 2009. Disponível em: https://www.vitruvius.com.br/revistas/read/arquitextos/10.112/22. Acesso em: 22 jan. 2025.

______. "Nova monumentalidade e integração das artes no Brasil: do Ministério a Brasília" in XAVIER, A.; KATINSKY, J. (orgs.). *Brasília. Antologia crítica*. São Paulo: Cosac & Naify, 2012, pp. 420-426.

______. "Recycling and Restoration: Adding New Meaning to Historical Buildings Through Minimal Interventions" in CONDELLO, A.; LEHMANN, S. *Sustainable Lina Lina Bo Bardi's Adaptive Reuse Projects*. Berlim: Springer, 2016, pp. 97-160.

ANTELO, Raúl. "El concepto de experiencia en Flavio de Carvalho" in Jitrik, Noé (org.). *Atípicos en la literatura Latinoamericana*. Buenos Aires: Instituto de Literatura Hispanoamericana. FFYL, UBA, 1997.

______. "Genealogia do vazio" in PAULILLO, M. C. R. de Almeida. *Tradição e modernidade: Afonso Schmidt e a literatura paulista (1906-1928)*. São Paulo: Annablume, 1999.

______. *Potências da imagem*. Chapecó: Argos, 2004.

______. "La vida de las imágenes, de Bopp a Flavio de Carvalho" in *Maria con Marcel: Duchamp en los trópicos*. Buenos Aires: Siglo XXI, 2006.

______. *Crítica acéfala*. Buenos Aires: Grumo, 2008.

______. Só centros: elipses. *Chuy. Revista de Estudios Literarios Latinoamericanos*, v. 1, n. 1, pp. 3-15. 2014.

ARÊAS, V. *Clarice Lispector com a ponta dos dedos*. São Paulo: Companhia das Letras, 2005.

ARENDT, Hanna. "Sobre la humanidad en tiempos de oscuridad: reflexiones sobre Lessing" in *Hombres en tiempos de oscuridad*. Barcelona: Gedisa, 1990. [Ed. bras.: "Sobre a humanidade em tempos sombrios: reflexões sobre Lessing" in *Homens em tempos sombrios*. Trad. Denise Bottmann. São Paulo: Companhia das Letras, 2008.]

______. La imaginación. *Conferencias sobre la filosofía política de Kant*. Barcelona: Paidós Ibérica, 2003. [Ed. bras.: *Lições sobre a filosofia política de Kant*. Trad. André Duarte de Macedo. Rio de Janeiro: Relume Dumará, 1993.]

AVELLAR, J. C. "O lixo na boca" in: OHATA, Milton (org.). *Eduardo Coutinho*. São Paulo: Cosac & Naify, 2013.

AVELLA, A. A. El arquitecto de dos mundos: Lina Bo Bardi, una italiana constructora de Brasil. *Taller De Letras*, v. 44, n. 79, 2009.

AUGÉ, M. *Los no lugares*. Barcelona: Gedisa, 1992. [Ed. bras.: *Não lugares: introdução a uma antropologia da supermodernidade*. Trad. Maria Lucia Pereira. Campinas: Papirus, 1994.]

AZEVEDO, C. M. M. *Abolicionismo: Estados Unidos e Brasil, uma história comparada*. São Paulo: Annablume, 2003.

BADIOU, A. *El siglo*. Buenos Aires: Manantial, 2005. [Ed. bras.: *O século*. Trad. Carlos Felício da Silveira. São Paulo: Ideias & Letras, 2007.]

BALÉE, William. *Footprints of the Forest. Ka'apor Ethnobotany: the Historical Ecology of Plant Utilization by an Amazonian People*. Columbia University Press, 1999.

BARAD, K. *Meeting the Universe Halfway: Quantum Physics and the Entanglement of Matter and Meaning*. Durham: Duke University Press, 2007.

BARDI, P. M. Uma antecipação baiana da pop art. *Diário de São Paulo*, 2° caderno. São Paulo, 20 ago. 1964.

BARTHES, R. *Lo neutro*. Buenos Aires: Siglo XXI, 2004.

BASUALDO, C. *Tropicália: A Revolution in Brazilian Culture*. São Paulo: Cosac & Naify, 2005.

BATAILLE, G. *Documents* [1929-30]. Paris: J.-M. Place, 1991.

______. *La conjuración sagrada: ensayos 1929-1939*. Trad. Silvio Mattoni. Buenos Aires: Adriana Hidalgo, 2008.

BAUDRILLARD, J. *El sistema de los objetos*. México: Siglo XXI, 1969.

BAUMAN, Z. *Modernidad líquida*. México: Fondo de Cultura Económica, 2003.

BEAL, S. *Brazil Under Construction: Fiction and Public Works*. Nova York: Palgrave Mcmillan, 2013. [Ed. bras.: *Brasil em construção: as obras públicas na literatura do século XX*. Trad. Fal Azevedo. São Paulo: Zouk, 2017.]

BENHABIB, S. *The Reluctant Modernism of Hannah Arendt*. Maryland: Rowman and Littlefield, 2000.

BENJAMIN, W. "Unpacking My Library: A Talk about Book Collecting" (1931) in *Illuminations*. Ed. Hannah Arendt, trad. Harry Zohn. Londres: Fontana Collins, 1973.

______. "Terreno en construcción" in *Dirección única*. Madri: Alfaguara, 1987. [Ed. bras.: "Canteiro de obras" in *Rua de mão única*. Trad. Rubens Rodrigues Torres Filho. São Paulo: Brasiliense, 1987, pp.18-9.]

______. *Tesis de la filosofía de la historia*. Madri: Taurus, 1993.

______. *La dialéctica en suspenso: fragmentos sobre la historia*. Trad., introd. e notas Pablo Oyarzún Robles. Santiago de Chile: ARCIS-LOM, 1996.

______. *The Arcades Project*. Cambridge, MA: Belknap Press, 2003.

______. *Libro de los pasajes*. Madri: Akal, 2004.

______. *Tesis sobre la historia y otros fragmentos*. Cidade do México: Clío, 2005.

______. *Sobre o conceito de história*. Trad. Adalberto Müller e Márcio Seligmann-Silva. São Paulo: Alameda, 2020.

BENNET, J. *Vibrant Matter: A Political Ecology of Things*. Durham: Duke University Press, 2010.

BENNETT, T.; JOYCE, Patrick. *Material Powers: Cultural Studies, History and the Material Turn*. Londres: Routledge, 2010.

BENTES, I. O copyright da miséria e os discursos sobre a exclusão. *Cinémas d'Amérique Latine*, n. 11, pp. 83-93. 2003.

BERARDI, F. *Breathing: Chaos and Poetry*. South Pasadena, CA: Semiotext(e), 2018. (Semiotext(e)/intervention series book 26.)

BERGSON, H. *Matière et mémoire: essai sur la relation du corps à l'esprit*. Paris: Presses Universitaires de France, 1965. [Ed. bras.: *Matéria e memória: ensaio sobre a relação do corpo com o espírito*. Trad. Paulo Neves. São Paulo: Martins Fontes, 1999.]

______. *Henri Bergson: memoria y vida. Textos escogidos por Gilles Deleuze*. Madri: Alianza, 1977. [Ed. bras.: *Henri Bergson: memória e vida. Textos escolhidos por Gilles Deleuze*. Trad. Claudia Berliner. Martins Fontes: São Paulo, 2006.]

BERNARDET, Jean-Claude. "Jogo de cena e Moscou" in OHATA, Milton (org.). *Eduardo Coutinho*. São Paulo: Cosac & Naify, 2013, pp. 626-628.

BESSA, A. S. *Beyond the Supersquare: Art & Architecture in Latin America after Modernism*. Nova York: Fordham University Press, 2014.

BIERRENBACH, A. C. *Entre textos y contextos, la arquitectura de Lina Bo Bardi. Arquitextos*, 2010. Disponível em: https://www.vitruvius.com.br/revistas/read/arquitextos/10.119/3354. Acesso em: 12 fev. 2025.

BISHOP, C. Antagonism and Relational Aesthetics. *October*, v. 110. Outono de 2004.

______. *Installation Art. A Critical History*. Londres: Tate Publishing, 2005.

BARDI, L. B. Pedras contra brilhantes. *Anotações 29/11/86*, 1947a, in Ferraz, M. C. (org.). *Lina Bo Bardi*. São Paulo: Empresa das Artes; Instituto Lina Bo e P. M. Bardi, 1993.

______. Na Europa a casa do homem ruiu. *Rio*. Rio de Janeiro, n. 92, pp. 33-53 e 95, fev. 1947b. Reproduzido em: RUBINO, S.; GRINOVER, M. *Lina por escrito: textos escolhidos de Lina Bo Bardi*. São Paulo: Cosac & Naify, 2009, pp. 64-67.

______. Museu de Arte (Rua 7 de Abril). *Habitat – Revista das Artes no Brasil*. São Paulo, n. 1, p. 17, 1950. Reproduzido em: Ferraz, M. C. (org.). *Lina Bo Bardi*. São Paulo: Empresa das Artes; Instituto Lina Bo e P. M. Bardi, 1993.

______. Bahia no Ibirapuera. Catálogo da Exposição, 1959. Reproduzido em: Ferraz, M. C. (org.). *Lina Bo Bardi*. São Paulo: Empresa das Artes; Instituto Lina Bo e P. M. Bardi, 1993.

______. Artes Menores, notas para criação de uma cadeira de Desenho Industrial. *Ângulos*. Salvador, n. 16, pp. 121-124, 1960.

______. "Civilização do Nordeste", 1963a, in SUZUKI, Marcelo (org.). *Tempos de grossura: o design no impasse*. São Paulo: Instituto Lina Bo e P. M. Bardi, 1994.

______. "A arte popular nunca é Kitsch", 1963b, in SUZUKI, Marcelo (org.). *Tempos de grossura: o design no impasse*. São Paulo: Instituto Lina Bo e P. M. Bardi, 1994.

______. "Pavilhão no Parque Lage", 1965, in FERRAZ, M. C. (org.). *Lina Bo Bardi*. São Paulo: Empresa das Artes; Instituto Lina Bo e P. M. Bardi, 1993.

______. Explicações sobre o Museu de Arte. *O Estado de São Paulo*, 5 abr. 1970. Reproduzido em: PEDROSA, A.; PROENÇA, L. (orgs.). *Concreto e cristal: o acervo do Masp nos cavaletes de Lina Bo Bardi*. São Paulo: Masp; Cobogó, 2016, pp. 135-136.

______. "Camurupim (anotações pessoais)", 1975 in FERRAZ, M. C. (org.). *Lina Bo Bardi*. São Paulo: Empresa das Artes; Instituto Lina Bo e P. M. Bardi, 1993.

______. Planejamento ambiental: "desenho" no impasse. *Malasartes*. Rio de Janeiro, n. 2, pp. 4-7, dez-fev, 1976. Reproduzido em: RUBINO, S.; GRINOVER, M. *Lina por escrito: textos escolhidos de Lina Bo Bardi*. São Paulo: Cosac & Naify, 2009, pp. 136-141.

______. A mão do povo nordestino. *Arte Vogue*. São Paulo, n. 2, pp. 52- 54, nov. 1977a.

______. Tempos de grossura. *Arte Vogue*. São Paulo, n. 2, nov. 1977b. Reproduzido em: FERRAZ, M. C. (org.). *Lina Bo Bardi*. São Paulo: Empresa das Artes; Instituto Lina Bo e P. M. Bardi, 1993.

______. O Brasil tinha chegado num bívio. Escolheu a Finesse. *Arte Vogue*. São Paulo, n. 2, nov. 1977c.

______. "Um balanço dezesseis anos depois", 1980a, in SUZUKI, Marcelo (org.). *Tempos de grossura: o design no impasse*. São Paulo: Instituto Lina Bo e P. M. Bardi, 1994.

______. "Por que o nordeste?", 1980b, in SUZUKI, Marcelo (org.). *Tempos de grossura: o design no impasse*. São Paulo: Instituto Lina Bo e P. M. Bardi, 1994.

______. "Arte popular e pré-artesanato nordestino", 1980c, in SUZUKI, Marcelo (org.). *Tempos de grossura: o design no impasse*. São Paulo: Instituto Lina Bo e P. M. Bardi, 1994.

______. "Discurso sobre a significação da palavra artesanato", 1980d, in SUZUKI, Marcelo (org.). *Tempos de grossura: o design no impasse*. São Paulo: Instituto Lina Bo e P. M. Bardi, 1994.

______. Entreato para crianças. Folheto da exposição. Sesc Pompeia, 1985. Reproduzido em: FERRAZ, M. C. (org.). *Lina Bo Bardi*. São Paulo: Empresa das Artes / Instituto Lina Bo e P. M. Bardi, 1993, pp. 246-249.

______. "O projeto arquitetônico", 1986, in LATORRACA, Giancarlo. *Cidadela da Liberdade*. São Paulo: Instituto Lina Bo e P. M. Bardi / Sesc Pompeia, 1999, pp. 26-40. Reproduzido em: RUBINO, S.; GRINOVER, M. *Lina por escrito: textos escolhidos de Lina Bo Bardi*. São Paulo: Cosac & Naify, pp. 147-154, 2009.

______. "Currículum literário" in FERRAZ, M. C. (org.). *Lina Bo Bardi*. São Paulo: Empresa das Artes; Instituto Lina Bo e P. M. Bardi, 1993.

______. SUZUKI, Marcelo (org.).*Tempos de grossura: o design no impasse*. São Paulo: Instituto Lina Bo e P. M. Bardi, 1994

BONAN, A.; REZENDE, R. (curadores). *Flávio de Carvalho expedicionário*. São Paulo: Caixa Cultural; Rio de Janeiro: Circuito, 2017

BOIS, Y. A.; KRAUSS, R. *Formless: A User's Guide*. Nova York: Zone Books, 1998.

BONFIGLIOLI, C. P. Montagem mnemosyne, painéis didáticos e cavaletes de vidro: aproximações possíveis. *Prometeica*, v. 14, pp. 45-57, 2017.

BOSTEELS, B. Borges as Antiphilosopher. *Vanderbilt E-Journal of Luso-Hispanic Studies*, v. 3, 2007. Disponível em: https://doi.org/10.15695/vejlhs.v3i0.3197. Acesso em: 12 nov. 2024.

______. *Marx y Freud en América Latina: Política, psicoanálisis y religión en tiempos de terror*. Tres Cantos: Akal, 2016.

BRAIDOTTI, Rosi. *Posthuman Knowledge*. Cambridge, UK; Medford, MA: Polity Press, 2019.

BRAZIL TAKES OFF. *The Economist*, 12 nov. 2009. Disponível em: https://www.economist.com/leaders/2009/11/12/brazil-takes-off. Acesso em: 12 nov. 2024.

BROWN, B. A *Sense of Things*. Chicago: University of Chicago Press, 2003.

______. *Things*. Chicago: University of Chicago Press, 2004.

______. "Materiality" in MITCHELL, W. J. T.; HANSEN, M. (orgs.). *Critical Terms for Media Studies*. Chicago: University of Chicago Press, 2010.

BRESSER-PEREIRA, L. "Seis interpretações sobre o Brasil". *NS, NorthSouth*, v. 7, n. 13, pp. 1-33, 1982.

BRIZUELA, Natalia. "Conversation and Duration in Eduardo Coutinho's Films". *Film Quarterly*, v. 69, n. 3, 2016, pp. 19-27.

______; ROBERTS, J. *The Matter of Photography in the Americas*. Stanford: Stanford University Press, 2018.

BRUNSCHVICG, Léon. *La Physique au vingtième siècle*. Paris: Hermann, 1939.

______. *La Raison et la religion*. Paris: Alcan, 1939.

______. *Descartes et Pascal, lecteurs de Montaigne*. Paris: La Baconnière, 1995 [1943].

BRYANT, L.; SRNICEK, Nick; HARMAN, Graham (orgs.). *The Speculative Turn: Continental Materialism and Realism*. Melbourne: Re.Press, 2011.

BUCHLOH, B. "Atlas/Archive". *The Optic of Walter Benjamin*, v. III. Ed. Alex Coles. Londres: Black Dog, 1999.

BUCK-MORSS, S. *The Dialectics of Seeing: Walter Benjamin and the Arcades Project*. Londres: MIT Press, 1999.

______. *Dreamworld and Catastrophe: The Passing of Mass Utopia in East and West*. Cambridge, Mass.: MIT Press, 2000. [Ed. bras.: *Mundo de sonho e catástrofe: o desaparecimento da utopia de massas na União Soviética e nos Estados Unidos*. Trad. Ana Luiza Andrade, Rodrigo Lopes de Barros, Ana Carolina Cernicchiaro. Florianópolis: Editora UFSC, 2018.]

BUERGEL, R. M. "O local de nascimento da arte de instalação" in PEDROSA, A.; PROENÇA, L. (orgs.), *Concreto e cristal: o acervo do Masp nos cavaletes de Lina Bo Bardi*. São Paulo: Masp: Cobogó, 2015.

BURUCÚA, J. E. (org.). *Historia de las imágenes e historia de las ideas: La escuela de Aby Warburg*. Buenos Aires: CEAL, 1992.

BUTLER, Judjth. *Dar cuenta de sí mismo: violencia ética y responsabilidad*. Buenos Aires: Amorrortu, 2009. [Ed. bras.: *Relatar a si mesmo: crítica da violência ética*. Trad. Rogério Bettoni. São Paulo: Autêntica, 2015.]

BUTLER, Judith; ATHANASIOU, Athena. *Desposesión: lo performativo en lo político*. Buenos Aires: Eterna Cadencia, 2017. [Ed. inglesa: *Dispossession: The Performative in the Political*, Cambridge: Polity Press, 2013.]

CAETANO, Daniel (org.). *Serras da desordem.: reunião de artigos e ensaios sobre o documentário* Serras da desordem, *de Andréa Tonacci*. Rio de Janeiro: Beco do Azougue, Sapho, 2008.

CAVALCANTI, G. Luxo-Lixo ou la pratique socio-artistique de Regina Vater. *Vie des arts*, v. 20, n. 78, pp. 36-37, 1975. Disponível em: https://id.erudit.org/iderudit/55122ac. Acesso em: 12 nov. 2024.

CAVALCANTI, M. L.; GONÇALVES, R. S. (orgs.). *Seminário Circuitos da Cultura Popular*. Rio de Janeiro: UFRJ/IFCS, 2010.

CANALES, J. *A Tenth Of A Second: A History*. Chicago: University of Chicago Press, 2009.

______. *The Physicist and the Philosopher: Einstein, Bergson, and the Debate That Changed Our Understanding of Time*. Princeton: Princeton University Press, 2015.

CÁMARA, M. *Restos épicos: a literatura e a arte na mudança de época*. Rio de Janeiro: Papéis Selvagens, 2023.

______. "Prólogo" in LISPECTOR, Clarice. *Agua viva*. Buenos Aires: Corregidor, 2020.

CAMPOS, M. C. A grande cidade em construção: Brasília em dois contos de Guimarães Rosa. RUA – *Revista de Arquitetura e Urbanismo*. Salvador, v. 7, pp. 54-59, 1999.

CAMPOS, H. de. "A linguagem do Iauaretê" in *Guimarães Rosa em três dimensões, por Pedro Xisto, Augusto de Campos e Haroldo de Campos*, 1970, pp. 71-76.

CARNEIRO, S. Enegrecer o feminismo: a situação da mulher negra na América Latina a partir de uma perspectiva de gênero. 2011. Disponível em: https://edisciplinas.usp.br/pluginfile.php/375003/mod_resource/content/0/Carneiro_Feminismo%20negro. Acesso em: 12 nov. 2024.

CARVALHO, F. R. *Southern meditations*. Textos datilografados. Yale University Library – Beinecke Rare Book and Manuscript Library, [ca. 1930s].

______. "A única arte que presta é a anormal", 1936, in MATTAR, D. (curadora). *Flávio de Carvalho: 100 anos de um revolucionário romântico*. Rio de Janeiro: CCBB, 1999, pp. 71-73.

______. "Os pré-homens do lago Titicaca", *O Estado de São Paulo*, 14 dez. 1948. Coleção Rui Moreira Leite.

______. "A arte prevê aquilo que o homem social fará", entrevista com Daniel de Oliveira. *Para Todos*, v. 12, 1-15 nov. 1956.

______. I. Os gatos de Roma. O sorriso inicial do Imperio Romano. *Diário de São Paulo*, São Paulo, 1957a.

______. II. Os gatos de Roma. Vila Júlia. Sonambulismo da História. *Diário de São Paulo*, São Paulo, 13 jan. 1957b.

______. III. Os gatos de Roma. As feridas abertas da arqueologia. O europeu quer a guerra. *Diário de São Paulo*, São Paulo, 20 jan. 1957c.

______. IV. Os gatos de Roma. Os césares do Império Vermelho. *Diário de São Paulo*, São Paulo, 27 jan. 1957d.

______. V. Os gatos de Roma. As forças fundamentais do destino histórico. *Diário de São Paulo*, São Paulo, 3 mar. 1957e.

______. VI. Os gatos de Roma. O culto do herói, o Gótico e o Barroco. *Diário de São Paulo*, São Paulo, 10 fev. 1957f.

______. VII. Os gatos de Roma. O sonho e o herói. *Diário de São Paulo*, São Paulo, 17 fev. 1957g.

______. VIII. Os gatos de Roma. A floresta e o Gótico. *Diário de São Paulo*, São Paulo, 24 fev. 1957h.

______. IX. Os gatos de Roma. A simulação, a floresta e o primeiro temperamento. A descida da árvore. *Diário de São Paulo*, São Paulo, 3 mar. 1957i.

______. X. Os gatos de Roma. A mentira e o soluço do mundo. A dança nasceu na floresta. *Diário de São Paulo*, São Paulo, 10 mar. 1957j.

______. XI. Os gatos de Roma. O bailado do silêncio. *Diário de São Paulo*, São Paulo, 24 mar. 1957k.

______. Diarios Amazônicos/ On the Frontiers of Danger. Cópia mecanografada. Fundo FC- CEDAE – Unicamp. Campinas, 1958.

______. *A origem animal de Deus* e *O bailado do deus morto*. São Paulo: Difusão Europeia do Livro, 1973.

______. *Experiência n. 2, realizada sobre uma procissão de Corpus Christi: uma possível teoria e uma experiência*. Rio de Janeiro: Nau, 2001.

______. *Os ossos do mundo*. São Paulo: Antiqua, 2005.

______. *A cidade do homem nu*. Museu de Arte Moderna de São Paulo (MAM), 2010.

______. *A moda e o novo homem*. Sergio Cohn e Heyk Pimenta (orgs.). Rio de Janeiro: Azougue, 2010.

______. O aspecto psicológico e mórbido da Arte Moderna. LEITE, Rui Moreira (curador). Flávio de Carvalho. São Paulo: Museu de Arte Moderna de São Paulo, 2010 [1937].

______. "Flávio de Carvalho por ele mesmo" in LEITE, Rui Moreira (curador). Flávio de Carvalho. São Paulo: Museu de Arte Moderna de São Paulo, 2010 [1963].

______. *On the Frontiers of Dangers/Diários amazônicos*. Manuscrito consultado no arquivo do CEDAE, Universidade de Campinas.

______. *Os gatos de Roma/Notas para a reconstrução de um mundo perdido*. Larissa Costa da Mata (org.). Florianópolis: Ed. da UFSC, 2019 [1957-1958].

CATELLI, N. La hora de la estrella o Macabea la resistente. *Revista Transas*, 2020. Disponível em: https://www.revistatransas.com/2020/12/10/la-hora-de-la-estrella--o-macabea-la-resistente/.

CELSO, Affonso. *Porque me ufano do meu pais*. Rio de Janeiro; Paris: Garnier, 1900.

CÉSAIRE, A. *Discours sur le colonialisme*. Paris: Nathan, 1994 [1955].

CHAKRABARTY, Dipesh. *El humanismo en la era de la globalización: la descolonización y las políticas culturales*. Buenos Aires: Katz, 2009.

CHANAN, Michael. Eduardo Coutinho and the spirit of documentary. *Guaraguao*. Barcelona, n. 22, 2006.

______. *The Politics of Documentary*. Londres: British Film Institute, 2007.

CLÉMENT, Gilles. *Manifeste du Tiers Paysage*. Sujet/Objet, 2004.

CLIFFORD, J. *The Politics and Politics of Ethnography*. Berkeley: University of California Press, 1986.

______. *The Predicament of Culture: twentieth century ethnography, literature and art*. Cambridge, Mass: Harvard University Press, 1988.

COCCIA, Emanuele. *Metamorfoses*. Trad. Madeleine Deschamps e Victoria Mouawad. Rio de Janeiro: Dantes, 2020.

COCOTLE, B. C. "Nós prometemos descolonizar o museu: uma revisão crítica da política museal contemporânea". *Masp Afterall*, 2019. Recuperado de: https://masp.org.br/uploads/temp/temp-X87a1s0ahKuQghS3VJ4D.pdf.

COMITÉ D'ORGANISATION DU CONGRÈS(org.). Actes du huitième Congrès International de Philosophie. *The Journal of Philosophy*, v. 31, n. 22, pp. 589-601. 25 out. 1934 . Disponível em: https://www.pdcnet.org/wcp8/Actes-du-huiti%C3%A8me-Congr%C3%A8s--International-de-Philosophie. Acesso em: 12 nov. 2024.

CONDELLO, A.; Lehmann, S. *Sustainable Lina Lina Bo Bardi's Adaptive Reuse Projects*. Suíça: Springer, 2016.

COOLE, D.; FROST, S. (orgs.). *New Materialisms: Ontology, Agency, and Politics*. Durham: Duke University Press, 2010.

CABRAL, C. C. Lina Bo Bardi y el suburbio. *ARQ (Santiago)*, 103, pp. 90-103, 2019. https://doi.org/10.4067/s0717-69962019000300090. Acesso em: 22 jan. 2025.

CANCLINI, N. G. *La sociedad sin relato. Antropología y estética de la inminencia*. Madri: Katz, 2011.

CHAUVIN, I. Depetris; OPAZO, M. Urzúa (orgs.). *Más allá de la naturaleza: Prácticas y configuraciones espaciales en la cultura latinoamericana contemporánea*. Santiago: Ediciones Universidad Alberto Hurtado, 2019.

COSULICH, R. de Marchis. "Lina Bo Bardi. Do Pré-artesanato ao Design". Dissertação (Mestrado em Arquitetura e Urbanismo) – Universidade Presbiteriana Mackenzie, 2007. Disponível em: https://adelpha-api.mackenzie.br/server/api/core/bitstreams/f338344b-6aa6-4aaf-bd96-4e37da5ebe0b/content. Acesso em: 5 dez. 2024.

COWIE, E. The Spectacle of Actuality. En GAINES. J.; RENOV, M. (orgs.). *Collective Visible Evidence*. Minneapolis: University of Minnesota Press, 1999.

CRARY, J. *24/7: Late Capitalism and the Ends of Sleep*. Nova York: Verso, 2013. [Ed. bras.: *24/7: capitalismo tardio e os fins do sono*. Trad. Joaquim Toledo Junior. São Paulo: Ubu, 2016.]

CUNHA, E. da. *À margem da história*. São Paulo: Lello, 1967.

CUSICANQUI, S. R. *Ch'ixinakax utxiwa : una reflexión sobre prácticas y discursos descolonizadores*. Buenos Aires: Tinta Limón, 2010. [Ed. bras.: *Ch'ixinakax utxiwa: uma reflexão sobre práticas e discursos descolonizadores*. São Paulo: n-1 edições, 2021.]

DANOWSKI, D.; VIVEIROS DE CASTRO, E. *Há mundo por vir? Ensaio sobre os medos e os fins*. São Paulo: Instituto Socioambiental, 2014.

DAVIS, H.; TODD, Z. On the Importance of a Date, or Decolonizing the Anthropocene. *Acme*. v. 16, n. 4, pp. 761-780, 1 jan. 2017.

DAVIS, M. *Planet of Slums*. Nova York: Verso, 2006.

DAWSON, A. *Extinction: A Radical History*. Nova York: Or Books, 2016.

______. *Extreme cities: The Peril and Promise of Urban Life in the Age of Climate Change*. Londres: Verso, 2017.

DEMOS, T. J. *Decolonizing Nature: Contemporary Art and the Politics of Ecology*. Berlim: Sternberg Press, 2016.

______. *Against the Antropocene: Visual Culture and the Environment Today*. Berlim: Sternberg Press, 2017.

______. *Beyond the world's end: Arts of Living at the Crossing*. Durham: Duke University Press, 2020.

DELEUZE, G.; GUATTARI, F. *Kafka: por uma literatura menor*. Trad. Julio Castañon Guimarães. Rio de Janeiro: Imago, 1977.

______. *Mil mesetas: capitalismo y esquizofrenia*. Trad. José Vázquez Pérez, Pre-Textos, 1988. [Ed. bras.: *Mil platôs: capitalismo e esquizofrenia*. São Paulo: Editora 34, 2011.]

______. *O que é a filosofia?* Trad. Bento Prado Jr. e Alberto Alonso Munoz. São Paulo, Editora 34, 1993.

______. "Inmanencia: una vida..." in GIORGI, Gabriel; RODRÍGUEZ, Fermín (orgs.). *Ensayos sobre biopolítica*. Buenos Aires: Paidós, 2007.

DELEUZE, G. "Imanência: uma vida...". Trad. Sandro Kobol Fornazari. *Limiar*, v. 2, n. 4, pp. 178-181, 2º semestre de 2016.

______. *La imagen-tiempo: estudios sobre cine 2*. Buenos Aires: Paidós, 2005.

DENNISON, S. "Hope springs from rubbish: Trash (2014) and the garbage aesthetic" in *Remapping Brazilian Film Culture in the Twenty-First Century* (v. 1). Londres: Routledge, 2020, pp. 164-179.

DERRIDA, J. *Mal de archivo: una impresión freudiana*. Trad. Francisco Vidarte. Madri: Trotta, 1997.

DESCOLA, Phillpipe. *Más allá de naturaleza y cultura*. Buenos Aires: Amorrortu, 2012.

DIDI-HUBERMAN, George. *Diante do tempo: história da arte e anacronismo das imagens*. Belo Horizonte: UFMG, 2015.

______. *La imagen superviviente: historia del arte y tiempos de los fantasmas según Aby Warburg*. Madri: Abada, 2009.

______. *Supervivencia de las luciérnagas*. Madri: Abada, 2012. [Ed. bras.: *Sobrevivência dos vaga-lumes*. Trad. Vera Casanova e Márcia Arbex. Belo Horizonte: Editora UFMG, 2011.]

______. *Harun Farocki: desconfiar de las imágenes*. Buenos Aires: Caja Negra, 2013.

______. *Pueblos expuestos, pueblos figurantes*. Buenos Aires: Manantial, 2014.

DIELEKE, E. "The Return of the Natural: Landscape, Nature and the Place of Fiction", in ANDERMANN, Jens; BRAVO, Álvaro F. (orgs.). *New Argentine and Brazilian Cinema*. Londres: Palgrave Macmillan, 2013.

DONGHI, T. H. *Una nación para el desierto argentino* Buenos Aires: Centro Editor de América Latina, 1980.

DORFMAN, D. "Restos globales: basureros y derecho a la ciudad en Brasil a Propósito de *Ilha das flores* (*Isla de las flores*, Jorge Furtado, 1989) y *Boca de lixo* (*Boca de basura*, Eduardo Coutinho, 1992)". *Mitologías Hoy*, v. 17, pp. 225-243, 2018.

DONADI, M. F. "Observações de um psicólogo voador: história e sobrevivências em *Rumo ao Paraguai* de Flávio de Carvalho" in MATA, Larissa Costa da (org.). *Flávio de Carvalho: o berço da força poética*. São Paulo, Alameda, 2019.

DOUGLAS, M. *Purity and Danger*. Londres: Routledge & Kegan Paul, 1966.

EDENSOR, T. *Industrial Ruins: Spaces, Aesthetics and Materiality*. Nova York: Berg, 2005.

ENWEZOR, O. *Archive Fever: Uses of Document in Contemporary Art*. Göttingen: Steidl Publishers, 2008.

ESCOBAR, T. *El arte fuera de sí*. Assunção: Museo del Barro, 2004.

ESPOSITO, R. *As pessoas e as coisas*. Trad. Andrea Santurbano. Florianópolis: Rafael Copetti, 2016.

FANON, F. *White Skins, Black Masks*. Nova York: Grove Press, 1982.

______. *Les damnés de la terre*. Paris: Gallimard, 1991.

FAROCKI, Harum. *Desconfiar de las imágenes*. Buenos Aires: Caja Negra, 2013.

FELDMAN, Ilana. *Jogos de cena: ensaios sobre o documentário brasileiro contemporâneo*. Tese (doutorado). Universidade de São Paulo, São Paulo, 2012.

BRAVO, A. Fernández. *El museo vacío: acumulación primitiva, patrimonio cultural e identidades colectivas – Argentina y Brasil, 1880-1945*. Buenos Aires: Eudeba, 2016.

FERRAZ, M. C. (org.). *Lina Bo Bardi*. São Paulo: Empresa das Artes; Instituto Lina Bo e P. M. Bardi, 1993.

______. Stones Against Diamonds. *AA Files*, n. 64, pp. 78-79, 2012.

FLOWER, E. Warburg Renaissance: Interview with Haworth Tompkins Project Architect Elizabeth Flower. The Warburg Institute Blog, 22 jul. 2019. Disponível em: https://warburg.blogs.sas.ac.uk/2019/07/17/warburg-renaissance-interview-with-haworth-tompkins-project-architect-elizabeth-flower/. Acesso em: 22 jan. 2025.

FOLIE, S.; FRANKE, A.; LAZZARATO, M. (orgs.). *Animism: Modernity Through the Looking Glass*. Colônia: Walther Konig, 2012.

FONTCUBERTA, Joan. *La cámara de Pandora: la fotografía después de la fotografía*. Barcelona: Gustavo Gili, 2010.

FOOT HARDMAN, Francisco. *Trem-fantasma: a modernidade na selva*. São Paulo: Companhia das Letras, 1988.

______. Pontos extremos: ruínas invisíveis nas fronteiras de um país, 2004. Disponível em: https://repositories.lib.utexas.edu/handle/2152/4073. Acesso em: 12 nov. 2024.

______. *Trem-Fantasma. a ferrovia Madeira-Mamoré e a modernidade na selva*. São Paulo: Companhia das Letras, 2005.

FOSTER, H. “Primitive” Scenes. *Critical Inquiry*. v. 20, n. 1, pp. 69-102, outono de 1993.

______. “The Artist as Ethnographer” in MARCUS, George; MYERS, Fred (orgs.). *The Traffic in Culture: Refiguring Art and Anthropology*. Berkeley: University of California Press, pp. 302-309, 1995.

______. *Return of the Real: the Avant-garde at the End of the Century*. Cambridge, Mass.: MIT Press, 1996a.

______. The Archive without Museums, *October*, v. 77, pp. 97-119, 1996b.

______. An Archival Impulse. *October*, v. 110, pp. 3-22, outono de 2004.

______. New Monumentality: Architecture and Public Space. *Perspecta*, v. 42, pp. 135-139, 2010.

FRANÇA, Andrea. *Serras da desordem* e *500 Almas*: resíduos de rostos, de gestos. *Periferia*, v. 1, n. 1, pp. 63-77, 2009.

FRANCO, J. *The Decline and Fall of the Lettered City: Latin America in the Cold War*. Cambridge, Mass.: Harvard University Press, 2002.

FRANKE, A. (org.). *Animism*. Berlim: Sternberg, 2010.

FREITAS, V. *Flávio de Carvalho. 100 anos de um revolucionário romântico*. Rio de Janeiro: CCBB/MAB-FAAP, 1999.

FREYRE, G. *Casa-grande & senzala*. Rio de Janeiro: Marcial Pons, 1933.

FRIED, M. *Art and Objecthood: Essays and Reviews*. Chicago: The University of Chicago Press, 1998.

FURTADO, G. *Documentary Filmmaking in Contemporary Brazil: Cinematic Archives of the Present*. Oxford Scholarship Online, 2019.

GALINDO, M. *No se puede descolonizar sin despatriarcalizar*. La Paz: Mujeres Creando, 2013.

GALISON, P. et al. *The Refusal of Time*. Paris: Xavier Barral, 2013.

______; KENTRIDGE, W. *100 Notes, 100 Thoughts: Documenta Series 009. The Refusal of Time*. Kassel: Hatje Cantz, 2012.

GARCIA, M. A questão da cultura popular: as políticas culturais do centro popular de cultura (CPC) da União Nacional dos Estudantes (UNE). *Revista Brasileira de História*, v. 24, n. 47, pp. 127-162, 2004.

GARCIA, M. A. *El arte abstracto. Intercambios culturales entre Argentina y Brasil*. Buenos Aires: Siglo XXI, 2010.

______. El lugar de la construcción inevitable: la arquitectura moderna en Brasil a través de la producción crítica de Mário Pedrosa DEARQ. *Revista de Arquitectura/Journal of Architecture*, 15, pp. 24-35, 2014. Universidad de Los Andes Bogotá, Colombia.

GARRAMUÑO, Florencia. *Modernidades primitivas: tango, samba y nación*. Buenos Aires: Fondo de Cultura Económica, 2007. [Ed. bras.: *Modernidades primitivas: tango, samba e nação*. Trad. Rômulo Monte Grande. Belo Horizonte: Editora UFMG, 2009.]

______. *La experiencia opaca: literatura y desencanto*. Buenos Aires: Fondo de Cultura Económica, 2009.

______. "El mandala de Clarice Lispector" (prólogo), in LISPECTOR, C. *Agua viva*. Buenos Aires: El cuenco de plata, 2010.

______. *Mundos en común: ensayos sobre la inespecificidad en el arte*. Buenos Aires: Fondo de Cultura Económica, 2015.

______. O outro avança sobre mim: dimensões da vida anônima e impessoal na cultura latino-americana. *Estudos de Literatura Brasileira Contemporânea*, n. 48, pp. 11-28, 2016a.

______. Dimensiones de lo impersonal en la cultura contemporánea. *Badebec*, v. 5, n. 10, pp. 130-140, 2016b.

______. Depois do sujeito: formas narrativas contemporâneas e vida impessoal. *Estudos de Literatura Brasileira Contemporânea*, n. 50, pp. 102-111, 2017a.

______. Políticas de la memoria en el arte contemporáneo: "Imemorial", de Rosângela Rennó (ESP). *Transas: Letras y Artes de América* Latina, 2017b. Universidad Nacional de San Martín. Disponível em: https://www.revistatransas.com/2017/12/21/politicas--de-la-memoria-en-el-arte-contemporaneo-imemorial-de-rosangela-renno-esp/.

______. Potencias de la vida anónima, 2018. Disponível em: https://www.academia.edu/36864531/Potencias_de_la_vida_an%C3%B3nima. Acesso em: 12 nov. 2024.

______. *Brasil caníbal: entre la bossa nova y la extrema derecha*. Buenos Aires: Paidós, 2019.

______. "Cerca del corazón salvaje de la vida, lejos de toda regla" (prólogo), in LISPECTOR, C. *Cerca del corazón salvaje*. Buenos Aires: Corregidor, 2020.

GIEDION, S. *Architecture you and me*. Cambridge, Mass.: Harvard University Press, 1958.

GILMAN, C. *Entre la pluma y el fusil: debates y dilemas del escritor revolucionario en América Latina*. Buenos Aires: Siglo XXI, 2003.

GIORGI, G. *Formas comuns: animalidade, literatura e biopolítica*. Trad. Carlos Nougué. São Paulo: Rocco, 2016.

______. La incompetente: precariedad, trabajo, literatura. *A Contracorriente. Una revista de estudios latinoamericanos*, v. 16, n. 3, pp. 61-78, 2019.

______; KIFFER, Ana. *Las vueltas del odio: gestos, escrituras, políticas*. Buenos Aires: Eterna Cadencia, 2020. [Ed. bras.: *Ódios políticos e políticas do ódio: lutas, gestos e escritas do presente*. Rio de Janeiro: Bazar do Tempo, 2019.]

GIUNTA, A. *Objetos mutantes: sobre arte contemporáneo*. Santiago: Palinodia, 2010.

______. ¿Cuando empieza el Arte Contemporáneo? Intervenciones desde América Latina. Artishock, 14 nov. 2017. Disponível em: https://artishockrevista.com/2014/05/12/cuando-empieza-arte-contemporaneo-intervenciones-desde-america-latina/. Acesso em: 12 nov. 2024.

______. *Contra el canon: arte contemporáneo en un mundo sin centro*. Buenos Aires: Siglo Veintiuno, 2020.

______. *Feminismo y arte latino-americano: historias de artistas que emanciparon el cuerpo*. Buenos Aires: Siglo XXI, 2018.

GONÇALVES, Marcos Augusto. "Os descompassos das vanguardas", *Folha de São Paulo*, São Paulo, 8 dez. 1996. Caderno Mais! Disponível em: https://www1.folha.uol.com.br/fsp/1996/12/08/mais!/16.html. Acesso em: 12 nov. 2024.

GONZÁLEZ, J. "Quem não tem cão caça com gato" in PEDROSA, A.; T. TOLEDO; Masp (orgs.), *A mão do povo brasileiro 1969/2016*. 2016.

GORDILLO, G. *Los escombros del progreso*. Buenos Aires: Siglo XXI, 2018.

GORELIK, A. *Das vanguardas a Brasília: cultura urbana e arquitetura na América Latina*. Belo Horizonte: Editora UFMG, 2005.

______. "Brasília: museu da modernidade" in XAVIER, A.; KATINSKY, J. (orgs.). *Brasília: antologia crítica*. São Paulo: Cosac & Naify, 2012, pp. 411-419.

GOSH, Amitav. *The Great Derangement: Climate Change and the Unthinkable*. Chicago, IL: The University of Chicago Press, 2016.

GRAHAM, D. "Two Brazilian Architects: Bo Bardi and Artigas", in *Beyond the Supersquare: Art & Architecture in Latin America after Modernism*. Nova York: Fordham University Press, 2014, p. 105.

GRAMSCI, A. *El materialismo histórico y la filosofía de Benedetto Croce*. México: Casa Juan Pablos, 2001.

______. *Prison Notebooks*. Org. e trad. Joseph A. Butigieg. Nova York: Columbia University Press, 2007, v. I-III.

GRINOVER, Marina. Lina Bo Bardi e Glauber Rocha: diálogos de uma filosofia da "práxis" in DOCOMOMO, 1., 2009, Salvador. 50 anos de Lina Bo Bardi na encruzilhada da Bahia e do Nordeste. Salvador: 2009. p. 1-12.

______. *Uma ideia de arquitetura: escritos de Lina Bo Bardi*. Biblioteca Digital de Teses e Dissertações da USP, 2010. Disponível em: //efaidnbmnnnibpcajpcglclefindmkaj/https://www.teses.usp.br/teses/disponiveis/16/16133/tde-01062010-113936/publico/Dissertacao_M_Grinover_Completa.pdf. Acesso em:

GROSZ, E. *Architecture from the Outside: Essays on Virtual and Real Space*. Cambridge, Mass.: MIT Press, 2001.

______. *Time Travels: Feminism, Nature, Power*. Durham: Duke University Press, 2005.

______. *Becoming Undone : Darwinian Reflections on Life, Politics, and Art*. Durham: Duke University Press, 2011.

GUERRERO, I. Flávio de Carvalho: From an Anthropophagic Master Plan to a Tropical Modern Design. *Afterall: A Journal of Art, Context and Enquiry*, n. 24, pp. 55-59, 2010. doi:10.1086/655934

GUIMARÃES ROSA, J. *Primeiras estórias*. Rio de Janeiro: José Olympio, 1962.

GUMBRECHT, H.; PFEIFFER K. L. (orgs.). *Materialities of Communication*. Stanford: Stanford University Press, 1994.

HAN, B-C. *La sociedad del cansancio*. Barcelona: Herder, 2012. [Ed. bras.: *Sociedade do cansaço*. Trad. Enio Paulo Giachini. Petrópolis: Vozes, 2015.]

HARAWAY, D. *The Companion Species Manifesto: Dogs, People and Significant Otherness*. Chicago: Priclky Paradigm Press, 2003.

______. *Staying With the Trouble: Making Kin in the Chthulucene*. Durham: Duke University Press, 2016. [Ed. bras.: *Ficar com o problema: fazer parentes no chthluceno*. Trad. Ana Luiza Braga. São Paulo: n-1 edições, 2023.]

HARMAN, G. *Hacia el realismo especulativo*. Trad. Claudio Iglesias. Buenos Aires: Caja Negra, 2015.

HAWKINS, G. *The Ethics of Waste*. Nova York: Rowman & Littlefield, 2006.

______; MUECKE S. (orgs.). *Culture and Waste*. Nova York: Rowman & Littlefield, 2003.

HEFFES, G. *Políticas de la destrucción / Poéticas de la preservación: apuntes para una (eco)crítica del medio ambiente en América Latina*. Rosario: Beatriz Viterbo, 2013a.

______. *Utopías urbanas: geopolíticas del deseo en América Latina*. Madri: Iberoamericana; Frankfurt am Main: Vervuert, 2013b.

______. Redefining Garbage in Contemporary Buenos Aires: The Imagination of Crisis and its Aesthetic Responses. *Brújula*. v. 11, 2017a.

______. Trash Matters: Residual Culture in Latin America. *Humanities Futures*. Durham: John Hope Franklin Humanities Institute; Duke University, 2017b.

HENARE, A.; HOLBRAAD, M.; WASTELL, S. (orgs.). *Thinking Through Things: Theorizing Artifacts Ethnographically*. Londres: Routledge, 2007.

HOLANDA, S. B. *Raízes do Brasil*. Rio de Janeiro: José Olympio, 1936.

HOLLIER, Denis. "The Use-Value of the Impossible", *October*, v. 60, pp. 3-24, 1992.

HOLSTON, J. *The Modernist City: An Antrhopological Critique of Brasília*. Chicago: University Of Chicago Press, 1989. [Ed. bras.: *A cidade modernista: uma crítica de Brasilia e sua utopia*. Trad. Marcelo Coelho. São Paulo: Companhia das Letras, 1993.]

HORNE, L. *Literaturas Reales: transformaciones del realismo en la narrativa latinoamericana contemporánea*. Rosario: Beatriz Viterbo, 2011.

______; ROCCA, P. Cortes. La imaginación material: restos, naturaleza y vida en la estética latinoamericana contemporánea. *Estudios de Teoría Literaria. Revista digital: artes, letras y humanidades*, v. 10, n. 21, pp. 4-15, mar. 2021.

HOYOS, H. "La cultura material en las literaturas y culturas iberoamericanas de hoy". *Cuadernos de Literatura*. v. XX. n. 40, jul.-dez. 2016.

______. *Things with a History: Transcultural Materialism and the Literatures of Extraction*. Nova York: Columbia University Press, 2019.

IOVINO, S.; OPPERMANN, S. (orgs.). *Material Ecocriticism*. Indiana University Press, 2014. [Tradução para o espanhol da apresentação escrita pelas editoras: "Ecocrítica material: materialidad, agencia y modelos narrativos". Trad. Guadalupe Lucero e Noelia Billi, *Pensamiento de los confines*, n. 31-32, pp. 215-227, primavera-verão de 2018.]

ISHIKURA, K. I.; ZIMMERMANN, P. (orgs.). *Mining the Home Movie: Excavations in Histories and Memories*. California: University of California Press, 2007.

JAGUARIBE, B. "As ruinas modernistas". *Lugar-Comum*, n. 1, pp. 99-115, 1997.

JAMESON, F. *Periodizar los 60*. Córdoba: Alción, 1997.

JAY, M. "El lamento por la crisis de la experiencia. Benjamin y Adorno", in *Cantos de experiencia*. Buenos Aires, Paidós, 2009.

JOHNSON, R.; STAM, R. "The shape of Brazilian Film History" in *Brazilian Cinema*. Rutherford: Fairleigh Dickinson University Press; Londres: Associated University Presses, 1982.

KATINSKY, J.; XAVIER, A. (orgs.) *Brasília: antologia crítica*. São Paulo: Cosac & Naify, 2012.

KARP, I; LAVINE, S. *Exhibiting Cultures: The Poetics and Politics of Museum Display*. Washington: Smithsonian Institution Press, 1991.

KEIZMAN, B. Experiencia literaria y disolución del sujeto en la narrativa contemporánea latinoamericana. *Estudios Avanzados*, v. 28, n. 6-16, jan. 2018.

KIFFER, A. *O Brasil é uma heterotopia*. São Paulo: n-1 edições, 2020. (Pandemia Crítica.)

KOHN, E. *How Forests Think: Toward an Anthropology Beyond the Human*. Berkeley: University of California Press, 2013.

KOOLHAAS, R. "Bigness or the Problem of Large" in: *Small, Medium, Large, Extra-Large*. Nova York: Monacelli, 1995.

______. Junkspace. *October*, n. 100, pp. 175-190, 2002.

KOPENAWA, D.; BRUCE, A. *A queda do céu: palavras de um xamã yanomami*. São Paulo: Companhia das Letras, 2015.

KRAUSS, R. *A Voyage on the North Sea. Art in the Age of Post-Medium Condition*. Londres: Thames & Hudson, 1999.

______. *Perpetual Inventory*. Cambridge, Mass.: MIT Press, 2010.

KRENAK, A. *Ideias para adiar o fim do mundo*. São Paulo: Companhia das Letras, 2019.

KUBITSCHEK, J. *Discursos selecionados do presidente Juscelino Kubitschek*. Luíza Helena N. Pinto (org.). Brasília: Fundação Alexandre de Gusmão, 2010.

LADDAGA, R. *Espectáculos de realidad: ensayo sobre la narrativa latinoamericana de las últimas dos décadas*. Buenos Aires: Beatriz Viterbo, 2006.

______. *Estética de la emergencia*. Buenos Aires: Adriana Hidalgo, 2008.

______. *Estética de laboratorio: estrategia de las artes del presente*. Buenos Aires: Adriana Hidalgo, 2010.

LAGNADO, L. "Desvíos de la deriva: experiencias, travesías, morfologias". In: A.A.V.V. *Desvíos de la deriva. Experiencias, travesías y morfologías*. Catálogo. Museo Nacional Centro de Arte Reina Sofía. Madri, 5 maio-23 ago. 2010.

LANGE-BERNDT, P. "How to Be Complicit with Materials" in *Materiality. Documents of Contemporary Art*. Cambridge: MIT Press, 2015.

LAPORTE, D. *Histoire de la merde*. Paris: C. Bourgois, 1978.

LATOUR, Bruno. *Politics of Nature*. Cambridge: Harvard University Press, 2004.

______. *Jamais fomos modernos: ensaio de antropologia simétrica*. Trad. Carlos Irineu da Costa. São Paulo: Editora 34, 1(994) [1991].

______. *Reensamblar lo social: una introducción a la teoría del actor-red*. Buenos Aires: Manantial, 2008.

______. *Facing Gaia: Eight Lectures on the New Climatic Regime*. Cambridge; Medford: Polity Press, 2017. [Ed. bras.: *Diante de Gaia: oito conferências sobre a natureza no Antropoceno*. São Paulo: Ubu, 2020.]

______; WEIBEL, P. *Critical Zones: the Science and Politics of Landing on Earth*. Cambridge Mass.: MIT Press, 2020.

LEBOW, A. (org.). *The Cinema of Me. The Self and Subjectivity in First Person Documentary*. Nova York: Columbia University Press, 2012.

LEHMANN, S. "'Truth in the Vernacular': Contextualizing the Late Work of Lina Bo Bardi", in: BO BARDI, L.; LEPIK, A. et al., *Lina Bo Bardi 100*. Ostfildern: Hatje Cantz Verlag, 2014.

______. An Environmental and Social Approach in the Modern Architecture of Brazil: The Work of Lina Bo Bardi. *City, Culture and Society*, v. 7, n. 3, pp. 169-185, 2016.

LEIRIS, M. *L'âge d'homme*. Paris: Gallimard, 1939.

LEITE, R. M. Flávio de Carvalho: Media Artist Avant la Lettre. *Leonardo*, v. 37, n. 2, pp. 151-157, 2004. Disponível em: http://www.jstor.org/stable/1577477. Acesso em: 12 nov. 2024.

______. *Flávio de Carvalho: o artista total* São Paulo: Senac, 2008.

______(curador). Flávio de Carvalho. MAM de São Paulo, 15 abr.-16 jun. 2010.

______; BURBRIDGE, I. M. Flávio de Carvalho: Modernism and the Avant-Garde in São Paulo, 1927-1939. *The Journal of Decorative and Propaganda Arts*, n. 21, Brazil Theme Issue, pp. 196-217, 1995. Disponível em: https://www.jstor.org/stable/1504139. Acesso em: 12 nov. 2024.

LEONES, A. de. *Dentes Negros*. Rio de Janeiro: Rocco, 2011.

LÉVI-STRAUSS, C. *Tristes Tropiques*. Paris: Plon, 1995.

LIMA, E. F. W. O espaço cênico de Lina Bo Bardi: uma poética antropológica e surrealista. *ArtCultura: Revista do NEHAC, Núcleo de Estudos em História Social da Arte e da Cultura*, v. 9, n. 15, 1 nov. 2008.

LIMA, Z. Preservation as Confrontation: The Work of Lina Bo Bardi. *Future Anterior: Journal of Historic Preservation, History, Theory, and Criticism*, v. 2, n. 2, pp. 24-33, 2005.

______. *Lina Bo Bardi Dibuja*. Barcelona: Fundación Joan Miró, 2019.

LINS, C. *O documentário de Eduardo Coutinho: televisão, cinema e vídeo*. Rio de Janeiro: Jorge Zahar, 2004.

______. "O cinema de Eduardo Coutinho: entre o personagem fabulador e o espectador montador" in OHATA, Milton (org.). *Eduardo Coutinho*. São Paulo: Cosac & Naify, 2013.

LIRA, J. "Brazilian Machineries (or the Collapse) of Pleasure: Architecture, Eroticism, and the Naked Body" in *Beyond the Supersquare: Art & Architecture in Latin America after Modernism*. Nova York: Fordham University Press, 2014, p. 51.

LISPECTOR, C. *A paixão segundo G.H.* Ed. crítica Benedito Nunes. Madri: Archivos; Allca XX, 1996.

______. *A hora da estrela*. Rio de Janeiro: Rocco, 1998.

______. *Laços de família*. Rio de Janeiro: Rocco, 2009.

LONGONI, A. *Vanguardia y revolución: arte e izquierdas en la Argentina de los sesenta-setenta*. Buenos Aires: Paidós, 2014.

LÓPEZ-LABOURDETTE, A.; QUINTANA, I.; WAGNER, V. Restos, excedentes, basura: gestiones literarias y estéticas de lo residual en América Latina y el Caribe. *Mitologías hoy*, v. 17, n. 9-13, jul. 2018.

LOURENÇO, M. C. F. *Museus acolhem o moderno*. São Paulo: Edusp, 1999.

LUDMER, J. "Literaturas postautónomas". *Ciberletras. Revista de crítica literaria y de cultura*, n. 17, pp. 236-244, jul. de 2007.

______. *Aquí América Latina: una especulación*. Buenos Aires: Eterna Cadencia, 2010. [Ed. bras.; *Aqui América Latina: uma especulação*. Trad. Rômulo Monte Alto. Belo Horizonte: Editora UFMG, 2013.]

MAASS, M. C. "A poesia no cotidiano: a coleção de Lina Bo Bardi", conferência na DOCOMOMO-Bahia: 50 anos de Lina Bo Bardi na Encruzilhada da Bahia e do Nordeste. Salvador, 2009.

MAIA, A. M. Arte-veículo. Recife: Aplicação/Circuito, 2015.

______. "Um midiático em busca de 'impacto emocional na nação brasileira' " in BONAN, A.; REZENDE, R (curadores). Flávio de Carvalho Expedicionário. São Paulo: Caixa Cultural; Rio de Janeiro: Circuito, 2017.

MASP. *Arte e descolonização: Masp afterall*, 2018-2020. Disponível em: https://masp.org.br/arte-e-descolonizacao. Acesso em: 12 nov. 2024.

MATA, L. C. *Genealogia e primitivismo no modernismo brasileiro: o mundo perdido de Flávio de Carvalho*. Tese (doutorado). Centro de Comunicação e Expressão, Universidade Federal de Santa Catarina, Florianópolis, 2013.

______. A biblioteca, a sobrevivência e o sonambulismo da história. *Organon*, Porto Alegre, v. 31, n. 61, pp. 211-228, 2016.

______. Os primitivos: Mário de Andrade e Georges Bataille. ARS *(São Paulo)*, v. 16, n. 32, pp. 157-172, 2018. Disponível em: https://doi.org/10.11606/issn.2178-0447.ars.2018.140351. Acesso em: 12 nov. 2024.

______(org). *Flávio de Carvalho: o berço da força poética*. São Paulo, Alameda, 2019.

______. "Introdução" in *Os gatos de Roma/Notas para a reconstrução de um mundo perdido*. Florianópolis: Ed. da UFSC, 2019 [1957-1958].

MATTAR, D. (curadora). Flávio De Carvalho: 100 Anos de um Revolucionário Romântico. Rio de Janeiro: CCBB, 1999.

MBEMBE, A. *Necropolitics*. Durham: Duke University Press, 2003. [Ed. bras.: *Necropolítica*. Trad. Renata Santini. São Paulo: n-1 edições, 2020.]

______. "Le droit universel à la respiration", 2020. Disponível em: https://aoc.media/opinion/2020/04/05/le-droit-universel-a-la-respiration/. Acesso em: 12 nov. 2024.

MEILLASSOUX, Q. *Después de la finitud: ensayos sobre la necesidad de la contingencia*. Trad. Margarita Martínez. Buenos Aires: Caja Negra, 2016.

MEIRELES, C. *Artes populares*. Rio de Janeiro: Edições de Ouro, 1968. (Coleção Artes Plásticas no Brasil.)

MEYER, E. da Costa. "After the Flood. Lina Bo Bardi's Glass House". *Harvard Design Magazine*. n. 16, inverno/primavera, 2002.

MICHILES, A. *Lina Bo Bardi*. São Paulo: Instituto Lina Bo e P. M. Bardi, VHS, 1993.

MILLER, J. A. *Extimidad*. Buenos Aires: Paidós, 2010.

MILLER, K. Thing and Object. *Acta Analytica*. v. 23, n. 1, pp. 88-89, fev. 2008.

MILLER, D. (org.) *Materiality*. Durham: Duke University Press, 2005.

MILONE, M. Voz, página y paisaje: ficciones fónicas en la poesía argentina contemporánea. *ALEA*. Rio de Janeiro, v. 23, pp. 68-83, 2021.

MIYOSHI, A. G. "Sobre cristais e paredes: recepção crítica dos cavaletes de vidro e soluções da pinacoteca do Masp" in PEDROSA, A.; PROENÇA, L. (orgs.). *Concreto e cristal: o acervo do Masp nos cavaletes de Lina Bo Bardi*. São Paulo: Masp; Cobogó, 2015.

MOMA. Architecture Without Architects (exposição). Disponível em: https://www.moma.org/calendar/exhibitions/3459. Acesso em: 12 nov. 2024.

MORESCHI, M."Autodocumentação, arquivo e experiência: o Fundo Flávio de Carvalho/Cedae". *Interfaces*, CLA/UFRJ, ano 18, n. 17, p. 24-49, 2012.

______. 22 por 42: o paradigma da celebração. *Remate de Males*, v. 33, n. 1-2, pp. 255-271, 2015a.

______. Mário de Andrade como ruína psicológica: o retrato de Flávio de Carvalho. *Peixe-elétrico*, n. 1, pp. 101-132, 2015b.

______. Flávio de Carvalho e o construto "modernismo brasileiro". *Luso-Brazilian Review*, v. 55, n. 2, pp. 59-88, 2018.

______. Notas para a reconstrução de uma escrita perdida. In: MATA, L. C. da (org.). *Flávio de Carvalho: o berço da força poética*. São Paulo, Alameda, 2019, pp. 17-46.

______. Flávio de Carvalho: de novo. *Remate de Males*, Campinas, v. 40, n. 1, pp. 165-182, jan.-jun. 2020.

MORICONI, I. Radar libros. *Página 12*, 2012. Disponível em: https://www.pagina12.com.ar/2000/suple/libros/00-03/00-03-12/nota.htm. Acesso em: 12 nov. 2024.

MORTON, T. *Hiperobjetos: filosofía y ecología después del fin del mundo*. Buenos Aires: Adriana Hidalgo, 2018.

______. *Humanidad: solidaridad con los no-humanos*. Buenos Aires: Adriana Hidalgo, 2019.

MOSER, B. *Autoimperialismo: três ensaios sobre o Brasil*. São Paulo: Crítica, 2016.

NANCY, J. L. *Archivida: del sintiente y del sentido*. Trad. Marie Bardet e Valentina Bulo. Quadrata, 2013.

______. *Corpus*. Trad. Patricio Bulnes. Madri: Arena, 2016.

NASCIMENTO, E. *Clarice Lispector: uma literatura pensante*. Rio de Janeiro: Civilização Brasileira, 2012.

NICHOLS, B. *Introduction to Documentary*. Bloomington: Indiana University Press, 2001.

NODARI, A. O indizível manifesto: sobre a inapreensibilidade da coisa "Dura Escritura" de Clarice Lispector. *Letras*. Curitiba, UFPR, n. 98, pp. 83-113, jul.-dez. 2018.

______. Limitar o limite: modos de subsistência. *ILHA*, v. 21, n. 1, pp. 68-72, jun. 2019.

OITICICA, Helio. "Programa Ambiental" in *Helio Oitica*. Rio de Janeiro: Centro de Arte Helio Oiticica, 1996.

OKIWI, E. *Archive Fever: Uses of Document in Contemporary Art*. Nova York: International Center of Photography; Göttingen: Steidl Publishers, 2008.

OLIVEIRA, O. *Lina Bo Bardi: sutis substâncias da arquitetura*. São Paulo: Romano Guerra, 2006.

ORTIZ, Renato. *Cultura brasileira e identidade nacional*. São Paulo: Brasiliense, 1985.

OSTHOFF, S. *Performing the Archive: The Transformation of the Archive in Contemporary Art from Repository of Documents to Art Medium*. Nova York: Atropos, 2009.

PAIVA, V.; RUSSO, P. Lo que amo en el cine es el acaso, el accidente, el azar. Entrevista a Eduardo Coutinho. *Tierra en Trance. Reflexiones sobre Cine Latinoamericano. Especial Eduardo Coutinho*, jul.-ago. 2010. Disponível em: https://ri.conicet.gov.ar/bitstream/handle/11336/189360/CONICET_Digital_Nro.6aa43977-3bcf-49e4-a6b6-e87350664567_B.pdf?sequence=2. Acesso em: 5 dez. 2024.

PELBART, P. Pál. *A un hilo del vértigo: tiempo y locura*. Buenos Aires: Milena Cacerola, 2011.

______. *Ensaios do assombro*. São Paulo: n-1 edições, 2019.

PAPAPETROS, S. *On the Animation of the Inorganic: Art, Architecture, and the Extension of Life*. Chicago; Londres: University of Chicago Press, 2012.

PASOLINI, P. P. *Teorema*. Buenos Aires: Sudamericana, 1970.

______. *Escritos corsarios*. Barcelona: Planeta, 1983. [Ed. bras.: *Escritos corsários*. Trad. Maria Betânia Amoroso. São Paulo: Editora 34, 2020.]

PATO, A. How Does One Consider the Archive as a Place of Knowledge Production, rather than solely of Preservation of Memory? Archive and Fiction: An Experiment with Artists at the Public Archive of the State of Bahia. III Bienal da Bahia, 2014. *Cidoc Newsletter*, pp. 46-51, 2015.

PAULA, T. C. Aproximação entre design e artesanato no Brasil: conceitos e ações de Lina Bo Bardi e Aloisio Magalhães. *Anais do 8º Congresso Brasileiro de Pesquisa e Desenvolvimento em Design*. São Paulo: Universidade de São Paulo, 2008.

PEDROSA. A.; PROENÇA, L. (orgs.). *Concreto e cristal: o acervo do Masp nos cavaletes de Lina Bo Bardi*. São Paulo: Masp; Cobogó, 2015.

______; TOLEDO, T. (orgs.). *A mão do povo brasileiro 1969/2016*. São Paulo: Masp; Cobogó, 2016.

PEDROSA, M. *Dos murais de Portinari aos espaços de Brasília*. São Paulo: Perspectiva, 1957.

PENONI, I.; KOGUT, S. Jogo de cena *visto por* . Rio de Janeiro: 7Letras, 2007.

PEREIRA, J. A. A didática dos museus de Lina Bo Bardi na Bahia e os conteúdos da modernidade e da identidade local (1960-1964). Departamento de Arquitetura e Urbanismo EESC-USP. *5º Seminário DOCOMOMO Brasil Arquitetura e Urbanismo Moderno: Projeto e conservação*. São Carlos 27 a 30 de out. de 2003. Disponível em: chrome-extension://efaidnbmnnnibpcajpcglclefindmkaj/https://docomomobrasil.com/wp-content/uploads/2016/01/080R.pdf. Acesso em: 12 nov. 2024.

PERES, W. *Casa entre vértebras*. Rio de Janeiro: Record, 2007.

PINHO, P. D. S. *Mama Africa: reinventing blackness in Bahia*. Durham: Duke University Press, 2010. [Ed. bras.: *Reinvenções da África na Bahia*. São Paulo: Annablume, 2004.]

PIZARRO, A. *Amazonía: el río tiene voces*. Chile: FCE, 2009.

PRATT, M. L. *Imaginarios planetarios*. Madri: Aluvión, 2018.

PRECIADO, P. B. Basura y género. *ESETÉ*, n. 6, pp. 40-49, 2006.

PYE, G. (org.). *Trash Culture*. Oxford: Peter Lang, 2010.

RAMA, A. *Transculturación narrativa en América Latina*. México: Siglo Veintiuno, 1982.

RANCIÈRE, Jacques. *La fable cinématographique*. Parîs: Seuil, 2001. [Ed. bras.: *A fábula cinematográfica*. Trad. Christian Pierre Kasper. Campinas: Papirus, 2013]

______. *El reparto de lo sensible: estética y política*. Santiago: LOM, 2009. [Ed. bras.: *A partilha do sensível*. Trad. Mónica Costa Netto. São Paulo: Editora 34, 2005.]

______. *El espectador emancipado*. Buenos Aires: Manantial, 2010. [Ed. bras.: *O espectador emancipado*. Trad. Leonor Benedetti. São Paulo: Martins Fontes, 2014.]

______. *Aisthesis: escenas del régimen estético del arte*. Buenos Aires: Manantial, 2011. [Ed. bras.: *Aisthesis: cenas do regime estético da arte*. Trad. Dilson Ferreira da Cruz. São Paulo: Editora 34, 2021.]

REIS, A. P. V. *Design concretista: um estudo das relações entre o design gráfico, a poesia e as artes plásticas concretistas no Brasil, de 1950 a 1964*. Print, 2005. Disponível em: https://www.maxwell.vrac.puc-rio.br/colecao.php?strSecao=resultado&nrSeq=7711&idi=1. Acesso em: 22 jan. 2025.

RENOV, M. *The Subject of Documentary*. Minneapolis: University of Minnesota Press, 2004.

RIBEIRO, D. *Lugar de fala*. Belo Horizonte: Letramento, 2017.

RICHARD, N. *Residuos y metáforas*. Santiago: Cuarto Próprio,1998.

______. *Fracturas de la memoria: arte y pensamiento crítico*. Buenos Aires: Siglo XXI, 2007.

RÍOS, V. de los. Restos espectrales: materialidades residuales y representación del territorio en documentales latinoamericanos. *Estudios de Teoría Literaria*, v. 10, n. 21, pp. 55-67, 2021. Disponível em: https://fh.mdp.edu.ar/revistas/index.php/etl/issue/view/214/showToc. Acesso em: 12 nov. 2024.

RISÉRIO, A. *Avant-Garde na Bahia*. São Paulo: Instituto Lina Bo e P. M. Bardi, 1995.

______. "Andanças pela praia de amor a Lina" in PEDROSA A. et al. (orgs.). *A mão do povo brasileiro, 1969/2016*. São Paulo: Masp, 2016.

RIVERA, M. R. *The Image of the Remainder in Latin American Literature and Visual Arts*. Dissertação. Cornell University. Ithaca, 2012.

ROCCA, P. C. El tiempo de las cosas: sobre *La Ausencia* de Santiago Porter. *Estudios de Teoría Literaria*, v. 4, n. 8, pp. 23-34, set. 2015.

______. Vestigios del futuro: Santiago Porter. *Bruma*, Larivière, pp. 23-55, 2017.

______. "Narrativas villeras: relatos, acciones y utopías en el nuevo milênio". *Historia crítica de la literatura argentina*. Noé Jitrik (org.). Buenos Aires, Emecé, 2018, tomo 12: *Una literatura en aflicción*, pp. 217-238.

ROCHA, G. *Estética del hambre*. Buenos Aires: Caja Negra, 2011. [Ed. bras.: "Uma estética da fome". *Civilização Brasileira*. n. 3, pp. 165-170, jul. 1965.]

______. *A revolução do Cinema Novo*. São Paulo: Cosac & Naify, 2004.

RODRIGUES, M. *Exposições de Lina Bo Bardi*. Trabalho final de graduação. FAU-USP. São Paulo, 2008.

RODRIGUEZ, F. *Un desierto para la nación: la escritura del vacío*. Buenos Aires: Eterna Cadencia, 2010.

ROLNIK, S. *Archive Mania:* Archive Mania (E/ G). Berlim e Stuttgart: Hatje Cantz Verlag, 2011.

ROSSETTI, E. P. Tensão moderno/popular em Lina Bo Bardi: nexos de arquitetura. *Arquitextos*, 32.6, ano 3. 2003.

______. "Lucio Costa e Lina Bo Bardi: patrimônio e projeto moderno". *Anais do 7º seminário DOCOMOMO Brasil*. Porto Alegre, 2007.

RUBINO, S.; GRINOVER, M. *Lina por escrito: textos escolhidos de Lina Bo Bardi*. São Paulo: Cosac & Naify, 2009.

RUBINO, S. Corpos, cadeiras, colares: Charlotte Perriand e Lina Bo Bardi. *Cadernos PAGU*, n. 34, pp. 331-362, 2010.

RUDOFSKY, B. *Architecture without Architects: an Introduction to Non-Pedigreed Architecture*. Nova York: Museum of Modern Art, 1964-1965.

RUSSO, P. Master Class Eduardo Coutinho. *El ángel exterminador*, ano 2, n. 10, 2008. Disponível em: http://elangelexterminador.com.ar/articulosnro.10/masterclasscoutinho.html. Acesso em: 19 abr. 2018.

RUTTEN, K.; DIENDEREN; A.; SOETAERT, R. "Revisiting the Ethnographic turn in Contemporary Art". *Critical Arts*, v. 27, n. 5, pp. 459-473, 2013.

SÁ, L. *Literaturas da floresta: textos amazônicos e cultura latino-americana*. Rio de Janeiro: Editora da UERJ, 2012.

______. "Endless Stories: Perspectivism and Narrative Form in Native Amazonian Literature" in PINZON, F. M.; URIARTE, J. (orgs.). *Intimate Frontiers: A Literary Geography of the Amazon*. Liverpool: Liverpool University Press, 2019, pp. 128-149.

FIOROTII, D. Filhos de Macunaíma ou: não sou índio, sou macuxi e meu nome é... *Estudos de Literatura Contemporânea*, n. 53, pp. 343-346, 2018. Disponível em: chrome-extension://efaidnbmnnnibpcajpcglclefindmkaj/https://www.scielo.br/j/elbc/a/Xz4qXZjJFhgt8vwH5GTBrrQ/?lang=pt&format=pdf. Acesso em: 12 nov. 2024.

SALLES, J. M. "Morrer e nascer: duas passagens na vida de Eduardo Coutinho" in OHATA, Milton (org.). *Eduardo Coutinho*. São Paulo: Cosac & Naify, pp. 364-374, 2013.

SÁNCHEZ LLORENS, M. *Lina Bo Bardi: objetos y acciones colectivas*. Madri: Diseño, 2015.

______. Algunas arquitecturas "tropicalistas" imaginadas por Lina Bo Bardi sobre el papel. *Hipo*, n. 4, pp. 62-71, 2016.

SANGIRARDI JR. *Flávio de Carvalho: o revolucionario romântico*. Rio de Janeiro: Philobiblion, 1985.

SANSI-ROCA, R. *Fetishes and Monuments: Afro-Brazillian Art and Culture in the 20th Century*. Nova York: Berghahn Books, 2007. (Remapping cultural history, v. 6.)

SANTIAGO, S. *Nas malhas de letra: ensaios*. Rio de Janeiro: Rocco, 2002.

______. Uma revoada de vaga-lumes. *Revista Abralic*, v. 19, n. 32, 2017. Disponível em: https://revista.abralic.org.br/index.php/revista/article/view/437/602. Acesso em: 12 nov. 2024.

SCANLAN, J.; Clark, J. *Aesthetic Fatigue: Modernity and the Languague of Waste*. Cambridge: Cambridge Scholars Publishing, 2013.

SCHWARZ, R. "Nacional por subtração". *Que horas são?* São Paulo: Companhia das Letras, 1987.

______. "Cultura e política, 1964-1969" in *O pai de família e outros estudos*. Rio de Janeiro: Paz e Terra, 2008.

SCHMIDT, C. *The Poetics of Waste*. Nova York: Palgrave Macmillan, 2014.

SCHØLLHAMMER, K. E. *Além do visível: o olhar da literatura*. Rio de Janeiro: 7Letras, 2016.

SEGATO, R. *La crítica de la colonialidad en ocho ensayos: y una antropología por demanda*. Buenos Aires: Prometeo, 2013.

______. *Contra-pedagogías de la crueldad*. Buenos Aires: Prometeo, 2018.

SERRES, M. *El contrato natural*. Valencia: Pre-textos, 2004. [Ed. port.: *O contrato natural*. Trad. Serafim Ferreira. Lisboa: Instituto Piaget, 1990.]

SGANZERLA, R. (diretor). *O bandido da luz vermelha*. Mercúrio Produções Ltda. 1968.

SISKIND, M. "Towards a Cosmopolitanism of Loss: An Essay about the End of the World". Original cedido pelo autor, 2019.

S,M,L,XL & "GENERIC CITY" (1994-1998): NO END TO REVISION, in VAN GERREWEY, C. *OMA/Rem Koolhaas: a critical reader from "Delirious New York" to "S,M,L,XL"*. Basel: Birkhäuser Verlag, 2019, pp. 332-405.

SONTAG, Susan. *Regarding the Pain of Others*. Nova York: Picador, 2003.[Ed. bras.: *Diante da dor dos outros*. Trad. Rubens Figueiredo. São Paulo: Companhia das Letras, 2003.]

SPERANZA, G. *Atlas portátil de América Latina: arte y ficciones errantes*. Buenos Aires: Anagrama, 2012.

STAM, R. "Afro-Brazilian Religion and the Bahian Renaissance (1962-1963)" in *Tropical Multiculturalism: a Comparative History of Race in Brazilian Cinema and Culture*. Durham; Londres: Duke University Press, 1997. [Ed. bras.: "Religiões afro-brasileiras e o renascimento baiano" in *Multiculturalismo tropical: uma história comparativa da raça na cultura e no cinema brasileiros*. Trad. Fernando Bugman. São Paulo: Edusp, 2008.]

______. "Beyond Third Cinema: The Aesthetics of Hybridity", in GUNERATNE, A.; DISSANAYAKE, W. (orgs.). *Rethinking Third Cinema*. Londres; Nova York: Routledge, 2003, p. 43.

STENGER, I. *The Invention of Modern Science*. Trad. Daniel M. Smith. Ed. Sandra Buckley, Michael Hardt e Brian Massumi. Minneapolis: University of Minnesota Press, 2000. (Theory Out of Bounds.)

______. Reclaiming Animism. *e-flux*, n. 36, 2012. Disponível em: https://www.e-flux.com/journal/36/61245/reclaiming-animism/. Acesso em 12 nov. 2024.

______. *En tiempos de catástrofe: cómo resistir a la barbarie que viene*. Buenos Aires: Futuro Anterior, 2018.

STIGGER, V. "Flávio de Carvalho: experiências romanas". *Marcelina. Revista do Mestrado em Artes Visuais da Faculdade Santa Marcelina*, v. 3, n. 4, pp. 109-128, 2010.

______. Flávio de Carvalho: arqueologia e contemporaneidade. *celeuma*, v. 2, n. 4, pp. 44-56, 2014.

______. "Flávio de Carvalho na selva amazônica" in BONAN, A.; REZENDE, R. (curadores). Flávio de Carvalho Expedicionário. São Paulo: Caixa Cultural; Rio de Janeiro: Circuito, 2017.

______. "Expedição, experiência: Flávio de Carvalho na selva amazônica" in MATA, L. C. (org.). *Flávio de Carvalho: o berço da força poética*. São Paulo, Alameda, 2019.

STRASSER, S. *Waste and Want*. Nova York: Metropolitan Books; Henry Holt, 1999.

STUCHI, F. T. *Revista* Habitat*: um olhar moderno sobre os anos 50 em São Paulo*. Dissertação de mestrado. FAU-USP. São Paulo 2007.

SUSSEKIND, F. O *Brasil não é longe daqui: o narrador, a viagem*. São Paulo: Companhia das Letras, 1990.

______. Desterritorialização e forma literária: literatura brasileira contemporânea e experiência urbana. *Sala Preta*, n. 4, pp. 11-29, 2004.

______. "Chorus, Contraries, Masses: The Tropicalist Experience and Brazil in the Late Sixties" in BASUALDO, C. *Tropicália: A revolution in Brazilian culture*. São Paulo: Cosac & Naify, 2005.

SVAMPA, M. *Antropoceno: lecturas globales desde el sur*. Córdoba: La Sofía Cartonera, 2019.

TAVARES, P. "The Geological Imperative: On the Political Ecology of the Amazonia's Deep History" in *Architecture in the Anthropocene: Encounters among Design, Deep Time, Science and Philosophy*. Ann Arbor: Open Humanities Press, 2013.

______. "In the Forest Ruins" in AXEL, N. et al. (orgs.). *Superhumanity: Design of the Self*. Minneapolis: University of Minnesota Press, 2018, pp. 293-304.

TISCHLEDER, B.; Wasserman, S. *Cultures of Obsolescence*. Nova York: Palgrave Macmillan, 2015.

TOLEDO, J. *Flávio de Carvalho: comedor de emoções*. São Paulo: Brasiliense; Campinas: Editora da Unicamp, 1994.

TONACCI, A. (diretor). *Serras da desordem*. Roteiro Andrea Tonacci, Sydney Possuelo, Wellington Figueiredo. Extrema Produção Artística Ltda, 2006. Disponível em: https://www.youtube.com/watch?v=VNMrboKyunw&ab_channel=Funai-Funda%C3%A7%C3%A3oNacionaldo%C3%8Dndio%28oficial%29. Acesso em: 12 nov. 2024.

TOULMIN, S. *Cosmopolis: The Hidden Agenda of Modernity*. Chicago: University of Chicago Press, 1992.

TOYNBEE, A. "O que Brasília representa" in XAVIER, A.; KATINSKY, J. (orgs.). *Brasília: antologia crítica*. São Paulo: Cosac & Naify, 2012.

ULLOA, A. Dinámicas ambientales y extractivas en el siglo XXI: ¿Es la época del Antropoceno o del Capitaloceno en Latinoamerica? *Desacatos*, pp. 58-73, 2017.

VATER, R. *Regina Vater audiovisual Luxo Luxo,* 2017. Disponível em: https://www.youtube.com/watch?v=rERXIIGIw9o&ab_channel=ReginaVater. Acesso em: 12 nov. 2024.

VEIKOS, C. To Enter the Work: Ambient Art. *Journal of Architecture Education*, v. 59, n. 4, pp. 71-80, 2006.

______. *The Theory of Architectural Practice*. Londres: Routledge, 2012.

VERDESIO, G. Todo lo que es sólido se disuelve en la academia: sobre los estudios coloniales, la teoría poscolonial, los estudios subalternos y la cultura material. *Revista de Estudios Hispánicos*, n. 35, pp. 633-660, 2001.

VERGER, P. *Pierre Verger: le messager, the go-between: photographies 1932-1962*. Jean Loup Pivin, Pascal Martin Saint Leon (orgs.). Co-edição *Revue Noire Paris* e D.A.P. Nova York. Nova York: D.A.P, 1996.

VIDAL, P. "É agora: uma crônica do encontro com os manuscritos de *A hora da estrela*" in LISPECTOR, C. *A hora da estrela*. Edição com manuscritos e ensaios. Rio de Janeiro: Rocco Digital, 2 maio 2017.

VIERNO, L. R. A modernidade museográfica de Lina Bo Bardi. *Anais do 7º seminário* DOCOMOMO *Brasil*. Porto Alegre, 2007.

VILLALÓN, F. P. *La imagen inquieta: Juan Downey y Raúl Ruiz en contrapunto*. Viña del Mar: Catálogo, 2016.

VIVEIROS DE CASTRO, E. *Metafísicas caníbales: líneas de antropología postestructural*. Madri: Katz, 2010. [Ed. bras.: *Metafísicas canibais: elementos para uma antropologia pós-estrutural*. São Paulo: Ubu; n-1 edições, 2018a.]

______. *La mirada del jaguar: introducción al perspectivismo amerindio (entrevistas)*. Buenos Aires: Tinta Limón, 2013.

______. "Os involuntários da pátria: elogio do subdesenvolvimento". *Caderno de Leituras/ Série Intempestiva*. Belo Horizonte: Chão da Feira, 2017. Disponível em: https://chaodafeira.com/catalogo/caderno-n-65-os-involuntarios-da-patria/. Acesso em: 12 nov. 2024.

______. Gostaria que o Museu Nacional permanecesse como ruína, memória das coisas mortas. *Ipslon*, 2018b. Disponível em: https://www.publico.pt/2018/09/04/culturaipsilon/entrevista/eduardo-viveiros-de-castro-gostaria-que-o-museu-nacional-permanecesse-como-ruina-memoria-das-coisas-mortas-1843021. Acesso em: 12 nov. 2024.

______. *Brasil, país do futuro do pretérito*. Aula inaugural do CTCH, PUC-Rio, 14 mar. 2019.

WALLACE-WELLS, D. *The Uninhabitable Earth: Life after Warming*. Nova York: Tim Duggan Books, 2019.

WARBURG, A. *Atlas Mnemosyne*. Madri: Akal, 2010.

WEIZMAN, Eyal. *Forensic Architecture : Violence at the Threshold of Detectability*. Nova York: Zone, 2017.

WISNIK, G. *Dentro do nevoeiro: arquitetura, arte e tecnologia contemporâneas*. São Paulo: Ubu, 2018.

______. *Dentro do nevoeiro: diálogos cruzados entre arte e arquitetura contemporânea*. Biblioteca Digital de Teses e Dissertações da USP, 2010.

WISNIK, J. M. *Maquinação do mundo: Drummond e a mineração*. São Paulo: Companhia das Letras, 2018.

WOOLF, V. *A Room of One's Own*. Nova York: Harvest, 2005 [1929]. [Ed. bras.: *Um teto todo seu*. Trad. Bia Nunes de Sousa. São Paulo: Tordesilhas, 2014.]

XAVIER, I. *Allegories of Underdevelopment: Aesthetics and Politics in Modern Brazilian Cinema*. Minneapolis: University of Minnesota Press, 1997.[Ed. bras.: *Alegorias do subdesenvolvimento: cinema novo, tropicalismo, cinema marginal*. São Paulo: Cosac & Naify, 2012.]

______. "As artimanhas do fogo, para além do encanto e do mistério", in CAETANO, Daniel (org.). *Serras da desordem: reunião de artigos e ensaios sobre o documentário* Serras da desordem *de Andréa Tonacci*. Rio de Janeiro: Azougue; Sapho, 2008, pp. 11-24.

______. "O coro de vozes e as outras cenas" in OHATA, Milton (org.). *Eduardo Coutinho*. São Paulo: Cosac & Naify, 2013.

ZEVI, B. "A arte dos pobres apavora os generais", 1965, in BARDI, L. B. SUZUKI, Marcelo (org.). *Tempos de grossura: o design no impasse*. São Paulo: Instituto Lina Bo e P. M. Bardi, 1994.

ZIMRING, C. (org.). *Encyclopedia of Consumption and Waste: The Social Science of Garbage*. Thousand Oaks: SAGE, 2012.

ZWEIG, S. *Brasil, país do futuro*. Rio de Janeiro: Guanabara, 1941.

Índice de imagens

Dados Internacionais de Catalogação na Publicação (CIP)
(Câmara Brasileira do Livro: SP, Brasil)

H815f Horne, Luz

Futuros menores: filosofias do tempo e arquitetura do mundo / Luz Horne; traduzido por Diana Klinger. São Paulo, SP: n-1 edições, 2025. 252 pp.; 16 cm x 23 cm.

ISBN: 978-65-6119-036-7

1. Filosofia. I. Klinger,Diana. II. Título.

CDD: 100

2025-374 CDU: 1

Elaborado por Odilio Hilario Moreira Junior (CRB–8/ 9949)

Índices para catálogo sistemático:

1. Filosofia 100
2. Filosofia 1

n-1

O livro como imagem do mundo é de toda maneira uma ideia insípida. Na verdade não basta dizer Viva o múltiplo, grito de resto difícil de emitir. Nenhuma habilidade tipográfica, lexical ou mesmo sintática será suficiente para fazê-lo ouvir. É preciso fazer o múltiplo, não acrescentando sempre uma dimensão superior, mas, ao contrário, da maneira mais simples, com força de sobriedade, no nível das dimensões de que se dispõe, sempre n-1 (é somente assim que o uno faz parte do múltiplo, estando sempre subtraído dele). Subtrair o único da multiplicidade a ser constituída; escrever a n-1.

Gilles Deleuze e Félix Guattari

n-1edicoes.org

v. 9c7abda